"'数据要素×'未来展望"丛书　丛书主编　彭森

数据要素×
国有企业数字化转型

李　华　平庆忠　等◎主编

中央党校出版集团
国家行政学院出版社
NATIONAL ACADEMY OF GOVERNANCE PRESS

图书在版编目（CIP）数据

数据要素×国有企业数字化转型 / 李华等主编.
北京：国家行政学院出版社, 2025.1. --（"'数据要素×'未来展望"丛书 / 彭森主编）. -- ISBN 978-7-5150-2966-5

Ⅰ.F279.241-39

中国国家版本馆 CIP 数据核字第 20241J5X57 号

书　　名	数据要素×国有企业数字化转型
	SHUJU YAOSU × GUOYOU QIYE SHUZIHUA ZHUANXING
作　　者	李　华　平庆忠　等主编
统筹策划	陈　科
责任编辑	陈　科　刘　锦
责任校对	许海利
责任印制	吴　霞
出版发行	国家行政学院出版社
	（北京市海淀区长春桥路6号　100089）
综 合 办	（010）68928887
发 行 部	（010）68928866
经　　销	新华书店
印　　刷	中煤（北京）印务有限公司
版　　次	2025年1月第1版
印　　次	2025年1月第1次印刷
开　　本	170毫米×240毫米　16开
印　　张	20.5
字　　数	303千字
定　　价	68.00元

本书如有印装质量问题，可随时调换，联系电话：（010）68929022

本书编委会

主　　编：李　华　平庆忠

副 主 编：张启春　肖　政

执行委员：黄　蓉　郭树行　熊　婷　肖　云

委　　员（按照姓氏笔画排列）

王　梅　方　照　毋　涛　邢军帅　朱　江　刘颖慧
关咏松　汤　滔　李红五　李啸龙　杨　赛　汪广盛
张　旭　张艺伟　张延生　张丽平　易福华　钟　宏
饶　松　贺　舟　贾　炎　唐显莉　黄宗虎　蔡旭东
魏丫丫

总 序

作为数字经济时代的新型生产要素，数据要素通过自身价值释放和与其他生产要素的高效融合，推动生产要素创新性配置，提高全要素生产率，使得整体生产环节效率和效益整体提升，深刻改变着传统的经济运行模式和资源配置方式。有力促进新质生产力的高质量形成和可持续发展。

党中央、国务院高度重视数据要素市场化配置改革。党的十九届四中全会审议通过的《中共中央关于坚持和完善中国特色社会主义制度 推进国家治理体系和治理能力现代化若干重大问题的决定》首次将数据增列为一种生产要素。之后，党的历次重要会议都对此作出部署。《中共中央 国务院关于构建数据基础制度更好发挥数据要素作用的意见》对数据要素基础制度作出系统决策。党的二十届三中全会审议通过的《中共中央关于进一步全面深化改革、推进中国式现代化的决定》明确指出，"完善要素市场制度和规则，推动生产要素畅通流动、各类资源高效配置、市场潜力充分释放"，"培育全国一体化技术和数据市场"，"建设和运营国家数据基础设施，促进数据共享"。

按照党中央、国务院的决策部署，数据要素主管部门着力推动数据要素化改革和市场化应用。2023年12月，国家数据局等十七部门联合印发《"数据要素×"三年行动计划（2024—2026年）》，旨在探索数据要素结合多个应用场景的协同效果，大幅拓展我国数据要素应用的广度和深度，显现经济发展领域数据要素的乘数效应，凸显数据为经济赋能的提质增效作用。

我国是数据要素生产与应用大国。在党中央、国务院决策部署的引领下，在数据主管部门的大力推动下，在数字经济高速发展、数字经济产业不断涌现迭代的整体态势下，各部门、各行业全力加速数据要素产业布局，形成了百舸争流、万舰齐发的良好态势。

在此大背景下，数据要素市场化配置综合改革研究院联合多个方面策划主编了"'数据要素×'未来展望"丛书。本丛书内容涵盖了数据要素市场化配置改革的多个方面，包括了数据要素基础制度构建与市场化改革实践、数据要素与国有企业数字化转型、人工智能与数据要素资产化、数据要素产权流通与收益分配安全等多个主题，努力向读者提供关于数据要素的理论分析、政策解读以及实践借鉴等多项内容，以期为各级党委、政府和社会各界提供理解数据要素理论和政策的参考，着力促进社会各界对数据要素的探讨和运用，为数据要素价值的释放提供支撑，为推动数据要素市场化配置改革尽绵薄之力。

在本丛书编撰过程中，各位作者积极来稿，提供了有意义的理论探讨和案例成果；各个方面积极支持，为丛书的顺利出版贡献智慧和力量。在此，对各位来稿者，对为本丛书出版作出重要贡献的中央党校出版集团国家行政学院出版社和有关编辑人员，以及为本丛书出版作出贡献的其他各界人士，表示衷心感谢！让我们一起携手努力，着力推动数据要素市场化配置改革这场宏大的市场化改革事业，为推进中国式现代化建设作出应有贡献！

彭 森

中国经济体制改革研究会会长、数据要素市场化配置综合改革研究院联合理事长、国家发展改革委原副主任

序

数字化转型已成为推动全球经济格局重塑与社会全面进步的关键力量。习近平总书记在浙江、福建考察时强调，要抓住产业数字化、数字产业化赋予的机遇，优化提升产业结构，加快推动数字产业化、产业数字化。国有企业作为实现中国式现代化的坚实承载者，其数字化转型的征程不仅是顺应时代潮流的必然抉择，更是引领经济高质量发展、构筑国家竞争新优势的战略使命。《数据要素 × 国有企业数字化转型》一书应势而生，通过对国有企业数字化转型过程中数据要素的作用机制、路径和价值实现进行分析，开展国有企业数据要素理论等方面的研究，为国有企业发挥数据资源作用，实现数据价值提供理论基础，对数字化转型赋能国有企业增强核心功能、提升核心竞争力，加快发展新质生产力、推动高质量发展具有重要作用，也为学术界、产业界及相关领域的探索者提供了极具价值的智慧导航。

本书以高瞻远瞩的视角、深邃独到的见解以及全面系统的剖析，深入探讨了数据要素与国有企业数字化转型之间的联系及其深远影响。从理论的深度出发，本书严谨地阐述了数据要素的内涵、特征与价值，揭示了其作为数字经济时代核心生产要素的关键地位，为认识国有企业数字化转型的本质提供了坚实的理论基石。同时，对国家相关政策的精准解读，使国有企业能够清晰把握政策导向，明确在数字化转型进程中的战略方向与重点任务，推动企业的转型实践与国家战略高度契合，实现宏观政策与微观企业发展的协同共振。在实践层面，本书凭借丰富详实的案例研究，生动展现了国有企业在数字化转型前沿的探索足迹与辉煌成就。这些案例不仅彰显了国有企业在数字化浪潮中的创新精神与实践智慧，更为其他企业提供了可资借鉴的成功范例，激励着更多企业积极投身数字化转型的伟大实践。

国有企业数字化转型绝非一蹴而就的简单变革，而是一场涉及技术创新、管理变革、组织架构调整、文化重塑以及人才培养等多维度、全方位的深刻革命。在这一宏大进程中，数据要素为国有企业的创新发展注入了源源不断的活力。本书深入阐释数据要素如何重塑国有企业的数字化战略，详细剖析数据要素在数字供应链中的核心驱动作用，深刻揭示数据要素在工业互联网领域的融合创新效应，细致探讨数据要素在数字化流程管理中的变革赋能作用，着重研究数据要素在工业机器人领域的应用价值。同时，本书还从数据竞争力、智慧竞争力、变革竞争力等多个维度全面阐述了数据要素对国有企业核心竞争力的全方位提升作用，为国有企业在激烈的市场竞争中构筑起坚不可摧的竞争壁垒提供战略指导与实践路径。

国有企业在数字化转型的道路上并非一帆风顺，面临着诸多前所未有的挑战。技术创新的步伐不断加快，要求国有企业持续加大在信息技术研发与应用方面的投入，以跟上时代发展的节奏；数据安全与隐私保护成为日益严峻的问题，国有企业必须建立健全的数据治理体系，确保数据的安全存储、传输与使用，防范数据泄露风险；人才短缺问题制约着数字化转型的深入推进，国有企业亟需培养和引进一大批既懂技术又懂业务、具备创新思维与实践能力的复合型人才。本书深入分析上述问题的根源，并提出了一系列具有针对性和前瞻性的解决方案，为国有企业排忧解难，助力其在数字化转型的征程中披荆斩棘、勇往直前。

尤为重要的是，本书强调了架构创新在国有企业数字化转型中的引领性作用。通过精心设计科学合理的架构体系，国有企业能够实现资源的优化配置、业务流程的高效协同、风险的有效管控以及创新能力的持续提升。架构创新连接着国有企业的战略目标与数字化实践，确保企业在数字化转型的道路上稳健前行，实现可持续发展。

在全球经济深度融合、科技革命日新月异的今天，国有企业数字化转型已成为不可阻挡的历史潮流。本书犹如一把智慧的钥匙，将为国有企业开启数字化转型的成功之门；又似一座思想的宝库，为各界人士提供深入研究国有企业数字化转型的丰富资源。它不仅有助于国有企业深刻认识数字化转型的重大意义与实践路径，更能激发全社会对数据要素与国有企业发展关系的深入思考与广泛探索。相信在本书的指引下，国有企业数字化转型必将助力高质量发展，推动国有企业在建设现代化产业体系、构建新发展格局中充分发挥科技创新、产业控制、安全支撑作用，不断为中国式现代化建设作出新的贡献。

是为序。

刘明忠

中国企业改革与发展研究会副会长

中国一重集团有限公司原党委书记、董事长

2024年12月

前言
PREFACE

数据要素理论是我国在发展数字经济和建设中国式现代化进程中的重大理论创新。随着新一轮科技革命和产业变革深入发展，特别是以人工智能为代表的新技术快速发展，人类正在加速进入智能化时代。社会生产力正在转变为新质生产力，新的生产关系也将随之改变和调整，由此形成新的生产方式。

人类社会的发展史也已证明，每一次生产方式的变革，必然伴随着新的生产要素的出现。在由狩猎时代向农业生产方式的转化过程中，出现了土地要素，劳动和土地共同构成了农业生产方式的生产要素。在工业化生产方式建立的过程中，资本和技术作为新的生产要素，土地、劳动、资本和技术作为工业化生产方式的四大生产要素，大大促进了社会生产力的提高。正如马克思、恩格斯在《共产党宣言》中指出的："资产阶级在它的不到一百年的阶级统治中所创造的生产力，比过去一切世代所创造的全部生产力都要多、都要大。自然力的征服、机器的采用、化学在工业和农业中的应用、轮船的行驶，铁路的通行，电报的使用，整个大陆的开垦，河流的通航，仿佛用法术从地下呼唤出来的大量人口——过去哪一个世纪能料想到在社会劳动里蕴藏有这样的生产力呢？"从《共产党宣言》发表的1848年，到现在又过了170多年，生产力的发展已经远远超出了当初马克思、恩格斯可以想象的水平了。进入21世纪以后，在新质生产力发展的条件下，数据在现代社会生产流通中的作用日益突出。数据作为人类历史经验的记录和人类智慧的结晶，与工业化生产体系的结合，将产生新的智能化生产方式，进而全面提升社会劳动生产率，使人类社会进入智能化阶段。我国政府迅速抓住这一历史机遇，把数据作为新的生产要素，与原有的土地、劳动、资本、技术一起构成新的智能化生产方式的五大要素，建立了数据要素理论，并进行了相应的生产关系调整，成立了国家数据局，制定了一系列政策，激活数据要素价值，构建以数据为关键要素的数字经济。可以想象，数据要素的价值释放，将引发新一轮技术变革和生产力的提高，为中国式现代化注入强大动力。

数据要素理论并非源自简单的理论推导。本质上来源于我国的社会主义建设的生产实践。我国的国有企业是在工业化和信息化融合的过程中发展起来的，在工业化的同时实现了信息化，这种状况使得国有企业迅速赶上了世界范围内的数字化浪潮，更快地开始了数字化转型。国务院国资委审时度势，制定了一系列促进国有企业数字化转型的政策，推动国有企业特别是中央企业的数字化转型实践。在长期的实践中，国有企业深刻体验到了数据对企业生产经营的重要性，不断探索数据要素在企业战略、经营管理、生产操作层面发挥数据要素作用的途径和机制，积累了许多激活数据价值、提高全要素生产率的经验，为在宏观经济政策层面建立数据要素理论，明确数据要素化政策奠定了实践基础。

基于以上认识，本书尝试以国有企业的数字化转型实践为基础，阐述数据要素理论与国有企业数字化转型的关系，研究在国有企业战略管理、供应链管理、工业互联网发展、流程管理以及工业机器人等不同环节数据要素发挥作用的机制和途径，探索国有企业在新质生产力建设和世界一流企业创建中如何激活数据要素等问题，为我国企业和政府管理部门理解数据要素贡献力量。

本书由中国经济改革研究基金会和中国企业改革与发展研究会共同成立课题组组织编写，清华大学互联网产业研究院提供学术支持。在本书编写过程中，得到了国家能源集团、国家电力投资集团、中国移动、中国联通、中国电子、通用技术集团、中国华能等中央企业数字科技部门和供应链管理部门以及中国科学院大学、中央财经大学的支持，特表感谢。

数据要素和国有企业数字化转型是一个全新的领域，涉及技术前沿、经济学创新，本书的编撰一定会有很多不足之处，欢迎业界批评指正。

编者：李华　平庆忠

目录 CONTENTS

导　论 ··· 001

第一章
"数据要素 ×"基本理论

一、"数据要素 ×"政策 ·· 022

二、国有企业数字化转型 ·· 029

三、国有企业数字化转型与数据要素的关系 ·· 039

第二章
"数据要素 ×"的倍增效应与作用机制

一、智能化变革：从数据资源到数据要素 ·· 042

二、投入产出关系：从技术系统到价值系统 ·· 046

三、生产要素：价值输入输出的非线性关系 ·· 049

四、生产系统：具有能动主体的复杂系统 ·· 052

五、能动主体：实体经过数据训练成能动主体的过程即乘的过程 ················· 055

六、"数据要素 ×"：数据的乘数效应 ··· 059

七、数字化转型的目的：建构基于数据乘数效应的高效生产体系 ················· 062

案例：国家能源集团基石系统 ·· 064

001

第三章
数据要素 × 国有企业数字化战略

一、国有企业数字化转型战略与成效 ······················ 074
二、国有企业数字化转型存在的问题 ······················ 078
三、数据要素重塑国有企业数字化战略 ···················· 080
四、以数据要素价值化升级数智化转型战略的关键举措 ········ 085
案例一：北京移动数智化转型 ···························· 092
案例二：国家能源集团 ERP 一体化集中管控助力集团数智化转型 ······ 101

第四章
数据要素 × 数字供应链

一、国有企业数字供应链的发展概述 ······················ 109
二、数字供应链模型、技术和架构 ························ 111
三、数据要素在供应链中的转化与价值释放 ················ 119
四、国有企业数字供应链发展方向 ························ 125
案例一：国家电投数字化供应链发展 ······················ 127
案例二：电能光 e 链平台 ································ 136

第五章
数据要素 × 工业互联网

一、工业互联网场景和数据要素 ·························· 145
二、工业数据要素资源化 ································ 150
三、数据要素推动工业互联网产业经济发展 ················ 158
四、数据要素推动工业数字化绿色化融合发展 ·············· 171
案例一：工业数据要素资产化方法 ························ 173
案例二：航天云网的工业互联网建设 ······················ 179

第六章
数据要素 × 数字化流程管理

一、数字化流程管理概述 ·· 188
二、数据要素在流程数字化管理中的定位和特点 ······························ 197
三、数据要素在数字化流程管理中的价值释放 ································· 200
四、数字化流程管理过程中的核心技术及方法论 ······························ 204
案例：FTTR 数字化业务受理和装机流程管理 ······························ 208

第七章
数据要素 × 工业机器人

一、工业机器人概述 ·· 223
二、"数据要素 ×"与工业机器人 ··· 230
三、工业机器人领域数据要素化的未来发展 ····································· 236
案例：基于传感器数据监测的工业机器人智能服务 ························ 239

第八章
数据要素 × 国有企业核心竞争力

一、数据要素赋能国有企业的数据竞争力建设 ································· 247
二、数据要素赋能国有企业的智慧竞争力建设 ································· 254
三、数据要素赋能国有企业的变革竞争力建设 ································· 260
四、架构引领国有企业顶层设计新篇章 ·· 265
案例一：航天宏图环境火情大数据监测服务平台 ·························· 273
案例二：国药国际大健康大集平台 ·· 280

附录一：国务院国资委关于国有企业数字化转型的政策 ················· 285
附录二：国家数据局关于"数据要素 ×"相关政策 ························ 297
参考文献 ··· 306
后　记 ·· 308

导 论

《数据要素×国有企业数字化转型》是"'数据要素×'未来展望"丛书的分册。按照丛书的安排，本书的主要任务是总结国有企业数字化转型的实践经验，研究国有企业数字化转型中数据要素的作用机制、路径和价值实现，建立国有企业数据要素理论，为国有企业发挥数据资源作用，实现数据价值提供参考。

一、从国有企业数字化转型谈起

2020年8月，国务院国资委印发《关于加快推进国有企业数字化转型工作的通知》（以下简称《通知》），就推动国有企业数字化转型做出全面部署。概括起来，《通知》主要从以下6个方面提出了转型要求，并作出了安排。

第一，要进行理念和认识的转型。强调数字化转型是一项涉及数据、技术、流程、组织等的复杂系统工程，要注重深化对数字化转型艰巨性、长期性和系统性的认识，加强战略性统筹布局；数字化转型当前工作重心是充分发挥数据要素驱动作用，打通全产业链、全价值链、全创新链，共建产业发展生态，获得价值增量发展空间，要强化数据驱动、集成创新、合作共赢等数字化转型理念，加强多线条协同并进；数字化转型不仅是一把手工程,更是涉及全员、全要素的创新活动,要充分激发基层创新活力,营造勇于、乐于、善于数字化转型的氛围,强化上下"一盘棋"。

第二,要求夯实转型基础。国有企业要从技术、管理、数据、安全四个方面,加强对标,夯实数字化转型基础。一是技术基础。数字化转型本质是新一代信息技术引发的系统性变革,新一代信息技术作为通用使能技术,需要不断强化其技术赋能作用,以及与其他专业技术融合。二是管理基础。数字化转型不仅仅是技术渗透和融合的问题,更是一项优化管理模式以适应技术变革的问题,要导入系统化管理体系,有效获取预期的转型成效。三是数据基础。纵观历史上历次转型的核心都是动力转换。数据已成为第五大生产要素,要充分发挥数据要素驱动作用,打破传统要素有限供给对企业增长的制约。四是安全基础。安全是发展的前提,要加强安全可靠和信息安全两方面基础工作,强化本质安全。

第三,明确了转型方向。国有企业要从真正获得转型价值出发,从产品、生产运营、用户服务、产业体系四个方面系统推进数字化转型。一是产品创新数字化。与价值创造的载体有关,要加强产品和服务创新及产品研发过程创新,不断提高产品附加价值,缩短价值变现周期。二是生产运营智能化。与价值创造的过程有关,要加强横向纵向全过程贯通,实现全价值链、全要素资源的动态配置和全局优化,提高全要素生产率。三是用户服务敏捷化。与价值创造的对象有关,要以用户为中心,实现全链条用户服务,最大化为用户创造价值,提高用户满意度和忠诚度。四是产业体系生态化。与价值创造的生态合作伙伴有关,要加强与合作伙伴之间的资源、能力和业务合作,构建优势互补、合作共赢的协作网络。

第四,突出三个赋能举措。国有企业要站在服务于经济全面转型的高度,勇于担当,加强核心技术攻关和资源能力的社会化输出,提升整个经济社会的数字化转型价值。一是新型基础设施建设。积极开展新型基础设施投资和建设,带动产业链上下游及各行业丰富应用场景。二是关键核心技术攻关。加快攻克核心短板技术,着力构建国际先进、安全可控的数字化转型技术体系。三是发展数字产业。合理布局数字产业,培育行业领先的数字化服务龙头企业。

第五,要打造四类企业标杆。国有企业要聚焦主业创新设计具有产业领先竞争力的端到端价值链,推动集中攻关,打通关键性业务场景,加强标杆示范推广,提升数字化转型内生动力。一是制造类企业示范样板。以智能制造为主攻方向,提升研发、设计和生产智能化水平,加快推进工业互联网建设。二是能源类企业示范样板。加快建设推广智能现场,强化能源资产规划、建设和运营全周期运营管控能力。三是建筑类企业示范样板。重点开展建筑信息模型、三维数字化协同设计、人工智能等的集成应用,提升数字化技术与建造全业务链的深度融合。四是服务类企业示范样板。着力推进智慧营销、智慧物流、智慧金融、智慧旅游、智慧供应链等建设,提升客户体验和客户黏性。

第六,部署了三个实施策略。国有企业要构建以能力为主线的数字化转型战略布局和实施体系,加强数据、流程、组织和技术四要素统筹和协同创新,有效推进数字化转型工作。一是加强顶层规划。开展数字化转型,首要任务就是要制定数字化转型战略,并将其作为发展战略的核心内容。条件成熟的企业,数字化转型战略和发展战略可合二为一。发展战略制定要加强竞争合作优势、业务场景和价值模式等分析。国有企业依托数字化转型服务平台加强诊断分析,发现问题,找准方向。二是强化协同推进。开展数字化转型,新型能力建设是贯穿始终的核心路径,通过能力建设,统筹规划、科技、信息化、流程等管控条线,支持业务按需调用能力,以快速响应市场需求变化。三是做好资源保障。开展数字化转型,还应建立相匹配的治理体系并推进管理模式持续变革,以提供资源和管理保障,包括领导机制、管理机制、资金机制、人才机制等。

二、国有企业数字化转型的成果和经验

经过几年的实践,国有企业数字化转型取得了很大成就。国务院国资

委干部教育培训中心对98家央企2022年底之前的相关信息做了统计、研究、分析，可以看出中央企业数字化转型工作具体表现为五个基本做法：一是在集团层面统一构建云平台；二是构建统一的综合管控平台；三是搭建数字化技术中台；四是打造供应链集成平台；五是成立专业的数科公司。在业务上中央企业推进数字化转型工作表现为"五化"，具体包括：

第一，研发设计数字化。目前中央企业建成数字化协同研发平台306个。例如，国药集团构建生物安全防护三级实验室，进行高通量数据筛查。兵装集团构建虚拟仿真平台，首发智能语音音频互动，整体研发周期缩短1/3。

第二，生产运营智能化。中央工业企业关键工序数控化率已经达到68.9%，高于全国其他工业企业13个百分点。例如，中国商飞组建5G工业创新中心，建成国内第一个5G全连接工厂，开发了工业创新的应用场景。中国海油对原油关键设备实时监测，由多点分散转为集中的方式，效率提升了30%。

第三，经营管理一体化。中央企业近2/3实现了经营管理数字化的全面覆盖，部分中央企业实现了集团的一体化。例如，国家电网成立企业中台领导小组和工作组，基于数据中台整合贯通共享业务数据，实现财务多维经营管理数字化，提高企业协同效益。华润集团集成应用400多个，实现集团40万名员工同时在线办公、业务集成和信息交流。

第四，用户服务敏捷化。据相关统计，有75家中央企业已经开展了电商应用，2021年交易规模达到10万亿元，约占全国电商交易额的1/4。中国航信旗下航旅纵横服务平台，整合了全球1600多家机场240多家航司资源，为用户提供航班航程出行服务。中国中化构建现代农业技术服务平台，实现在线服务的耕地面积超过2亿亩。

第五，产业协同生态化。中央企业供应链集成平台已超过120个。中国石油旗下易拍客石油贸易电商平台，一体化连接1600多家大型企业，年交易额达到2万亿元。中国远洋联合航运和港口公司，创立了航运类的区块链联盟，在全球100多个国家海关、港口都得到了应用，相关国家货物从原来的2天缩短到4个小时以内。

总结以上经验,可以看出,国有企业数字化转型具有以下三个特点。

一是数字化业务全覆盖。这次国有企业数字化转型,几乎涉及了国有企业技术开发、生产经营、用户服务的所有部门和环节。对于大部分国有企业来说,在数字化转型的过程中,优化了业务流程,提升了管理水平,提高了经济效益。

二是业务平台化。国有企业数字化转型的实践证明,数字化转型的本质是平台化转型。无论是研发设计数字化、生产运营智能化、经营管理一体化,还是用户服务敏捷化、产业协同生态化,都需要数字化平台的支撑。对于大部分国有企业来说,在生产环节,早在2008年全球金融危机期间,就强化了ERP(企业资源计划)系统的建设和用户服务平台建设,实现了生产经营和市场开发的平台化。在这次数字化转型中,重点完善了统一的云平台、管控平台和数字化中台等基础设施,建设和开发了电子招标投标交易平台和网上商城,推动了工程和物资采购的电子化和平台化。更为重要的是,在国务院国资委的推动下,国有企业日益认识到供应链管理的重要性,在数字化转型中全面推动供应链平台的建设。这样,许多国有企业就基本上完成了供应、生产、销售全链条数字化、平台化。

三是数据空间的产生和运行。通过数字化转型,国有企业把全部业务都放置于统一的数字化平台。企业的物流、资金流、信息流也全部汇集于数字化平台。当物流、资金流和信息流流过之后,在数字化平台沉淀了他们流过的痕迹,这就是企业动态的持续不断的真实的企业数据。这些企业数据的集合构成了一个与企业物理空间完全对应的数据空间。这个数据空间的数据可以是集中存储的,也可以是分布存储的。在国有企业数字化转型过程中,大部分企业都十分重视对这些数据的分析和应用,用以指导企业的经营决策、生产流程安排、供应商管理市场开发和维护。

具体来说,企业数字化转型之后,许多企业的研发、生产运营、经营管理、用户服务和产业协同发生了根本性变化。通过业务系统的建设,业务流程得到优化,企业的基础设施、资源配置、经营管理、绩效评价完全基于数字化平台展开。数字化平台已经作为重要的固定资产发挥作用。在此之中，唯一活跃的变化的就是数据。数据空间的数据变化影响企业的经营战略、供应链安排、生产过程、市场战略、营销策略，因而成为企业生产经营的重要因素。企业数据空间日益成为一个独立的业务实体在企业经营中发挥作用。基于以上认识，在数字化转型过程中，许多国有企业成立了专业的数字科技公司，专门负责研究开发数据空间的数据。

经过上述认识和实践过程，许多国有企业已经形成了一个共识：企业数字化转型不是简单的信息化建设，而是生产方式的转型，是向新质生产力和新型生产关系的转型。在这个转型过程中，数据成为新的生产要素。如果我们把旧的生产方式叫作工业化生产方式的话，那么新的生产方式就可以叫作平台化生产方式。只有从这个高度来认识数字化转型，我们才能真正理解数字化转型、理解新质生产力、理解数据要素。

三、平台化生产方式与数据要素

从生产方式考察人类社会发展是马克思主义基本原理。人类社会已经经历了三种生产方式。生产要素随着生产方式的变化而变化。

第一种是农业生产方式。农业生产方式的生产要素是土地和劳动。英国古典经济学家大卫·李嘉图说的"土地是财富之母，劳动是财富之父"就是对农业化生产要素的准确表达。农业生产方式在人类社会持续几千年，直到工业革命发生才得以改变。

第二种是工业化生产方式。到了工业化时代，生产方式发生了根本性变化。工业化生产主要依靠各种矿产资源作为原料，通过机器对这些原料进行加工，产出制成品供人们消费。马克思在深入研究了大工业生产方式后，提出了工业化生产方式的基本公式：

$$工业化生产方式 = 动力机 + 传动机 + 工作机$$

从经济学的视角看，动力机、传动机和工作机都是人类的技术创造，都可以通过资本投资形成。因此，到了工业化时代，生产要素就增加为四个，即土地、劳动、资本和技术。

从农业生产方式向工业化生产方式经历了一个逐步演化和进步的过程：蒸汽机的发明，开启了动力机时代，动力机带动纺织机，进入了马克思所定义的工业化生产方式。电的发明，使得动力可以远程输送，为大规模工业化生产和大规模劳动集聚创造了条件。由此形成了当今世界的大工厂、大工程和大城市等现代文明。计算机的发明，标志着第三次工业革命的到来。从1946年第一台计算机产生到今天，计算机已经深入人类生产生活的各个方面，优化生产过程，提升生活质量。但在经济学上，计算机参与的生产方式仍然属于工业化生产方式，没有改变工业化生产方式的生产要素。

第三种是平台化生产方式。平台化生产方式是数字化、网络化、平台化的结果。本质上，数字化就是把世界上的事物都用统一的二进制数字表达。这种情况下二进制数字就成为人类和计算机之间的通用语言，用于人和人、机器和机器以及人与机器之间的交流，这种交流的记录就是数据。全球网络的形成，使得由数字统一表达的数据和信息可以在全球流动。这些数据和信息在网络上的节点驻留，被加工和处理，就形成了数据平台。因此在数据、网络和平台的数字经济三要素中，数据平台是数据的集聚中心、数据处理中心、技术创新中心和资源配置中心，同时也是新的数据服务中心、价值创造中心和价值配置中心。

由数字化、网络化和平台化构建了一个与已有的工业化生产体系相孪生的数字化世界。我们把已有的工业化生产体系称为物理空间，把这个新的数字化世界称为数据空间。物理空间与数据空间互动互进，构成了不同于工业化生产方式的新的以平台为中心的生产方式，即平台化生产方式。我们也可以把平台化生产方式表达为一个公式：

$$平台化生产方式 = 物理空间 + 数据空间$$

与工业化生产方式相比，平台化生产方式具有以下三个特点。

一是数据空间的建立。数据空间与物理空间实时映射、持续互动。数字化转型的过程实际上是把物理空间的事物映射到数据空间的过程。这样，在数据空间建立了与物理空间完全对应的数据模型，通过数据模型的仿真、优化，就可以输出物理空间的改善方案。由此形成物理空间与数据空间连续不断的交流和优化循环，使得物理空间的生产和流通过程持续提升。在这个意义上，数据空间就成为物理空间的大脑，为物理空间的运行提供筹划、决策、优化能力。数据空间的这种能力是平台化生产方式与工业化生产方式的根本不同之处。由于有了数据空间的数据、模型和运算能力的支撑，整个生产流通体系仿佛变成了一个具有智能的生命体，可以不断成长。数据空间和物理空间的这种智能化趋势，是平台化生产方式的基础。她引领数字技术、智能技术的发展，引领生产组织和市场结构的变化。这种变化是世界性的，无论是美国提出的工业互联网，还是德国的工业4.0，实际上都是朝着这个方向前进的。在此意义上，我国推动的国有企业数字化转型，本质上都是以构建智能化的数据空间为目标的。数字化转型是起点，智能化的数据空间是归属，最终达成平台化生产方式。

二是以交易为中心的生产流通机制。如果说数据空间的建构为平台化生产方式建立了技术基础的话，那么以交易为中心的生产流通机制则是改变了生产组织方式和市场结构，成为平台化生产方式的核心。就生产流通体制来说，工业化生产方式是以生产为中心的。企业通过市场调研，预先设定生产规模，安排生产，然后再向市场推销产品，与消费者达成交易。企业的组织机构、人力资源、资源配置完全围绕生产进行。这就是工业化生产方式的大规模标准化集中生产体制。本质是先生产后交易。平台化生产方式则不同。由于数据平台可以与广大消费者建立直接联系，消费者可以通过数据平台直接表达需求，数据平台就可以直接把消费者需求传递到生产端，生产者作为交易主体可以按需生产。由此依托数据平台就可以建立起一套先交易后生产的新型生产流通体制。这种新型平台化生产流通体制，在消费平台交易端已经被证明是成功的。数字化转型实际上是把这种体制进一步渗透到生产资料交易领域。我国国有企业数字化转型的实践证明生产资料领域的平台化的意义更为重大。向平台化生产方式的转变必然最终体现在生产资料的平台化交易上。供应链平台建设、工业互联网建设、工业机器人网络建设，都是平台化生产方式的具体实践。

三是数据作为生产要素。平台化生产方式依赖数据空间的建立，而数据、算力、算法构成了数据空间运行的三要素。按生产要素理论，物理空间的生产要素为土地、劳动、资本和技术。这样平台化生产方式的生产要素就应当包括物理空间的生产要素和数据空间的生产要素。我们看到，数据空间中的算力要素可以归结到资本要素中，算法要素可以归结到技术要素中，唯有数据要素是平台化生产方式独有的不可归结的新的要素。这样平台化生产方式的生产要素就从工业化生产方式的四要素变成了包含土地、劳动、资本、技术和数据五要素。数据要素构成了平台化生产方式与工业化生产方式的根本不同。从生产要素的视角看数据和数据空间，对我们理解平台化生产方式、理解数字经济，理解党中央关于数字经济的一系列方针政策和重大决策具有重要意义。

数据要素概念奠定了数字经济的理论基础。互联网、大数据、区块链、物联网、人工智能等数字技术的发展，奠定了数字经济的技术基础。许多国家的政府认为，数字技术仍然是一场工业革命。很显然，从数据要素的观点看，数字技术在一定程度上是对工业革命的超越，是一场新的生产力和生产关系的重构。这种认识的不同，带来对数字经济的认识的不同，带来对数字经济的相关政策的不同，将直接影响一个国家的未来。我国正是基于对数据要素引起的生产方式变革的高度，制定了包括数据基础制度建设、数据基础设施建设以及数据组织体制建设的一系列重大政策，顺应生产力的变革，推动生产方式的转变。

数据要素理论为企业发展指明方向。尽管企业推动数字化转型已经多年，无论是国有企业还是民营企业，大部分都是基于新技术应用的角度来行动的，大部分情况下没有触及生产流通体制的变革。数据要素理论从根本上要求企业打破原有的生产体制，建立以交易为中心的平台化生产流通体制。这才是企业数字化转型的真实含义。如同工业化生产方式是资本和技术要素充分发挥作用的过程一样，平台化生产方式必然是数据要素充分发挥作用的过程。因此，未来的经济竞争必然成为数据平台的竞争。企业面临的将是与工业化时代完全不同的竞争主体和竞争环境，这是数据要素理论为企业展现的新趋势和新方向。数据要素理论将使得国有企业数字化转型的方向更加明确，路径更加清晰，决心更加坚定。

四、数据要素作用机制："数据要素×"

把数据作为生产要素，必须解决两个基本理论问题：一是数据要素作为投入，其价格如何计算；二是数据要素在生产流通体系中如何发挥作用，如何影响产出，即数据要素如何影响生产函数。只有这两个问题搞清楚了，我们才算对数据要素有了真正的理解。

（一）关于数据价格问题

在土地、劳动、资本、技术作为生产要素投入时，其价格是明确的。土地的价格表现为地租，劳动的价格表现为工资，资本的价格表现为利息，技术的价格表现为专利费率。数据作为生产要素，其价格表现是什么？

目前，对数据本质属性的认识有四种流派。一是商品派。认为数据尽管有许多特点，但数据仍然可以被认为具有商品属性，可确权，可交换。因而，数据定价遵循商品定价原则，其价格取决于供求关系。二是资产派。认为数据只能是特定领域、特定情境的数据，是特定场景的记录，与其他资产共同发挥作用，提升资产价值，因而要按资产定价，其价格取决于资产运营产生的价值。三是服务派。认为数据就是服务。特别在普遍应用SOA（面向服务的架构）的情况下，数据总是以服务的形态出现。因此数据的价格就是服务调用的价格。四是经验派。认为数据是人类历史经验的记录。数据是人们利用历史经验训练计算机模型的原料，数据的价格取决于模型的价值和数据在模型建构中的作用。我们看到，对数据的本质属性的这四种认识，实际上反映的是数据在生产体系中的作用形式。无论何种作用形式，当数据作为生产要素的时候，就只能按生产要素计价。数据作为生产要素，必须是维持生产过程进行的持续性力量，其价值也必定体现在总成本中持续释放。因此数据的价格必然与数据的使用量有关。同时由于数据作为可以重复使用的要素，在使用过程中的磨损接近于零，其使用形态类似于土地，因此，数据的定价应当类似于租金。为表明数据的使用性特点，我们把数据的价格定义为使用费。由使用量和使用费率决定。这样，数字经济中5个生产要素的价格度量标准就统一起来了：

土地的价格：租金＝土地使用量 × 租金率

劳动的价格：工资＝劳动时间 × 工资率

资本的价格：利息＝资本使用量 × 利息率

技术的价格：专利费＝专利效用 × 专利费率

数据的价格：使用费＝数据使用量 × 使用费率

这5个要素的价格构成了生产流通体系的投入，是生产函数的自变量。按经济学的研究原则，一般在考察生产函数的产出时，往往假设其他要素不变，因此，我们研究数据要素的作用机制时，也作此假定。

（二）关于数据要素在生产流通中的作用

研究数据要素在生产流通中的作用，实际上就是研究"数据要素 ×"的作用机理。

我们的基本假设是：企业的物理空间与数据空间共同构成一个平台化生产流通体系。数据空间与物理空间实时映射、持续互动，数据空间作为平台化生产体系的大脑处理数据，指导物理空间的生产经营活动。物理空间向数据空间持续提供数据，丰富数据空间的经验，由此循环往复，形成新的平台化生产方式。国有企业经过数字化转型，基本满足了以上假设条件。因此，数据要素发挥作用，主要在数据空间。基于此，我们需要知道数据空间的特点，并基于这些特点，推导出数据要素的作用机理。

数据空间是大规模数据集聚的抽象空间，产生数据集聚效应，即概率效应。数据之间互相作用，具有乘数效应、加法效应和涌现效应。当数据空间转化为智能空间时，具有智能体集群效应。

1. 集聚效应

当我们把分散在不同物理空间的事物以数据表示，并把这些数据集聚在同一个数据空间时，相当于把许多随机事件集合在一起，形成了一个概率空间。在这个概率空间中，同类事件发生的比例就是其发生的概率，代表这个数据空间的整体特征。通过对这些整体特征的分析，企业可以发现最有价值的事件和最小价值事件，并基于此优化企业整体战略。

2. 乘数效应

数据空间是分层的。数据空间越大，数据粒度越细，其层次越多。对一个确定的数据空间进行细分，获取细分数据，也就是对特定事件序列的增值过程进行精细化操作。这种精细化具体表现在个性化在不同环节的增值。每一个环节增值一点点，全过程增值就会很大。在理想条件下（每次增值相同，增值次数很多），可以满足自然对数规律，增值量为自然常数 E，E=2.71828。这就是"数据要素 ×"或"数据要素倍增效应"的基本依据。

3. 加法效应

数据空间是分块的。在大部分情况下，数据空间是独立随机事件的集合。这些独立事件通过组合可以形成数字化供应链，产生供应链整体效应，形成整体性串联价值，也可以形成产业互联网或工业互联网，产生网络效应，形成安全性、协同性、可靠性价值，还可以通过共享资源、复用资源，产生星座效应，形成团块性价值。数据空间的加法效应在国有企业数字化转型中已得到了越来越多的重视，其价值创造能力有待更充分的发挥。

4. 涌现效应

涌现是一种整体效应。当数据所代表的随机事件的数量达到一个阈值时，涌现效应就出现了。涌现可以分成无组织涌现和有组织涌现。无组织涌现的数学基础是加法定理。当大量独立随机事件汇集在一起时，产生事件抵消。一个随机变量的异常高值可以被另一个随机变量的异常低值所抵消，进而产生总体上的稳定性价值。在无组织涌现中，概率论中的大数定律、中心极限定理具有重要作用。有组织涌现表现为自组织。当数据空间中大量个体遵循一组简单规则进行非线性互动并达到一定阈值时就会生成稳定的模式和秩序。自然界的蚁群现象、雁群现象，大量细胞构成的生命体以及人类的消费市场供应链等都是有组织涌现，这些系统数字化后构成的数据空间也具有涌现效应。

当数据空间的数据所代表的随机事件不独立时，就会产生事件之间的交互和反馈。交互和反馈往往基于简单的规则。在此规则下，数据空间的事件互相激励。当负反馈发生时，激励趋于收敛，产生稳定价值。当正反馈发生时，激励放大，导致不稳定。收敛性和不稳定性都是数据空间的涌现效应。

涌现效应具体表现为知识涌现和价值涌现。涌现发现新知识，新知识带来新价值。按此原理，数字经济实际上是要通过将大规模数据集聚在一起，构建一个达到阈值数量的随机事件空间，提供知识涌现和价值涌现的条件。很显然，这种涌现效应与传统的机械论、还原论是不一致的。而这种不一致正是数字经济时代新的平台化生产方式的精髓和价值追求。

5. 智能体集群效应

数据要素，在计算能力取得实质性提升时，进一步显现出其作为人类智慧的本性。随着大模型技术的出现，数据空间的数据不仅被当作一种抽象的关系，还被认为是人类经验的记录。数据空间也不仅仅包括各种数据库，而是扩大到所有人类用自然语言、图形、声音、视频记录的人类行为和经验。在此基础上，我们可以用数据赋予各种物理的、数据的实体以智能，使其可以发声、相互交流，在交流中激发涌现，产生新的知识和价值。在此意义上，数据不再是虚拟的。数据空间与物理空间共同构成了数字经济的实体。这些数字经济实体被数据赋予智能，成为数字经济的新的具有能动性的主体。我们需要认识到，数字经济实际上是一个人类与物类共同作为主体，相互交流、共同成就的世界。

从以上分析中我们看到，数据要素发挥作用，是一个由低级到高级的过程。数据要素集聚效应和乘数效应的倍增效应是基础，它基于数据带来的经济体系的细粒化和个性化。之后，是通过加法效应产生的供应链和网络集成能力。在之后，是知识涌现和价值涌现，需要人类具有更高的数字化计算能力和控制能力。最后产生一个全新的智能化世界，数据成为普遍的基本的生产要素，超越资本，连接一切，在智能世界发挥作用。

目前以及今后相当长的时期，数据要素会直接发挥作用，主要体现在决策支持、供应链数字化、工业互联网、流程管理和工业机器人等领域的具体场景中，这些细分场景的集合将产生未来的平台化、智能化经济实体。

五、"数据要素 ×"国有企业典型场景

数据要素发挥作用，必然首先发生在数据高度密集的场景中。在国有企业数字化转型过程中，国有企业的数据要素主要集聚在国有企业数字化战略、数字供应链、工业互联网、数字化流程管理、工业机器人和国有企业新质竞争力6个场景中。因此，在本书中我们将重点研究这6个场景的数据要素作用机制和效果，分别探讨数据要素 × 国有企业数字化战略、数据要素 × 数字供应链、数据要素 × 工业互联网、数据要素 × 数字化流程管理、数据要素 × 工业机器人和数据要素 × 国有企业新质竞争力。

（一）数据要素 × 国有企业数字化战略

数据要素发挥作用，主要在两个方面。一是创造新产业，二是推动旧产业转型。大模型以及由大模型引发的数据产业是新产业，这些新产业正处于生发阶段。目前，数据要素的作用主要体现在对旧产业的改造和转换方面，即企业数字化转型。数据要素作为新的生产方式的核心要素，首先对国有企业的数字化战略具有决定性影响。

首先，数据要素冲击工业化企业体制。工业企业本质上是功能性的。即现代工业企业是以产品生产为中心的。数据要素作用的发挥要求企业变成场景性的，即围绕特定场景提供综合性服务。在平台化生产方式下，交易平台将成为场景中心，生产企业将成为交易平台上的一个交易终端，国有企业面临着转化为交易平台还是生产终端的选择。具体到我国大中型国

有企业来说，所谓平台化就是要获得特定行业的主导权。从数据要素的角度来看，数据平台必须拥有一个产业的全数据，建立行业数据空间，并基于数据空间和人工智能进行资源配置。从而建立国有企业的竞争力、创新力、控制力、影响力和抗风性能力。国务院国资委在国企改革三年行动计划中，提出中央企业要在专业化整合力度、广度、深度上下功夫，大力推动资源向主业企业、优势企业、"链长"企业集中，鼓励更多企业和地区形成"一业一企，一企一业"新格局，实现业务板块清晰，"小散弱"问题基本清零，其背后的逻辑就是中央企业以数据为基础的平台化转型。应当看到"一业一企，一企一业"仅仅是中央企业平台化转型的起步。所谓的"业"已不是传统的"业"，而是行业场景。基于行业场景建立行业交易平台，通过平台化实现资源优化配置，是数据要素化对央企提出的必然要求。改革之路任重道远。

其次，数据要素影响国有企业的发展战略。大模型技术的出现，对企业来说生成了新的战略环境。在此之前，企业战略决策是与其信息获取能力强相关的。用全球公开信息训练的大模型在一定程度上打破了企业战略信息的壁垒，使企业竞争变成了共同信息环境下的公开对弈。企业环境信息不对称减少，企业战略将更多依靠企业独有能力和企业智慧。如何在新的信息环境下制定企业战略，将成为国有企业面临的新问题。除了少数大中型国有企业转型为行业平台外，大部分国有企业将会转型为平台交易终端。很显然，作为平台终端企业，必须适应平台客户的个性化需求。国有企业与平台上其他所有制企业的信息环境是均等的，难以形成信息的地区壁垒和行业壁垒。这些国有企业作为平台终端，只能以平台数据为指引，与其他所有制企业同台竞争，随时调整其产品策略和市场策略。

最后，数据要素影响国有企业经营方式。"数据要素×"的本质上是对大规模标准化生产体制的扬弃。数据要素乘数效应的发挥要求产品的个性化，由此带来生产过程和价值创造过程的细粒化。就这个意义上讲，大规模标准化生产体制是粗放的。企业竞争的重点将由标准化生产能力竞争转化为个性化生产能力竞争。平台型国有企业的个性化将体现为行业差异，终端型国有企业的个性化必定体现为产品和服务的差异化。无论是平台型企业还是终端型企业，经营方式将不得不进行调整。基于数据要素的智慧化，实现个性化生产，产生更大的生产效率。

以上三个问题都是战略性的，是数据要素化对原有数字化战略的冲击。企业数字化是工业化的延伸，同时是新的数字经济的平台化生产方式的开始，经过这个战略性转化，形成的新的生产力，即新质生产力。国有企业如何实现这个转化，是我们必须搞清楚的问题。

（二）数据要素 × 数字供应链

数字供应链是许多企业进行数字化转型的重点。企业竞争本质上是供应链竞争。在世界范围内，供应链竞争的程度越来越激烈。对供应链的理解，一般有三个层次。第一层次将供应链定义为采购链，即狭义的供应链，主要涉及企业供应端。第二层次将供应链定义为企业的供应、生产和销售全链条，涉及企业的经营全过程。第三层次是产业链，涉及产业链上的所有企业。

数据要素对三个层次的供应链都有影响。采购链是企业内部的事，采购链优化只能以成本节约为目标。对于国有企业来说，仅以降低采购成本为目标的供应链管理可能产生负作用。采购成本的持续压缩，有可能损害供应商服务的积极性，损坏企业供产销链条的全局。企业供产销链条的优化是工业化时代供应链竞争的本意，实际上是企业经营管理能力的竞争。对于大中型国有企业来说，数字化转型产生了数据空间，形成了数据大脑，使得企业的供产销链条更有效率。企业从供应链全链条进行管理，追求全链条效益，数据将发挥主要作用。这也是前一阶段企业数字化转型的重要成果。数据要素对供应链未来的影响主要是对产业链的影响，当企业由生产为中心转变为以交易为中心，成为产业交易平台，并把产业内的上下游的交易都吸引到交易平台上时，本质上这个企业已经建立了一个产业的数字供应链，即产业链。交易平台上的数据是产业链上所有企业行为的映射，由此形成了基于动态交易产业数据空间。在这个产业数据空间中，交易主体通过数据的匹配，可以根据个性化产品需求，迅速形成数字供应链，并迅速传导至物理生产体系。由此，数据驱动的高效、灵活的供应链就形成了，我们称这个供应链为新质供应链。其特点是平台化、智慧化，具有高度的灵活性和柔性，可以适应客户的个性化需求。

由此我们看到，数据要素化之后，供应链必定超出现有国有企业的范围，在产业链上进行操作和优化。这种变化，需要现有企业通过数字化转型达成。国有企业正在推行的"链长"制，实际上是为此作出的努力。更重要的是，可能产生新的一批数据要素型供应链专业企业，通过收集行业和产业数据，建立产业供应链数据空间，交易数据建立动态供应链，满足个性化生产需求，实施产业链的优化和创新。随着国有企业建立专业供应链公司，这方面的实践对国有企业发挥数据要素价值将产生积极意义。

（三）数据要素 × 工业互联网

如果说供应链是一个跨企业的交易体系的话，工业互联网实际上是一个跨企业的技术和生产体系。按照相关标准，从生命周期、系统层级、智能特征识别上看，工业互联网具有20个共性场景。这些场景分别是：① 数字化设计；② 工艺仿真与虚拟调试；③ 设计与工艺一体化协同；④ 关键工艺智能调优；⑤ 智能机器与人员协同；⑥ 工业现场边缘物联；⑦ 工业边缘智能化升级；⑧ 工业装备集成协同控制；⑨ 工业装备远程控制；⑩ 产线柔性化配置；⑪ 智能排产与动态调度；⑫ 自动化仓储与物流配送；⑬ 环境监测与优化；⑭ 安全监测与优化；⑮ 能耗监测与优化；⑯ 质量在线检测与追溯；⑰ 供应链可视化与信息协同；⑱ 设备可视化与预测性维护；⑲ 大规模个性化定制；⑳ 云工厂共享制造。要成功部署上述20个共性价值场景，工业装备、工业网络、工业软件、工业数据是必不可少的关键支撑要素。工业装备作为高效、稳定、自动化作业的终端，是工业数字化的基础；工业网络是现场的人机料法环全要素的连接介质，实现协同；工业软件则帮助企业开展研、产、供、销、服全流程的精细化分析、决策与管理；工业数据是无处不在的资产，是沉淀的智慧结晶，是潜在价值无限的宝藏，这4个基础元素共同构成工业互联网，实现数据要素在工业体系中的流通，发挥数据要素对于工业体系的乘数效应。

工业互联网本质上是一个数据平台，场景数据沉淀在数据平台，产生巨大价值。具体表现在：促使制造业企业实现了产品全生命周期的精细化管理；实现制造业企业远程运维、预测性维护等增值服务，实现从一次性销售产品向持续性提供服务的商业模式转变；工业互联网平台连接用户、设备、服务，成为关键枢纽，打破了传统制造业的时空限制，实现了资源的高效配置和价值的最大化；通过平台化汇聚资源，推动共享经济模式在设备共享、产能共享等领域迅速发展，实现了资源的高效利用和价值最大化；工业互联网平台的链接作用，强化了产业链上下游的信息共享与协同创新，提升了整个产业链的竞争力。

（四）数据要素 × 数字化流程管理

在企业战略确定之后，流程管理是实现企业战略的主要手段。随着国有企业数字化转型的推进，企业各层次各部门的业务流程也实现了数字化。流程数据作为生产要素直接在生产流通中发挥作用。

企业流程一般分为四个层级：第一层级主要包括组织层面的流程，战略规划流程，管理和支持流程以及实施流程；第二层级的流程是具体的流程群组；第三层级为流程群组下的流程类别；第四层级为每个流程类别下详细的流程定义和描述，这些流程定义具体的活动、输入与输出、角色和控制点。

现代企业管理实质上是流程管理，在每一个具体流程下，是大量的数据记录与数据支持，是数据对具体业务执行过程中发挥作用的机制。数字化流程管理具有完善的技术和方法论，包括过程模型技术和流程管理方法。流程数据的作用体现在支持流程分析与优化、流程监控与预警、流程仿真与预测、流程导航与驾驶等方面。

（五）数据要素 × 工业机器人

工业机器人是企业数字化转型在操作层面的体现。工业机器人在工业生产领域得到了广泛的应用，以工业机器人应用为代表的智能化生产不仅改变了传统的工业制造方式，还掀起了新一轮的工业革命。工业机器人应用既是人工智能与生产过程深度融合的微观转变，也是企业从传统市场体系向智能制造转型的创新标志，其迅猛发展极大地推进了制造业转型升级，对工业制造产生了举足轻重的影响。目前工业机器人应用在以下领域：① 传统制造业；② 汽车制造；③ 医药医疗；④ 食品和饮料；⑤ 电子和半导体制造；⑥ 物流和仓储；⑦ 包装；⑧ 环保和废弃物处理；⑨ 建筑；⑩ 农业。在这些领域，工业机器人的功能可分为包装、上下料、喷涂、搬运、焊接与钎焊、洁净室、码垛、装配与拆卸等，其中以搬运、上下料、焊接与钎焊、装配与拆卸为主。

20世纪80年代，机器人进入了普及期，随着制造业的发展，工业机器人在发达国家工业生产中迅速普及，并向高速、高精度、轻量化、成套系列化和智能化发展，以满足多品种、少批量的实际需要。20世纪90年代，随着计算机技术、智能技术的进步和发展，第二代具有一定感觉功能的机器人实现实用化并开始推广，具有视觉、触觉、高灵巧手指、能行走的第三代智能机器人也相继出现并开始走向应用。

数据驱动的工业机器人可以实现与人类劳动力的有效协作，承担一些重复性、危险性较高的工作，而人类则可以专注于更有创造性和战略性的任务。这种人机协作模式可以提高生产效率，减轻员工的劳动强度。数据是新一轮科技革命和产业变革最活跃的生产要素，工业机器人产业发展要结合新型工业化特征，把握新型工业化的生产要素。大量颠覆性的数字技术不断涌现，为工业机器人带来增长潜力。数据要素成为工业企业数智化转型、决定工业企业竞争力的关键因素。数据进入工业机器人生产函数后，不但会改变生产要素的投入结构，而且能够显著提高其他生产要素的使用效率，成为价值的重要来源和产业竞争力的关键。近期以 ChatGPT 为代表的生成式人工智能技术的突破，代表人工智能已经可以根据需求创造内容（数据），未来的工业机器人可以融入数据的应用，开拓数据价值，企业对于数据的生产、开发、利用水平会成为新型工业化下评价工业机器人水平和产业国际竞争力高低的重要因素。新型工业化和数据要素化推动下，工业机器人等新一代平台如何搭建，如何实现共赢，是我们面临的重要问题。

（六）数据要素 × 国有企业新质竞争力

从逻辑上来说，数据要素是新质生产力的核心。原有的生产要素土地、劳动、资本、技术在新质生产力中都表现为量的变化，如更高质量的劳动力、更高效的资源利用率、畅通的资金流，以及一系列新技术的应用等，就要素层面，没有质的变化。只有数据是全新的生产要素，这个全新的要素决定了新质生产力的本质。因此国有企业推动数据要素化、发挥数据要素的乘数效应，实际上就是推动国有企业向新质生产力变迁，促进国有企业成为新的先进生产力的代表，用先进生产力创造新价值。

因此，国有企业如何在整体上发挥"数据要素 ×"的倍增效应、乘数效应，就不仅仅是一个业务问题，而是关系国有企业在新的生产力和生产方式竞争中的地位问题。

在国有企业层面，新质生产力通过平台化、数字化、智慧化表现出来。国有企业数字化转型本质上是向平台化转型。只有转型成为大型行业数字平台，国有企业才能融合新质生产力的各种要素，适应新型生产方式，确立在新质生产力中的主体地位，从而确保国有企业在国民经济中的主导地位。

就全球竞争来说，世界政治经济正经历百年未有之大变局，关于这场变局的性质是什么，存在不同认知。一些人认为这场百年变局是第四次工业革命，本质上是工业革命的延续，数据并非新的生产要素，只是新的技术表现形式。在这种认识下，不存在对工业产生方式的扬弃，只有在工业化生产方式架构下的改进。我国政府关于数据要素化的一系列政策表明，我们认为数据要素的出现，代表新质生产力的产生，必然形成新的生产方式。这种认识意味着我们要用新质生产力参与世界竞争。国有企业创建世界一流不是对标旧的生产力，而是要成为新的生产方式的引领者，用新质生产力的更高效率、更大的创新性创建世界一流。在这个意义上讲，数据要素为国有企业数字化转型赋予了全新的意义和价值。

六、本书结构

基于以上认识，本书试图向读者阐明数据要素与国有企业数字化转型的关系，阐明数据要素在国有企业数字化转型中发挥作用的机制，以及在不同场景和企业全景下面临的问题和解决方案。本书大的结构分为导论、正文和附录。

导论对全书的主要观点作了阐述，可以作为读者了解本书的一个导引。

正文包括三大部分：

第一部分是基本理论部分，阐述国有企业数字化转型现状和数据要素作用原理，由第一章和第二章组成。

第二部分是场景应用部分，分别阐述数据要素与国有企业数字化转型相关的5种场景和未来发展趋势。第三章至第七章分别阐述数据要素在国有企业数字化战略、数字供应链、工业互联网、数字化流程管理、工业机器人等数据密集场景中的运行机制和价值实现。第八章重点研究在数据要素条件下国有企业的新质化和平台化趋势，以及国有企业的国际化战略。第二部分还提供了国有企业数据要素化的实践案例，可以供读者联系实际，深入研究。

第三部分为附录部分。为方便读者了解国有企业数字化转型和数据要素相关政策，我们提供了这方面的综述，以供参考。

第一章

"数据要素×"基本理论

在现代经济中，数据已被认为是与土地、劳动、资本、技术同样重要的生产要素。在此背景下，《"数据要素×"三年行动计划（2024—2026年）》等政策的提出不仅表明数据要素存在独特的乘数效应，还规划了以推动数据要素高水平应用的场景和目标。在国有企业数字化转型的浪潮中，解读"数据要素×"政策，理解该政策与数字化转型之间的关系是当务之急。本章首先介绍和解读该政策，之后阐述国有企业的数字化转型，最终总结两者的关系。

一、"数据要素×"政策

（一）"数据要素×"政策背景

随着新一轮科技革命和产业变革的深入发展，数据已成为关键的生产要素。数据的价值在于其能够提高资源配置效率，优化生产方式，创造新产业新业态，从而推动经济增长。然而，我国在数据供给质量、流通机制、应用潜力释放等方面存在不足，这限制了数据要素的充分发挥。

自2014年"大数据"首次被写入政府工作报告开始，我国出台了一系列的数据要素政策。

2020年4月发布的《中共中央 国务院关于构建更加完善的要素市场化配置体制机制的意见》，提出要完善要素市场化配置，激发社会创造力，推动经济发展质量变革。数据成为与土地、劳动、资本、技术并列的生产要素，成为国家基础性战略资源。意见指出要加快培育数据要素市场，提升社会数据资源价值，推进政府数据开放共享，加强数据资源整合和安全保护。该意见强调要促进数据要素的高效流动和合理配置，为数字经济发展提供有力支撑。同时，意见还提出了一系列具体措施，如制定数据要素市场基础性制度，完善数据权属和交易规则，建立数据资源产权、交易流通等基础制度和标准规范等。

2021年6月发布的《中华人民共和国数据安全法》是我国首部针对数据安全的专门法律，对数据的安全保护、开发利用及监管等方面进行了全面规范，明确将数据安全上升到国家安全范畴，形成了我国数据安全的顶层设计。该法明确规定了数据安全的定义和范围，强调对数据的收集、存储、使用、加工、传输、提供、公开等全生命周期的安全保护。法律要求建立数据分类分级保护制度，对重要数据实行更加严格的管理和保护措施。此外，该法还规定了数据处理者的义务和责任，包括建立健全数据安全管理制度、采取必要的技术措施和其他必要措施来保障数据安全，以及配合国家数据安全工作等。同时，法律也明确了违法行为的法律责任，对违反数据安全规定的行为将依法进行处罚。在数据开发利用方面，该法鼓励数据依法合理有效利用，保障数据依法有序自由流动，促进以数据为关键要素的数字经济发展。但同时，也强调了数据活动应当遵守法律法规，尊重社会公德和伦理，不得危害国家安全、公共利益以及个人和组织的合法权益。

2021年11月，《"十四五"大数据产业发展规划》对我国未来五年大数据产业的发展进行了全面规划和布局。规划强调，要推动数据要素价值释放，加强数据治理和流动，促进数据要素的市场化配置。加快培育数据要素市场，提升数据要素价值，推动大数据与各行业深度融合。同时，规划提出，要加快构建全国一体化大数据中心体系，优化数据中心布局，推动算力、数据、应用资源集约化和服务化创新。还要强化大数据安全保障，提升数据安全保护能力，保障国家数据安全。此外，规划还明确了优化大数据产业生态的方向，包括提升技术创新能力、培育优质企业、构建稳定高效的产业链等。

2022年1月，《"十四五"数字经济发展规划》中对数据要素到底怎么做，专门进行了阐述，形成了数据要素建设的框架。首先，要推进数据要素市场化配置，建立健全数据产权交易和行业自律机制，培育规范的数据交易平台和市场主体。其次，要加强数据汇聚融合与创新应用，支持构建农业、工业、交通、教育、医疗等领域规范化数据开发利用的场景。此外，规划还强调要大力提升数据质量，建立数据质量评估体系，制定数据质量标准，提高数据的准确性、完整性和可用性。

2022年12月，《中共中央国务院关于构建数据基础制度更好发挥数据要素作用的意见》（即"数据二十条"）从数据产权、流通交易、收益分配和安全治理四个方面，进行了中国数据制度体系和机制的顶层设计和全盘细致谋划。即要建立保障权益、合规使用的数据产权制度，探索数据产权结构性分置制度，推进实施公共数据确权、授权机制，推动建立企业数据确权、授权机制。同时，建立合规高效、场内外结合的数据要素流通和交易制度，完善数据全流程合规和监管规则体系，统筹数据交易市场建设。此外，要建立体现效率、促进公平的数据要素收益分配制度，以及建立安全可控、弹性包容的数据要素治理制度。这些制度旨在保障数据的安全与可控，同时促进数据的合理利用和创新发展。

2023年2月，《数字中国建设整体布局规划》将数据资源工作放在数字中国大背景下统筹谋划，提出了一系列具体措施。首先，要加强数据资源整合和共享，打破数据孤岛，促进不同领域、不同行业、不同地域之间的数据互通互联。其次，要推动数据要素市场化配置，完善数据交易规则和市场机制，激发数据市场的活力和创新力。此外，规划还强调了数据安全和隐私保护的重要性，要求加强数据安全保障体系建设，确保数据的安全可控。同时，要积极推动数据技术创新和应用，提升数据处理和分析能力，为经济社会发展提供有力支撑。

2023年8月，《企业数据资源相关会计处理暂行规定》将"数据资源入表"工作付诸实施，明确了企业在数据资源方面的会计处理方法和原则，为数据要素的确认、计量和披露提供了指导。根据规定，企业应将数据资源视为一种无形资产，并按照相关规定进行确认和计量。这意味着数据要素在企业的财务报表中将得到明确的体现，有助于更准确地反映企业的资产状况和财务状况。同时，规定还强调了数据资源的披露要求，要求企业充分披露与数据资源相关的会计信息，包括数据资源的来源、使用方式、价值评估方法等。这将有助于增强企业的透明度和可比性，为投资者和其他利益相关者提供更准确、更全面的信息，有力推动数据要素在经济中的应用。

2023年10月，国家数据局正式揭牌，标志着我国在数据领域迈出了重要的一步。这一机构的成立，对数据要素的发展具有深远的意义。首先，国家数据局将协调推进数据基础制度的建设，为数据要素的发展提供坚实的制度保障。这将有助于建立统一、规范的数据管理体系，促进数据的高效流通和合理利用。其次，国家数据局将统筹数据资源的整合共享和开发利用，打破数据孤岛，实现数据资源的最大化利用。这将有助于释放数据要素的潜力，推动数字经济的发展和创新。协调推进数据基础制度建设，统筹数据资源整合共享和开发利用。

在出台这些政策后，2023年12月31日，《"数据要素×"三年行动计划（2024—2026年）》发布，在数据要素基础设施和体系机制初步建成的基础上，选取数据要素的重点应用领域，推动数据要素价值释放。

（二）"数据要素×"政策概述

2023年12月31日，国家数据局等十七部门联合印发《"数据要素×"三年行动计划（2024—2026年）》。该政策以推动数据要素高水平应用为主线，以推进数据要素协同优化、复用增效、融合创新作用发挥为重点，强化场景需求牵引，带动数据要素高质量供给、合规高效流通，培育新产业、新模式、新动能，充分实现数据要素价值，为推动高质量发展、推进中国式现代化提供有力支撑。

"数据要素 ×"政策强调坚持需求牵引、注重实效，试点先行、重点突破，有效市场、有为政府，开放融合、安全有序4个方面的基本原则，选取了工业制造、现代农业、商贸流通、交通运输、金融服务、科技创新、文化旅游、医疗健康、应急管理、气象服务、城市治理、绿色低碳12个行业和领域，推动发挥数据要素乘数效应，释放数据要素价值。"数据要素 ×"政策从提升数据供给水平、优化数据流通环境、加强数据安全保障3方面，强化保障支撑。

总体目标方面，到2026年底，数据要素应用广度和深度大幅拓展，打造300个以上示范性强、显示度高、带动性广的典型应用场景，涌现出一批数据要素应用示范地区，培育一批创新能力强、成长性好的数据商和第三方专业服务机构，数据产业年均增速超过20%，场内交易与场外交易协调发展，数据交易规模倍增。

（三）"数据要素 ×"政策解读

《"数据要素 ×"三年行动计划（2024—2026年）》的发布标志着我国在数据要素市场建设方面，迈出了从宏观制度安排到具体行动举措的重要步伐。与2015年"互联网+"行动相比，"数据要素 ×"实现了从连接到协同、使用到复用、叠加到融合的转变，目的就是让沉睡的数据活起来，结合不同行业的基础条件和数据禀赋，挖掘和释放数据要素典型领域应用场景，以场景为牵引，推动数据要素供给和流通使用，加快数据要素化进程，从而更好实现数据价值，构建以数据为关键要素的数字经济。

国有企业等主体可以从多个角度来解读"数据要素 ×"和"数据二十条"等相关政策。

首先是从数据产权的角度。"数据二十条"政策创新提出"结构性分置的数据产权制度"政策框架，尤其是"建立数据资源持有权、数据加工使用权、数据产品经营权等分置的产权运行机制"。该政策淡化数据所有权，强调数据使用权，成为我国构建中国特色数据产权制度的重要指引。

但是，对于企业而言，数据产权方面存在几个关键问题。一是数据分类分级，企业数据、个人数据、公共数据资产边界不清，数据分类分级尚无明确、具体的标准，导致企业难以把握数据类别、难以判断对数据采取何种级别的保护，企业如何有效界定其数据资产范围成了首要关注的问题。二是数据确权，每个数据生产主体既是数据生产者又是消费者，且每个主体在与他方对接时产生的数据难以界定其归属权，企业推动数据流通的前提是数据确权以及数据流通后续产生的收益归属的问题，目前亟待相关法律法规进一步明确。三是企业数据的利用和保护之间的平衡，即如何最大化发挥数据价值，又能避免数据合规的风险。四是数据资源入表，如何将企业拥有的数据变成法律意义上的资产，关乎数据确权、数据价值计量、数据资产审计、数据安全与合规等问题，需要充分的前提才能实现数据资产化。

其次是从数商企业生态的角度。数商是指从事数据商业挖掘的各类商业主体。"数商"概念由上海数据交易所在2021年组建成立时首次提出，随着近年来数据要素市场生态的发展，这一概念范畴逐步扩大并被多地沿用。特别是在"数据二十条"对11类专业化服务数商作出规定后，全国展开积极探索。目前的数商企业分为服务型、应用型、技术型三类，都是数据产业的重要组成部分。其中，服务型数商企业从事数据产品开发、发布、承销和数据资产合规化、标准化、增值化服务，是数据流通的推进者；应用型数商企业从事利用数据赋能相关产业，推动产出增加和效率提升，是数据价值的转化者；技术型数商企业是为数据采集、传输、管理等提供支撑，是数据资源的开发者。"数据要素×"政策提出，到2026年底，要培育一批创新能力强、市场影响力大的数商和第三方专业服务机构，数据产业年均增速超过20%，数据交易规模增长1倍。未来，国有企业可以设立更多形态的数商，共同为数据要素市场提供安全、合规、可信的服务，推动数据要素产能全面释放。

再次是从数据资产入表的角度。在"数据二十条"提出"三权分置"的数据产权制度框架后，2023年在财会领域连续出台《企业数据资源相关会计处理暂行规定》与《数据资产评估指导意见》，2024年1月1日起，数据资源将被视为一种资产纳入企业资产负债表，以报表子项目的形式单独列示。数据资产入表的推进，需要经历数据资源化、资源产品化、产品资产化三个步骤，从而激发万亿数据要素市场活力。与此同时，基于数据资产的创新应用也正在加速，如数据资产增信、转让、出资、质押融资、保理、信托、保险、资产证券化等。企业数据资产入表加速推进，影响主要有三个方面。一是提供更多政策支持和标准指导，加快数据资产入表的进程。二是"数据要素×"政策是以场景驱动的，将促进企业数据资产的盘活和基于场景的应用价值提升。企业可以更好地利用自身数据资产，基于业务痛点挖掘其潜在价值，以用促建，实现数据的增值和创新应用，用数据赋能企业高质量发展，有助于提升企业的竞争力和创新能力，推动企业的数字化转型。三是"数据要素×"行动还将推动企业加强数据安全和隐私保护工作，确保企业数据资产的安全性和可信度，这将有助于数据要素市场化的长治久安，行稳致远。但数据资产化依然存在诸多难题待解，一方面，对企业而言，数据资源的成本定价、核算计量时点认定、后续摊销方法、集团与子公司等会计处理相对复杂；另一方面对创新融资模式的金融机构而言，也需要提高风险管理能力。

最后是从数据合规的角度。随着数据要素的广泛应用，数据安全和个人隐私保护成为重要议题。通过出台《中华人民共和国数据安全法》《中华人民共和国个人信息保护法》等法律法规，我国已构建起涵盖数据采集、存储、分析、流通、使用、删除等全生命周期的合规管理顶层设计框架。因此，企业需要将数据合规要求嵌入其数据调取和算法应用中，严格遵守数据安全法规，建立健全数据安全治理体系。此外，数据跨境政策对全球数据要素市场的繁荣与活跃影响重大。如何降低企业跨境数据流动的合规成本，安全评估合规申报压力，有待后续政策的出台。

二、国有企业数字化转型

（一）国有企业数字化转型的背景

国有企业数字化转型是当前全球经济发展趋势和国家战略布局的重要体现。随着信息技术的飞速发展，特别是云计算、大数据、人工智能等新一代信息技术的广泛应用，数字化已经成为推动经济社会发展的关键力量。在这一背景下，国有企业作为国民经济的重要支柱，其数字化转型不仅关系到企业自身的可持续发展，也对国家经济结构的优化升级和国际竞争力的提升具有深远影响。

国有企业的数字化转型离不开深化国有企业分类改革这一背景。2022年7月22日，国务院国有资产监督管理委员会在新闻发布会上明确表示，将深入推进中央企业的改革进程，致力于构建功能清晰、分工明确、协调发展的中央企业新格局，其中包括国有资本投资公司、运营公司和产业集团三大类别。与此同时，地方国资及国资企业集团也将按照这一布局进行调整，逐步形成各级国有资本投资公司、国有资本运营公司以及专业化的国有资本产业集团。这三类企业既有区别，也有多重关联性。虽说功能定位与运作模式各不相同，但相互之间是密切配合、协同发展的。只有通过深入的协同互补合作、资产的盘活、关键点的创新，各类企业才能实现资源的优化配置和效益的更大提升。

在战略定位上，国有资本投资公司是以服务国家战略、优化国有资本布局、提升产业竞争力为目标；国有资本运营公司是以提升国有资本运营效率、提高国有资本回报为目标；国有资本产业集团公司是在国家重要行业及关键领域，发挥在国民经济中的重要支柱作用。更为重要的是，国有资本投资、运营公司除了坚决贯彻改革部署外，还要作为合格受托管理者，对所持股企业实施全方位改革，推动企业高质量发展。

在职能作用上，国有资本投资公司要贯彻政府国有资本布局和结构优化战略部署，通过引导产业投资、实施产业整合、重塑产业结构，发挥投资引导和结构调整作用，推动产业集聚和转型升级；国有资本运营公司要发挥区域平台投行作用，引导社会资本脱虚向实，创造更大发展空间，使国有经济与民营经济和谐共进，实现国有资本合理流动和保值增值；国有资本产业集团公司聚焦做强做优做大实体经济，既要保障国民经济根基稳定，又要发挥抵御宏观风险的中流砥柱作用。

在具体运作上，国有资本投资公司、国有资本运营公司都会运用"市场＋行政"的综合模式从事具体运作，但侧重点不同。国有资本投资公司是围绕产业资本做文章，在中高端产业强化协同攻关，在基础产业推进转型升级及产融结合；国有资本运营公司是围绕布局结构做文章，不聚焦特定产业，通过发挥平台作用，积极服务国家战略和实体经济；国有资本产业集团公司围绕确定的主业范围，从事生产经营和管理，更加注重产业发展和科技进步，同时逐步增强国际化经营能力，培育具有世界水平的跨国公司。

综上分析，国有资本投资公司、国有资本运营公司、国有资本产业集团公司虽在战略定位、职能作用和具体运作上有所不同，但相互之间是密切配合、协同发展的。国有资本投资公司是要打造极具竞争力的产业生态链，是纵向运营，通过聚焦产业功能，在战略性新兴产业及产业链中高端环节进行超前布局，攻克核心技术，掌握先进算法，开拓新的领域，带动产业升级和企业竞争力提升，也为国有资本运营公司提供运作更优标的，促进产业集团公司的转型发展。国有资本运营公司是要做国有资本结构调整的平台，是横向运营，通过聚焦布局优化功能，对不特定产业、不特定领域的国有资本进行经营管理和运作，并布局新兴行业领域，以"资本＋产业"推动国有资本合理流动和保值增值，进而向国有资本投资公司、国有资本产业集团公司提供金融支撑、产业升级服务等支持，或是配合国有资本投资公司、国有资本产业集团公司进行产业培育和存量资产盘活。国有资本产业集团公司是国有经济的基本细胞，主要聚焦所处行业领域，在主业范围内进行产业链延伸，积极拓展新的内部市场，有效构建内部循环体系，将核心技术和科技成果转化为生产力，为国有资本投资、国有资本运营公司发挥作用提供更加坚实的基础。

（二）国有企业数字化转型的动力和意义

国有企业数字化转型的动力主要来自三个方面。首先是全球经济数字化浪潮。在全球化的今天，数字化已经成为全球经济发展的新引擎。国际数据公司（IDC）预测，到2025年全球有用数据总量将达到175ZB，数据的价值和潜力日益凸显。数字化转型已经成为全球企业提升竞争力的共同选择。其次是国家战略需求。中国政府高度重视数字经济的发展，将其作为国家战略的重要组成部分。《"十四五"数字经济发展规划》明确提出，数据要素是数字经济深化发展的核心引擎，强调了数据作为新型生产要素的价值。最后是国有企业自身面临的挑战与机遇。国有企业在传统经济体系中占据重要地位，但在数字化时代面临着转型升级的迫切需求。一方面，国有企业需要通过数字化转型提升效率、降低成本、优化管理；另一方面，数字化转型也为国有企业带来了新的商业模式和增长点。

国有企业数字化转型具有多方面的意义。一是提升竞争力。数字化转型能够帮助国有企业提高生产效率，优化资源配置，增强市场响应速度，从而在激烈的市场竞争中保持领先地位。二是促进产业升级。通过数字化技术的应用，国有企业能够推动传统产业的智能化、绿色化发展，实现产业结构的优化和升级，为经济发展注入新动力。三是增强创新能力。数字化转型为国有企业提供了丰富的数据资源和先进的分析工具，有助于企业在研发设计、生产制造、市场营销等环节实现创新，提升产品和服务的附加值。四是提高管理水平。数字化转型有助于国有企业建立更加科学、高效的管理体系，通过数据分析和智能决策，实现对企业运营的精准控制，降低经营风险。五是响应国家战略。国有企业数字化转型是响应国家"双碳"（即碳达峰和碳中和）战略的重要途径。通过数字化手段，企业能够实现能源消耗的精准监控和优化，推动绿色低碳发展。六是推动社会进步。

国有企业在数字化转型过程中，可以带动相关产业链的数字化水平提升，促进社会整体信息化水平的提升，为社会进步和人民生活水平的提高做出贡献。

（三）国有企业数字化转型的特点

国有企业数字化转型的总体特点可以从以下几个方面进行概述。

第一，注重政策支持与合规性。国有企业的数字化转型往往受到国家政策的大力支持，包括财政补贴、税收优惠、人才培养等。同时，企业在转型过程中需要遵守相关法律法规，确保数据安全和隐私保护。

第二，注重资源投入与风险管理。国有企业在数字化转型中通常具备较强的资源投入能力，包括资金、技术、人才等。同时，企业也注重风险管理，通过建立相应的风险评估和控制机制，确保转型过程的稳健进行。

第三，注重行业协同与生态构建。国有企业在数字化转型中不仅关注自身的发展，也寻求与产业链上下游企业、科研机构、行业组织等的合作，共同构建数字化生态系统，实现共赢发展。

第四，注重国际视野与全球布局。随着全球化的深入发展，国有企业在数字化转型中也更加注重国际视野，通过国际合作和技术引进，提升企业的国际竞争力，并在全球范围内布局数字化战略。

具体到三类国有企业，由于各自的功能定位和业务特性不同，呈现不同的特点。

国有资本投资公司在数字化转型过程中，展现出对前沿科技的高度敏感和深度整合能力。其数字化转型不仅局限于简单的技术引入，而且深入到公司战略、投资决策、风险管理、内部运营等多个层面。首先，在战略层面，国有资本投资公司利用大数据、人工智能等技术，对国家宏观政策、市场动态、行业趋势进行深度分析，确保投资决策与国家战略高度契合。这种以数据驱动的投资决策模式，大大提高了投资的精准度和前瞻性。其次，在投资决策环节，数字化转型使得国有资本投资公司能够更全面地评估投资项目的潜在价值和风险。通过构建复杂的数学模型和算法，对投资项目的盈利能力、市场前景、技术可行性等进行综合评估，确保每一笔投资都能带来良好的回报。此外，在风险管理方面，数字化转型为国有资本投资公司提供了强大的风险预警和监控机制。通过实时监测市场动态和项目运营情况，及时发现潜在风险并采取相应的应对措施，确保国有资本的安全和稳健增值。最后，在内部运营层面，数字化转型推动了国有资本投资公司管理流程的现代化和规范化。通过引入自动化、智能化的办公系统，实现文档电子化、数据可视化、决策智能化，大大提高了工作效率和协同能力。同时，数字化转型还促进了公司内部的信息共享和沟通协作，打破了部门壁垒，形成了更加高效、灵活的组织结构。

国有资本运营公司的数字化转型是一场以资产管理为核心，以数字化技术为手段的深刻变革。其转型特点主要体现在资产管理的精细化、运营优化的智能化以及与外部市场的深度融合等方面。首先，在资产管理方面，数字化转型使得国有资本运营公司能够实现对国有资产的全面、精细、动态管理。通过构建完善的资产管理系统，对国有资产的分布、状态、价值等进行实时监控和评估，确保资产的安全、完整和有效利用。同时，利用大数据和智能分析技术，对国有资产的运营绩效进行深度挖掘和分析，为管理决策提供有力支持。其次，在运营优化方面，数字化转型为国有资本运营公司提供了强大的智能化工具。通过引入先进的算法和模型，对国有资产的配置、处置、收益等进行优化计算，实现资产的最大化利用和收益的最大化获取。同时，数字化转型还推动了公司内部运营流程的自动化和智能化，降低了运营成本，提高了运营效率。最后，在与外部市场的深度融合方面，数字化转型使得国有资本运营公司能够更好地融入市场、服务市场。通过构建数字化平台，与外部市场进行深度对接和互动，拓展资产处置渠道，优化资产配置结构。同时，利用数字化技术洞察市场需求和消费者行为，为国有资产的增值提供更多可能性。

国有资本产业集团的数字化转型是一场以数字化技术为驱动，以产业升级和创新发展为目标的深刻变革。其转型特点主要体现在产品创新、服务升级、商业模式变革以及内部管理优化等方面。首先，在产品创新方面，数字化转型为产业集团提供了强大的创新引擎。通过深度融合互联网、大数据、人工智能等先进技术，推动产品创新向智能化、个性化、绿色化方向发展。利用数字化技术对市场需求和消费者行为进行深度洞察，快速响应市场变化，推出符合趋势的新产品和服务。同时，数字化转型还促进了产业集团与科研机构、高校等创新主体的紧密合作，形成产学研用一体化的创新体系。其次，在服务升级方面，数字化转型使得产业集团能够提供更加便捷、高效、个性化的服务。通过构建数字化服务平台，实现线上线下服务的深度融合，为消费者提供更加多元化、个性化的服务体验。同时，利用大数据和智能分析技术对消费者行为进行深度挖掘和分析，为消费者提供更加精准、个性化的服务推荐。再次，在商业模式变革方面，数字化转型为产业集团提供了更多的商业模式创新机会。通过引入数字化技术，打破传统商业模式的束缚，探索新的盈利模式、合作模式和运营模式。例如，利用数字化平台拓展线上销售渠道，实现线上线下融合发展；通过构建数字化生态系统，与合作伙伴实现资源共享、互利共赢等。最后，在内部管理优化方面，数字化转型推动了产业集团内部管理的现代化和规范化。通过引入自动化、智能化的办公系统和管理工具，实现内部流程的简化、优化和标准化。同时，数字化转型还促进了企业内部的信息共享和沟通协作，打破了部门壁垒和信息孤岛现象，形成了更加高效、灵活的组织结构和管理模式。

（四）国有企业数字化转型的现状和问题

在国家政策的大力支持下，国有企业纷纷开始数字化转型进程。绝大多数国有企业已经开始了数字化转型的规划和实施工作，将数字化技术应用于企业管理、生产运营、市场营销等各个环节。一些领先的国有企业已经建立了完善的数字化平台，实现了业务流程的自动化、智能化和高效化。这些企业通过数字化转型，不仅提高了运营效率和管理水平，还推动了业务创新和市场拓展。目前，从整体来看，国有企业数字化转型的进程并不一致，存在行业差异。制造类、建筑类和服务类国企更注重建设基础数字技术平台，推动企业管理体系的数字化。这些企业通过引入先进的生产管理系统、供应链管理系统、客户关系管理系统等，实现了生产过程的自动化和智能化，提高了产品质量和生产效率。同时，它们还利用大数据、人工智能等技术优化市场营销策略，提升客户满意度和忠诚度。相比之下，能源类企业则更专注于提升生产运营智能化水平。这些企业利用物联网、云计算等技术对能源开采、传输、使用等环节进行实时监控和优化调度，提高了能源利用效率和安全性。同时，它们还积极探索新能源领域，推动清洁能源的开发和利用。

当前，国有企业数字化转型已成为推动企业高质量发展的重要战略。在国家政策的引导和市场需求的双重驱动下，国有企业正逐步深化数字化转型实践，同时也面临一些问题。

首先，国有企业数字化转型进程不一，存在行业差异。绝大多数国有企业已经开始了数字化转型进程，但多数仍处于起步或初期转型阶段。调查显示，制造类、建筑类和服务类国企更注重建设基础数字技术平台，推动企业管理体系的数字化；能源类企业则更专注于提升生产运营智能化水平。

其次，国有企业数字化转型内部协同困难。国有企业内部存在着较大的认识分歧，难以找到数字技术与业务融合的切入点，部门之间往往存在利益壁垒，组织内部协同相对困难。

最后，国有企业数字化转型的考核标准有待改进。在数字化转型过程中，企业需要克服面临的挑战，如过分追求短期财务业绩，不愿承担失败风险，这是阻碍国有企业数字化转型进程的重要因素。数字化转型是需要长期坚持投入的系统工程，而且寻找成功案例难度较大，导致转型过程呈现缓慢发展的状态。因此，数字化转型投资回报率的考核标准可能需要更多的弹性衡量。

（五）国有企业数字化转型的路径

国有企业数字化转型主要有以下三条路径。

一是技术引领，以先进技术为先导的数字化转型。技术引领是国有企业数字化转型的首要路径。这一路径以某种技术升级为源头，驱动企业场景和业务模式的升级，多发生在企业数字化转型的初期阶段。在这一阶段，企业注重技术能力的积累和提升，通过引进和研发先进技术，推动企业业务流程、组织架构和商业模式的创新。

对于国有企业而言，技术引领的路径具有显著的优势。首先，国有企业通常拥有较为雄厚的资金实力和技术储备，能够承担较大的技术研发投入。其次，国有企业在行业中占据重要地位，具有较强的技术引领和示范效应。通过率先应用先进技术，国有企业不仅能够提升自身竞争力，还能带动整个行业的技术进步和转型升级。

在技术引领的路径下，国有企业需要重点关注三个方面：首先是加强技术研发和创新能力建设，掌握核心技术的自主知识产权；其次是加强与高校、科研机构等外部创新资源的合作，形成产学研用一体化的创新体系；最后是注重技术成果的转化和应用，将先进技术与企业实际业务场景相结合，推动业务模式的创新和升级。

二是场景驱动，以业务需求为导向的数字化转型。场景驱动是国有企业数字化转型的另一重要路径。这一路径受业务需求驱动，从特定的业务场景出发，获取技术推动场景升级的价值。与技术引领不同，场景驱动更加注重业务需求和市场变化，强调技术与业务的深度融合。

在场景驱动的路径下，国有企业需要深入挖掘和分析业务需求，找到数字化转型的切入点和突破口。同时，企业还需要加强与用户的互动和沟通，了解用户需求和痛点，为用户提供更加精准、个性化的产品和服务。通过场景驱动的方式，国有企业可以实现业务模式的创新和升级，提升用户体验和满意度。

此外，在场景驱动的路径下，国有企业还需要重点关注三个方面：首先是加强业务需求的调研和分析能力，准确把握市场趋势和用户需求；其次是加强与用户的互动和沟通，建立用户反馈机制，持续优化产品和服务；最后是注重技术与业务的深度融合，将先进技术应用于实际业务场景中，实现业务模式的创新和升级。

三是管理优化，以数字化手段提升企业管理水平。管理优化是国有企业数字化转型的第三条路径。这一路径强调通过数字化手段提升企业的管理水平，实现企业内部流程的优化和协同。对于国有企业而言，管理优化具有重要的意义。首先，国有企业通常规模较大、层级较多，管理难度较大。通过数字化手段可以实现对企业内部流程的实时监控和优化，提高管理效率和质量。其次，数字化手段还可以促进企业内部各部门之间的协同和合作，打破信息孤岛和部门壁垒。

在管理优化的路径下，国有企业需要重点关注三个方面：首先是加强企业内部流程的梳理和优化，建立标准化的流程管理体系；其次是加强企业内部信息系统的建设和整合能力，实现各部门之间的信息共享和协同；最后是注重数字化手段的应用和推广能力，提高员工对数字化工具的掌握和应用水平。

此外，在管理优化的过程中，国有企业还需要注意以下三个方面的问题：首先是要充分考虑企业自身的特点和实际情况，制定切实可行的数字化管理方案；其次是要注重数字化管理的持续改进和优化能力，不断适应市场变化和企业发展需求；最后是要加强数字化管理的培训和宣传能力，提高员工对数字化管理的认识和接受程度。

虽然技术引领、场景驱动和管理优化三条路径各有侧重和特点，但在实际应用中需要相互融合、相互促进。国有企业可以根据自身的实际情况和发展需求，综合应用三条路径推动数字化转型。

首先，在技术引领方面，国有企业可以加强技术研发和创新能力建设，掌握核心技术的自主知识产权。同时注重与外部创新资源的合作和交流，共同推动行业的技术进步和转型升级。

其次，在场景驱动方面，国有企业可以深入挖掘和分析业务需求和市场趋势，找到数字化转型的切入点和突破口。加强与用户的互动和沟通能力，持续优化产品和服务质量。

最后，在管理优化方面，国有企业可以利用数字化手段提升企业管理水平，实现企业内部流程的优化和协同。加强数字化管理的持续改进和优化能力，不断适应市场变化和企业发展需求。

综上所述，国有企业数字化转型是一个复杂而系统的过程，需要综合应用技术引领、场景驱动和管理优化三条路径。通过加强技术研发、深入挖掘业务需求、利用数字化手段提升管理水平等措施，国有企业可以推动数字化转型的深入发展，实现可持续发展和竞争优势的提升。

（六）国有企业数字化转型的趋势

国有企业数字化转型的趋势体现在多个方面，从战略规划到技术应用，再到组织结构调整和人才培养，国有企业正逐步深化其数字化转型的实践。以下是对国有企业数字化转型趋势的总结。

第一，战略规划的深化与实施。国有企业越来越重视数字化转型的战略地位，将其作为企业长远发展的关键。企业正从顶层设计入手，制定全面的数字化转型战略，明确转型目标、路径和关键任务。同时，企业也在加强战略执行力度，确保数字化转型规划的有效实施。

第二，技术应用的广泛化与深入化。随着新一代信息技术的快速发展，国有企业正加速应用云计算、大数据、人工智能等技术，以提升生产效率、优化管理流程和增强市场竞争力。数字化技术的应用正从单一的业务环节扩展到企业运营的全链条，实现数据驱动的决策和运营。

第三，组织结构的灵活化与网络化。为了适应数字化转型的需要，国有企业正在调整组织结构，打破传统的层级制，推动组织向更加灵活、扁平化和网络化的方向发展。这有助于提高企业的响应速度和创新能力，同时也促进了跨部门、跨业务的协同工作。

第四，人才培养的系统化与多元化。数字化转型对人才提出了新的要求，国有企业正通过建立系统的人才培养体系，加强数字化人才的培养和引进。这不仅包括技术技能的培训，还包括数字化思维和创新能力的培养。同时，企业也在积极构建多元化的人才队伍，以支持数字化转型的多方面需求。

第五，数据治理的规范化与安全化。数据已成为企业的重要资产，国有企业正加强数据治理，确保数据的质量、安全和合规性。这包括建立统一的数据标准、完善数据管理体系、加强数据安全防护措施等，以充分发挥数据的价值。

第六，数字化项目的实效化与持续化。国有企业在实施数字化项目时，更加注重项目的实效性和可持续性。企业正通过建立项目评估和监控机制，确保数字化项目能够带来实际的业务价值。同时，企业也在探索如何将数字化转型成果持续转化为企业的核心竞争力。

第七，政策支持的精准化与协同化。国家政策对国有企业数字化转型的支持更加精准和有力。政策不仅提供资金和税收优惠，还包括人才培养、技术研发、市场开拓等方面的支持。同时，国有企业也在加强与政府、行业组织、科研机构等的协同合作，共同推动数字化转型。

第八，数字化转型的生态化与国际化。国有企业正通过数字化转型，构建开放、共享、协同的产业生态，促进产业链上下游的数字化水平提升。同时，企业也在积极参与国际合作，通过数字化手段拓展国际市场，提升国际竞争力。

综上所述，国有企业数字化转型的趋势表现为战略深化、技术深入、组织灵活、人才培养、数据规范、项目实效、政策精准和生态国际化。这些趋势不仅体现了国有企业对数字化转型的高度重视，也反映了企业在适应新时代经济发展需求中的积极探索和实践。随着数字化转型的不断深入，国有企业将在提升自身竞争力的同时，为国家经济的高质量发展作出更大贡献。

三、国有企业数字化转型与数据要素的关系

国有企业数字化转型与数据要素紧密相关，但也存在理论上的差异，主要有以下三方面。

一是数字化转型的外生性与数据要素的内生性。

数字化转型是外生于企业传统经营模式的一种变革过程。它主要受到外部技术环境、市场环境以及政策环境等因素的影响和推动。对于国有企业而言，数字化转型是适应新时代发展要求、提升核心竞争力的必然选择。然而，数字化转型并非一蹴而就，而是需要企业不断地进行技术引进、流程优化和组织架构调整等工作。

与数字化转型的外生性不同，数据要素具有内生性特点。数据要素是指企业在生产经营过程中产生的各种数据资源，包括客户信息、交易数据、生产数据等。这些数据资源是企业内部自生的，具有独特性和不可复制性。随着大数据技术的不断发展，数据要素在企业经营决策、产品创新、市场营销等方面的价值日益凸显。

在国有企业数字化转型的过程中，数据要素发挥着至关重要的作用。一方面，数据要素是数字化转型的基础和支撑。没有充足、准确的数据资源，数字化转型就难以有效推进。另一方面，数据要素也是数字化转型的重要驱动力。通过对数据资源的深入挖掘和分析，企业可以发现新的市场机会、优化业务流程、提升用户体验等，从而推动数字化转型的深入发展。

二是数字化转型的技术推动与数据要素的价值推动。

数字化转型是技术推动的一种变革过程。随着云计算、大数据、人工智能等技术的不断发展，企业可以通过引进和应用这些先进技术来推动数字化转型。然而，单纯的技术引进并不足以实现数字化转型的目标。企业还需要将技术与业务场景相结合，实现技术与业务的深度融合。

与技术推动不同，数据要素在数字化转型中发挥着价值推动的作用。数据要素是企业内部的价值创造源泉之一。通过对数据资源的深入挖掘和分析，企业可以发现新的价值增长点、优化成本结构、提高运营效率等。同时，数据要素还可以为企业带来更多的商业机会和竞争优势。例如，通过对用户数据的分析，企业可以精准地把握用户需求和市场趋势，从而推出更加符合市场需求的产品和服务。

在国有企业数字化转型的过程中，技术推动与价值推动是相互补充、相互促进的。一方面，企业需要引进和应用先进技术来推动数字化转型；另一方面，企业也需要充分利用数据要素的价值创造作用，实现技术与业务的深度融合。只有将两者结合起来，才能有效地推进数字化转型并实现企业的可持续发展。

三是数字化转型的目的不明与数据要素投入产出关系的明确。

数字化转型的目的往往不够明确，导致企业在推进过程中缺乏明确的目标和方向。这主要是因为数字化转型涉及的范围广泛、影响因素众多，难以用简单的指标来衡量其成效。此外，不同企业之间的数字化转型路径和模式也存在较大差异，难以形成统一的标准和规范。

与数字化转型的目的不明不同，数据要素为企业构建了明确的投入产出关系。通过对数据资源的投入和产出进行量化和分析，企业可以清晰地了解数字化转型的成效和收益。例如，企业可以通过对用户数据的分析来了解用户需求和市场趋势，从而推出更加符合市场需求的产品和服务。同时，企业也可以通过对生产数据的分析来优化生产流程、提高生产效率等。这些量化指标不仅可以帮助企业评估数字化转型的成效和收益，还可以为企业制定更加科学合理的数字化转型战略提供有力支持。

在国有企业数字化转型的过程中，明确的投入产出关系是非常重要的。它可以帮助企业制定更加科学合理的数字化转型战略、优化资源配置、提高运营效率等。同时，明确的投入产出关系还可以为企业带来更多的商业机会和竞争优势。因此，在推进数字化转型的过程中，国有企业应该充分重视和利用数据要素的价值创造作用，构建明确的投入产出关系，为数字化转型提供明确的目标和方向。

综上所述，数据要素在国有企业数字化转型中发挥着至关重要的作用。它不仅为数字化转型提供了明确的投入产出关系和目标方向，还为数字化转型带来了乘数效应，这将在接下来的章节中阐述。因此，在推进数字化转型的过程中，国有企业应该充分重视和利用数据要素的价值创造作用，加强数据资源的整合和分析能力建设，推动数字化转型与数据要素的深度融合和协同发展。

第二章

"数据要素 ×"的倍增效应与作用机制

本章基于生产理论介绍数据资源、数据要素、技术、价值、生产系统、能动主体等关键概念，从而解释数据要素的作用机理和乘数效应，并论证数字化转型的目的为建构基于数据乘数效应的高效生产体系。

一、智能化变革：从数据资源到数据要素

在数字化时代，数据已成为一种重要的资源，具有巨大的潜在价值。数据资源是指一切可以用于获取、处理、分析和利用的数据，它们可以来源于多个渠道，包括企业内部系统、外部市场、社交媒体、物联网设备等。这些数据资源经过加工处理后，可以转变为具有明确含义和应用价值的数据要素，为企业和社会创造巨大的经济效益。本部分将详细阐述数据资源和数据要素的概念、类型与来源，以及智能化变革如何将数据资源转变为数据要素，并分析这一转变过程中的关键因素和技术支持。

（一）数据资源与数据要素概述

数据资源是指一切可以用于获取、处理、分析和利用的数据。它们可以是结构化数据，如数据库中的表格数据；半结构化数据，如 ×ML、JSON 等格式的数据；以及非结构化数据，如文本、图像、音频、视频等。这些

数据资源可以来源于企业内部系统（如 ERP、CRM 等）、外部市场（如市场调研、竞争对手分析等）、社交媒体（如微博、抖音等用户生成内容）、物联网设备（如传感器数据、智能家居等）以及公共数据集（如政府公开数据、学术研究机构发布的数据等）。

数据要素是指经过加工处理、具有明确含义和应用价值的数据资源。与原始数据资源相比，数据要素具有更高的准确性、可靠性和可用性。它们能够直接或间接参与生产过程，为企业创造价值。例如，通过分析用户购买行为数据，企业可以发现潜在的市场需求，优化产品设计和营销策略；通过监测生产过程中的实时数据，企业可以及时发现问题并进行调整，提高生产效率和产品质量。

（二）数据资源向数据要素的转变过程

在智能化变革的推动下，数据资源正逐步转变为数据要素。这一转变过程主要涉及以下几个环节。

一是数据清洗与整合。首先，需要对原始数据资源进行清洗和整合。数据清洗的目的是去除重复、错误和无效的数据，确保数据的准确性和一致性。这包括处理缺失值、异常值、重复值等问题。其次，需要利用数据整合技术将不同来源、不同格式的数据整合到一个统一的平台上，方便后续的分析和处理。

二是数据挖掘与分析。在数据清洗和整合的基础上，运用数据挖掘和分析技术从海量数据中提取有价值的信息和模式。这些信息和模式可以帮助企业发现潜在的市场机会、优化业务流程、提高决策效率等。数据挖掘技术包括关联规则挖掘、分类与预测、聚类分析等方法；数据分析则涉及统计分析、可视化分析、机器学习等领域。

三是数据可视化与呈现。为了更好地理解和利用数据要素，还需要将数据以直观、易懂的方式呈现出来。数据可视化技术可以将复杂的数据转化为图形、图表等形式，帮助企业决策者快速理解数据背后的含义和趋势。同时，交互式分析工具还可以让用户对数据进行深入探索和分析，发现更多的价值。

四是数据安全与隐私保护。在数据资源向数据要素转变的过程中，必须高度重视数据安全和隐私保护。采取有效的技术手段和管理措施，确保数据的机密性、完整性和可用性，防止数据泄露和滥用，这包括加强数据加密、访问控制、审计跟踪等措施，建立完善的数据治理体系，以及遵守相关法律法规和伦理规范。

（三）智能化变革在数据资源向数据要素转变中的作用

计算机、互联网、人工智能等智能化变革在数据资源向数据要素转变中发挥了关键作用。具体表现在以下四个方面。

一是提供强大的计算能力和存储空间。计算机和互联网技术的发展为处理海量数据提供了强大的计算能力和无限的存储空间。这使得企业能够实时地收集、存储和处理各种类型的数据资源。云计算、分布式存储等技术进一步提高了数据处理效率和可扩展性，而高性能计算（HPC）技术则能够承担更为复杂和大规模的数据分析任务。

二是促进数据挖掘和分析技术的发展。人工智能技术的不断进步推动了数据挖掘和分析技术的创新。机器学习、深度学习等方法能够自动地从海量数据中提取有价值的信息和模式；自然语言处理（NLP）技术则能够处理和分析文本数据；图像识别和计算机视觉技术则能够处理和分析图像和视频数据。这些技术的发展为企业提供了更强大的数据分析能力，有助于从数据中发现更多的价值。

三是实现数据可视化与交互式分析。借助计算机图形学和人机交互技术，企业可以将复杂的数据以直观、易懂的方式呈现出来，并通过交互式分析工具进行深入探索和分析。数据可视化技术不仅能够帮助用户更好地理解数据，还能够发现数据中的模式和趋势；而交互式分析工具则能够让用户根据自己的需求对数据进行灵活的操作和分析。

四是加强数据安全和隐私保护。智能化变革也推动了数据安全和隐私保护技术的发展。这些技术能够有效地保护数据的机密性、完整性和可用性、确保数据在传输、存储和处理过程中的安全。例如，加密技术可以保护数据在传输过程中的安全性；访问控制技术可以限制未经授权的用户访问敏感数据；审计跟踪技术则可以记录数据的访问和使用情况，以便及时发现和处理潜在的安全风险。

由上述可见，智能化变革正在将数据资源转变为具有更高价值的数据要素。通过清洗、整合、挖掘、分析和可视化等技术手段，企业可以从海量数据中提取有价值的信息和模式，为决策提供支持并创造经济效益。同时，计算机、互联网、人工智能等技术的发展为这一转变提供了强大的技术支持和保障。未来，随着技术的不断进步和应用场景的不断拓展，数据要素将在企业和社会中发挥越来越重要的作用。为了更好地利用数据要素创造价值，企业需要不断加强数据治理体系建设、提高数据分析和应用能力、加强数据安全和隐私保护等方面的工作。同时，政府和社会各界也需要共同努力，推动数据资源的共享和开放利用，促进数据要素市场的健康发展。

（四）数据要素的经济特征

数据要素为数字经济发展提供了基本支撑，是数字产品的原材料，其重要性不亚于工业时代的煤炭和石油。与传统生产要素相比，数据要素具有一些新的特征。

第一，数据没有自然物理形态。数据本质上是一种物理符号，是被编码为"0"或"1"的二进制字符串，以方便计算机传输、储存和处理。数据具有不可见、没有自然物理形态的特性，这与土地、劳动等传统生产要素有着明显的不同。但数据在数据空间存在容量的问题，仍会受到计算机储存空间的限制，这一点会影响数据的存储、加工与供给，也是世界各地都在加快建立大型数据中心的主要原因。

第二，数据具有可重复使用性。没有物理形态这一特性意味着数据的复制成本比较低，因而数据可以无限生产、无限复用、无限组合、无限迭代。数据可以多人同时使用，也可以多次循环使用，因此数据要素具有无限复制和无限分享的特色。

第三，数据具有非耗费性。由于没有具体物理形态，数据在使用过程中不存在折旧，更不会消失不见，因此数据具有非耗费性。数据这种非耗费性打破了传统要素的有限供给对生产发展的限制。不仅如此，数据在使用过程中还会产生新的数据，且随着使用次数的增加，又会创造出更多的数据。

第四，数据具有非竞用性。数据使用者的增多并不会影响到数据自身的价值，一个主体使用数据既不会减少也不会妨碍其他主体对数据的使用，只要符合法律规定即可。因此，数据的使用具有非竞用性的特点。

第五，数据具有非排他性。数据的可重复使用性导致任一主体都无法独自占有数据，也无法通过与他人的约定来对抗第三人的使用。因此，数据的使用是不具有排他性的。

第六，数据具有时效性。数据反映信息内容的时效性，决定了数据经济价值的时效性特征。这意味着数据的经济价值会随时间而衰减，如果数据中的信息没有被及时充分挖掘，经过一段时间后，数据的经济价值就会迅速贬值。

二、投入产出关系：从技术系统到价值系统

在现代经济体系中，生产过程中的投入产出关系不仅是物质流转的体现，更是价值创造的源泉。技术系统作为生产过程中的核心组成部分，其高效运行和不断创新是推动经济发展的关键动力。然而，技术系统本身并不直接产生经济价值，而是通过与投入产出关系的紧密结合，将技术优势转化为经济价值，从而实现技术系统向价值系统的转变。本部分从生产论的视角出发，阐述投入产出关系与技术系统、价值系统的关系。

（一）技术系统与价值系统的定义

技术系统是指由一系列相互关联的技术要素（如设备、工艺、知识等）

组成的有机整体，其目的在于实现特定的生产功能或满足特定的技术需求。技术系统的核心在于其创新性和效率性，即能够通过不断的技术创新和优化，提高生产效率，降低生产成本，从而为企业创造竞争优势。

价值系统则是指在经济活动中，通过投入产出关系将各种生产要素（如土地、劳动、资本、技术等）转化为具有市场价值的产品或服务的过程。价值系统的核心在于其市场导向和盈利能力，即能够紧密围绕市场需求进行生产，并通过有效的市场营销策略实现产品的价值最大化，从而为企业创造经济利润。

技术系统与价值系统之间存在紧密的联系。一方面，技术系统是价值系统的基础和支撑，只有具备先进的技术设备和工艺，才能生产出高质量、高性能的产品或服务；另一方面，价值系统是技术系统的导向和目标，只有紧密围绕市场需求进行技术创新和生产，才能实现技术的经济价值和社会效益。

（二）投入产出关系在技术系统与价值系统转变中的作用

投入产出关系是指在生产过程中，投入要素与产出成果之间的数量关系。在技术系统与价值系统的转变中，投入产出关系发挥着至关重要的作用。它通过对投入要素的优化配置和产出成果的市场化运作，将技术系统的优势转化为具有市场竞争力的产品或服务，进而实现经济价值的创造。

具体来说，投入产出关系在技术系统与价值系统转变中的作用体现在以下三个方面。

一是优化资源配置。通过精确的投入产出分析，企业可以更加合理地配置各种生产要素，包括原材料、能源、设备等。这种优化配置可以确保生产过程的顺利进行，并降低生产成本，从而提高产品的市场竞争力。例如，某家制造企业通过对生产线的改造和升级，提高了设备的生产效率和稳定性，减少了生产过程中的浪费和损耗，从而降低了单位产品的生产成本，增强了产品的价格竞争力。

二是推动技术创新。投入产出关系的优化往往依赖于技术创新。当企业发现通过改进技术或引入新技术可以降低生产成本、提高产出质量时，就会积极推动技术创新。这种技术创新可以进一步提升技术系统的竞争力，并为企业创造更大的经济价值。以某家电子产品企业为例，该企业不断投入研发资金，推动产品的技术创新和升级换代。通过引入先进的芯片技术和制造工艺，该企业成功提高了电子产品的性能和稳定性，并降低了产品的能耗和故障率。这些技术创新使该企业的电子产品在市场上获得了广泛的认可和好评，销量和市场份额不断攀升。

三是指导市场策略。投入产出关系还为企业制定市场策略提供了重要依据。通过分析投入产出的数据，企业可以了解不同产品或服务的盈利能力、市场份额、消费者偏好等信息。这些信息可以帮助企业调整产品组合、定价策略、销售渠道等市场策略，以更好地满足市场需求并实现盈利目标。以某家服装企业为例，该企业通过对市场趋势和消费者需求的深入分析，发现运动休闲服饰的市场需求不断增长。于是，该企业决定调整产品策略，增加运动休闲服饰的生产和销售比重。同时，该企业还加大了对运动休闲服饰的设计研发投入，推出了多款时尚、舒适的运动休闲服饰产品。这些举措使该企业的运动休闲服饰在市场上取得了巨大的成功，销售额和利润水平均实现了大幅增长。

（三）技术系统向价值系统转变的机理及示例

技术系统向价值系统的转变是通过投入产出关系的优化和市场机制的运作来实现的。具体来说，企业需要根据市场需求和消费者偏好来调整投入产出关系，确保生产出的产品或服务能够满足市场需求并实现价值的最大化。这种调整包括改进生产工艺、提高产品质量、降低生产成本、拓展销售渠道等。通过这些调整，企业可以将技术系统的优势转化为具有市场竞争力的产品或服务，进而实现经济价值的创造。

以某家新能源汽车企业为例来说明技术系统向价值系统转变的机理。该企业拥有先进的新能源汽车技术和生产设备，致力于研发和生产高性能、低能耗的新能源汽车产品。然而，在市场推广过程中，该企业发现消费者对新能源汽车的续航里程、充电便利性和安全性能等方面存在较大的关注和疑虑。为了将技术优势转化为市场价值，该企业决定对投入产出关系进行优化调整。首先，加大了对电池技术的研发投入，提高了电池的能量密度和寿命性能，从而延长了新能源汽车的续航里程；其次，与充电设施运营商合作，建设了完善的充电网络和服务体系，为消费者提供了便捷、快速的充电服务；最后，加强了产品的安全性能设计和测试工作，确保新能源汽车在行驶过程中具有良好的稳定性和安全性。这些优化调整使得该企业的新能源汽车产品在市场上获得了广泛的认可和好评。消费者对该企业的新能源汽车产品的续航里程、充电便利性和安全性能等方面给予了高度评价，并愿意为之付出更高的价格。结果，该企业的新能源汽车产品销量和市场份额不断增长，为企业创造了巨大的经济价值和社会效益。

通过以上分析可知，投入产出关系在技术系统与价值系统之间发挥着桥梁和纽带的作用。它通过对投入要素的优化配置和产出成果的市场化运作，将技术系统的优势转化为具有市场竞争力的产品或服务，进而实现经济价值的创造。这种转变不仅提高了企业的经济效益和市场竞争力，也推动了整个经济体系的持续发展和创新。未来，随着科技的不断进步和市场环境的不断变化，技术系统与价值系统之间的关系将更加复杂和动态化。因此，企业需要不断加强技术创新和市场研究能力，以适应新的挑战和机遇。

三、生产要素：价值输入输出的非线性关系

在人类社会的漫长发展历史中，经济增长、政治进步、文化繁荣等方面都是显著的标志。然而，这些发展的核心，都在于社会价值的持续增长。社会价值的增长离不开生产系统的运转，任何生产系统都可以被视作一个价值的输入输出系统。在这个系统中，价值的输入过程可以理解为资源的投入过程，而价值的输出过程则可以被看作产品或服务的产出过程。然而，

生产要素的投入并不总是与价值的输出成简单的线性关系，它们之间的关系往往是非线性的。本部分将从多个角度深入探讨这种非线性关系的原因和影响。

（一）生产函数的非线性性质

生产函数是描述生产要素投入与产出之间关系的数学模型。在实际生产过程中，生产要素的投入与产出之间往往呈现非线性的关系，这是因为生产要素之间存在着复杂的相互作用和依赖关系，不同的生产要素组合和配置方式会产生不同的产出效果。以农业为例，农作物的生长需要土地、水、肥料、种子等多种生产要素的投入。这些生产要素之间需要以一种协调和优化的方式进行组合和配置，才能发挥出最大的效能。如果某种生产要素的投入过多或过少，都可能导致农作物的生长受阻，从而影响到产量的提升。这种生产函数的非线性性质使得价值的输入输出关系呈现非线性的特征。

（二）边际效益递减规律的影响

边际效益递减规律是经济学中的一个基本原理，它指的是在一定技术水平下，随着某种生产要素的投入量不断增加，每一单位生产要素所带来的额外产出（即边际效益）会逐渐减少。这是因为生产要素之间存在着相互制约和限制的关系，当某种生产要素的投入量增加到一定程度后，继续增加该生产要素的投入量可能会对其他生产要素的利用效率产生负面影响，从而导致整体产出的增长速度放缓。以工业生产为例，当工厂的生产规模较小时，增加生产设备的投入可能会带来显著的生产效率提升。但随着工厂规模的扩大和生产设备的不断增加，设备之间的协调和管理问题可能会逐渐凸显出来，从而影响到生产效率的进一步提升。因此，虽然生产设备的投入量持续增加，但生产效率的增长速度可能会逐渐放缓，呈现边际效益递减的趋势。这种边际效益递减规律的影响也使得价值的输入输出关系呈现非线性的特征。

(三)市场供需关系的变化

市场供需关系是影响价值输入输出关系的另一个重要因素。在市场经济条件下,产品或服务的价格是由市场供需关系决定的。当市场需求增加时,产品或服务的价格会上升,从而刺激生产者增加生产要素的投入以提高产量;当市场需求减少时,产品或服务的价格会下降,从而导致生产者减少生产要素的投入以降低产量。这种市场供需关系的变化直接影响到生产者的价值输入和价值输出。以汽车行业为例,当汽车市场需求旺盛时,汽车生产商会增加生产要素的投入以提高汽车产量,从而满足市场需求并实现价值输出;但当汽车市场需求疲软时,汽车生产商可能会减少生产要素的投入以降低汽车产量,避免库存积压和亏损。这种市场供需关系的变化使得生产要素的投入和价值的输出之间呈现非线性的关系。

(四)技术进步和规模经济的影响

技术进步和规模经济是影响价值输入输出关系的另外两个重要因素。技术进步可以提高生产要素的利用效率和生产效率,从而实现在相同生产要素投入下更高的产出。这种技术进步的影响使价值的输入输出关系呈现非线性的特征。以电子行业为例,随着电子技术的不断进步和创新,电子产品的性能和质量得到了显著提升,同时生产成本下降。这种技术进步的影响使得电子产品生产商能够在相同的生产要素投入下,实现更高的产量和更好的质量,从而实现价值最大化的创造和输出。

规模经济则是指在一定范围内,随着生产规模的扩大,单位产品的成本会降低,从而提高价值输出的效率。这种规模经济的影响也使得价值的输入输出关系呈现非线性的特征。以制造业为例,当工厂的生产规模较小时,单位产品的生产成本可能会较高;但随着工厂规模的扩大和生产量的增加,单位产品的生产成本可能会逐渐降低,从而实现规模经济效益。这种规模经济的影响使得生产要素的投入和价值的输出之间呈现非线性的关系。

然而，需要指出的是，技术进步和规模经济并不总是能够带来价值输出的增加。在某些情况下，过度的技术进步和规模扩张可能会导致生产过剩、资源浪费、环境破坏等问题，从而对价值输出产生负面影响。因此，在追求技术进步和规模经济的同时，也需要关注资源的合理利用和环境的可持续发展。

综上所述，由于受生产函数的非线性性质、边际效益递减规律的影响、市场供需关系的变化以及技术进步和规模经济的影响，生产要素的投入并不总是与价值的输出成线性关系。这种非线性关系使得生产系统在价值创造和增值过程中表现出更加复杂和动态的特性。未来，随着科技的不断发展和市场的不断变化，生产要素的投入和价值的输出之间的关系可能会呈现更加复杂和多样化的特征。

四、生产系统：具有能动主体的复杂系统

（一）系统与复杂系统

系统是由两个或两个以上相互作用的要素组成的、具有特定功能的整体。从"系统的整体功能能否被单个要素的功能所解释"这个角度，可将系统分为简单系统和复杂系统。一般而言，简单系统包含的要素较少，要素之间的关系较为简单，系统的行为较为稳定。例如，一个电路是一个简单系统，电路中的每个元器件都有明确的功能，电路的整体功能可以被单个元器件的功能所解释。当然，简单系统也可以非常庞杂，如一台电脑、一辆汽车。尽管如此，其整体功能也可以被单个要素功能所解释，而复杂系统是整体功能难以被单个要素功能所解释的系统。

复杂系统是普遍存在的。在生物学领域，大脑系统是一个复杂系统，其意识、记忆、思考等功能难以被单个神经元的功能所解释。在生态学领域，蚁群系统是一个复杂系统，其组织方式、环境适应能力难以被单个蚂

蚁的行为所解释。在地理学领域，城市系统是一个复杂系统，其发展轨迹、空间布局、社会结构难以被单个居民的行为所解释。在计算机科学领域，大语言模型是一个复杂系统，其语言理解、语言生成能力难以被单个神经元的功能所解释。在社会学领域，政党是一个复杂系统，其执行力、凝聚力、影响力难以被单个党员的行为所解释。在管理学方面，企业系统是一个复杂系统，其研发能力、文化和价值的变动难以被单个员工的功能所解释。

（二）作为复杂系统的生产系统

在经济学领域，生产系统被视为一个典型的复杂系统，由多个相互关联、相互作用的子系统和组件组成，包括生产设备、工艺流程、人力资源、管理系统等。由于生产系统的价值输入和价值输出存在复杂的非线性关系，导致其系统行为和功能难以被单个系统或组件所解释，因此生产系统是具有非线性的复杂系统。

相比于其他复杂系统，生产系统具有一些突出特点。

高度集成性。生产系统涉及多个子系统和组件，如供应链、生产设备、工艺流程、人力资源和信息系统等，这些子系统和组件需要高度集成和协同工作，以确保生产过程的顺畅进行。

动态性和不确定性。生产系统常常面临各种内部和外部环境变化，如市场需求波动、设备故障、原材料供应不稳定等，这些变化使得生产系统的运行状态和性能存在动态性和不确定性。

自组织性和自适应性。生产系统具有一定的自组织性和自适应性特点，能够在不同环境下自我调整和优化。例如，当市场需求发生变化时，生产系统可以调整生产计划、优化资源配置，以适应新的市场需求。

多层次性。生产系统具有多层次结构，包括设备层、操作层、管理层、战略层等。每个层次都有其特定的功能和目标，共同构成了一个完整的生产系统。

开放性。生产系统是一个开放的系统，与外部环境有着密切的联系。系统需要从外部环境中获取资源（如原材料、能源等），同时将产品输出到外部环境中。这种开放性使得生产系统需要与外界进行物质、能量和信息的交换。

创新性。随着科技的进步和市场的变化，生产系统需要不断创新以适应新的需求和挑战。创新可能涉及新的工艺、设备、管理方法或商业模式等，旨在提高生产效率、降低成本、提升产品质量和竞争力。

以汽车生产系统为例，其复杂性体现在四个方面。首先，汽车生产涉及众多零部件和原材料的采购、运输和存储，这些环节之间需要高度协同以确保供应链的顺畅。其次，汽车生产过程中的工艺流程复杂多变，需要精确控制各种参数以确保产品质量。再次，汽车生产还面临着市场需求波动、原材料价格波动等不确定性因素，需要灵活调整生产计划和资源配置以应对这些挑战。最后，随着科技的不断进步和市场竞争的加剧，汽车生产系统还需要不断创新以提高生产效率和降低成本。

（三）劳动者作为生产系统的能动主体

除了以上特点，生产系统还具有劳动者这一传统的能动主体。劳动者能够根据市场需求、技术条件和生产目标等因素，主动地进行生产活动，调整生产计划和工艺流程，以实现生产目标。劳动者的能动性不仅体现在生产过程的决策和调整上，还体现在他们的创新能力和学习能力上。随着市场环境和技术条件的变化，劳动者需要不断学习和掌握新的知识和技能，以适应新的生产需求。同时，他们也需要具备创新意识和能力，通过改进生产工艺、优化资源配置等方式，提高生产效率和产品质量。因此，在生产系统中，劳动者作为能动主体，发挥着至关重要的作用。他们的决策、调整、创新、学习等行为，直接影响着生产系统的运行状态和性能。

在生产系统这一复杂系统中，劳动者作为能动主体存在一些优势和劣势。

劳动者的优势体现在以下几方面。一是灵活性与适应性。劳动者能够根据市场需求、技术变革或生产过程中的突发情况，灵活调整自己的工作方式、生产速度和产品质量。这种灵活性使得生产系统能够快速响应外部变化，保持竞争力。二是创新与改进能力。劳动者在生产过程中不断积累经验，提出改进建议，甚至发明新的工艺或工具，从而提高生产效率、降低成本或提升产品质量。这种创新能力是生产系统持续优化的关键。三是问题解决能力。面对生产过程中的技术难题、设备故障或供应链中断等问题，劳动者能够凭借自己的专业知识和实践经验，迅速找到解决方案，确保生产顺利进行。四是团队协作与沟通。劳动者之间以及与其他部门之间的有效沟通和协作，有助于解决生产过程中的协调问题，提高整体效率。劳动者的团队协作能力是生产系统高效运行的重要保障。

作为能动者，劳动者存在以下劣势。一是知识与技能局限。劳动者的知识和技能水平可能限制了他们对新技术、新工艺的接受和应用能力。这可能导致生产系统在某些方面落后于行业先进水平。二是决策失误风险。在复杂的生产环境中，劳动者的决策可能受到信息不全、经验不足或情绪影响等因素的制约，从而导致决策失误，给生产系统带来损失。三是人力成本压力。作为生产系统中的重要资源，劳动者的薪酬、培训、福利等成本可能随着市场竞争的加剧而上升，给企业带来财务压力。四是人为因素不确定性。劳动者的健康状况、工作态度、离职率等人为因素可能给生产系统的稳定性和连续性带来不确定性。这些因素的管理和调控是生产系统管理中的重要挑战。

综上所述，劳动者作为生产系统复杂性的能动主体，既带来了显著的优势，也存在一些不容忽视的劣势。为了充分发挥劳动者的作用并降低其带来的风险，企业需要关注劳动者的培训与发展、激励机制建设、工作环境改善等方面的工作。

五、能动主体：实体经过数据训练成能动主体的过程即乘的过程

在数字经济高速发展的今天，生产系统的能动主体已经发生了深刻的

变化。传统的以劳动者为主体的生产模式正在被一种全新的、以算法为核心的生产模式所补充甚至部分替代。这些算法、模型等实体，在经过大量数据的训练后，展现出了令人瞩目的能动性特点，不仅极大地提高了生产效率，还实现了数据要素的乘数效应，为经济增长注入了新的活力。

（一）算法：数据驱动的新兴能动主体

在数字经济时代，算法通过训练数据学习生产系统的运行规律和模式，进而成为能够预测、决策和调整生产过程的能动主体。这种能动性不仅体现在算法能够根据实时数据预测设备的故障率、生产效率等关键指标，从而提前进行维修和调整，避免生产中断和浪费，更体现在算法能够通过自我学习和优化，不断提高自身的预测和决策能力。

这种自我学习和优化的过程，是算法能动性的重要体现。它使得算法能够在面对复杂多变的生产环境时，不断调整自身的参数和模型，以适应新的生产需求和市场变化。这种能力不仅超越了传统劳动者的局限性，更使得生产系统具备了前所未有的灵活性和适应性特点。

然而，算法的能动性并非凭空而来，它是建立在大量数据训练的基础上的。没有足够的数据和训练，算法可能无法准确地学习生产系统的规律和模式，也就无法表现出有效的能动性。因此，在生产系统中应用算法时，数据的收集和处理显得尤为重要。只有确保算法能够得到充分的训练和优化，才能充分发挥其能动性，为生产系统带来更大的价值。

（二）算法能动性在生产系统中的体现

在生产系统中，"数据＋算法"的能动性可通过多种实体来展现。

第一，自动化设备和机器人。现代生产系统中，越来越多的自动化设备和机器人被用于完成生产任务。这些设备和机器人可以根据预设的程序和算法进行自主操作，对生产过程进行调整和优化。随着技术的进步，这些设备和机器人的自主决策和适应能力也在不断提高。

第二，智能传感器和执行器。智能传感器和执行器可以实时监测生产过程中的各种参数和状态，并根据预设的规则或算法进行相应的操作。例如，当某个参数超过阈值时，智能传感器和执行器可以自动关闭相应的设备或调整生产参数，以确保生产过程的稳定性和安全性。

第三，优化软件和控制系统。优化软件和控制系统可以根据实时的生产数据和分析结果，对生产过程进行优化和调整。这些软件和系统可以通过预测和优化算法，提出改进生产效率和质量的建议或指令，从而引导生产过程向更好的方向发展。

第四，供应链管理系统。供应链管理系统可以根据市场需求和生产计划，自动调整和优化原材料的采购、库存、生产计划等。这种自我调整和优化的能力使得供应链管理系统能够在复杂多变的市场环境中保持高效和稳定。

总结以上实体的效应，可以看出经过数据训练后，算法赋能的能动主体能创造出经济产出的倍数增长。在这个过程中，实现了数据要素的乘数效应。

（三）算法和劳动者的交互问题和价值创造

在现代生产系统中，劳动者与算法作为两种能动性主体，其交互对于系统的整体效能至关重要。然而，这种交互并不总是顺畅的，存在一系列问题需要解决。只有克服这些问题，才能充分发挥两者的优势，创造出更多的价值。

劳动者与算法的交互问题有四种。一是技能与认知差距。劳动者可能缺乏与算法有效交互所需的技能和知识，导致他们无法充分理解或信任算法的决策。同时，算法的设计者可能未能充分考虑到劳动者的实际需求和工作习惯，导致算法在实际应用中效果不佳。二是沟通与协作障碍。在生产系统中，劳动者与算法之间缺乏有效的沟通机制。劳动者可能无法准确地向算法传达自己的意图和需求，而算法也可能无法清晰地解释其决策背后的逻辑和依据。这种沟通障碍可能导致两者之间的协作效率低下，甚至引发冲突。三是信任与接受度问题。由于算法决策的透明度和可解释性有限，劳动者可能对算法产生的结果持怀疑态度。这种不信任可能影响劳动者对算法的接受度和使用意愿，从而限制算法在生产系统中的作用。四是安全与隐私问题。随着算法在生产系统中的广泛应用，劳动者的个人数据和隐私保护问题日益突出。如何确保算法在处理劳动者数据时遵循相关法规和标准，保护劳动者的隐私权益，是一个亟待解决的问题。

以上问题的解决方案大致有四种。一是提升劳动者技能与认知。通过培训和教育，提高劳动者与算法交互所需的技能和知识。这包括培养劳动者的数据素养、算法理解能力、创新思维等。同时，鼓励劳动者积极参与算法的设计和改进过程，使他们能够更好地理解和信任算法的决策。二是建立有效的沟通与协作机制。在生产系统中引入人机交互界面和工具，使劳动者能够更直观地与算法进行交互。同时，建立反馈机制，让劳动者能够及时向算法提供反馈和建议，以便算法不断优化和改进。此外，还可以考虑引入第三方调解机构或平台，协助解决劳动者与算法之间的争议和冲突。三是增强算法透明度和可解释性。通过改进算法设计和实现方式，提高算法的透明度和可解释性。例如，可以采用可视化技术展示算法的决策过程和结果，以便劳动者更好地理解和接受算法的决策。同时，建立算法审计和监管机制，确保算法的公正性和准确性。四是加强安全与隐私保护。制定严格的数据安全和隐私保护政策，确保算法在处理劳动者数据时遵循相关法规和标准。采用加密技术、匿名化处理等安全措施保护劳动者的个人数据和隐私权益。同时，建立数据泄露应急响应机制，一旦发生数据泄露事件能够迅速应对和处理。

综上所述，解决劳动者与算法的交互问题对于提升生产系统整体效能和创造价值具有重要意义。通过提升劳动者技能与认知、建立有效的沟通与协作机制、增强算法透明度和可解释性以及加强安全与隐私保护等措施，可以充分发挥两者的优势并实现更好的协同作用。这将有助于推动生产系统的持续改进和创新发展，为企业和社会创造更多的价值。

六、"数据要素 ×"：数据的乘数效应

在数字经济高速发展的当下，数据已经成为一种新的生产要素，对经济增长和社会发展产生了深远的影响。数据的乘数效应，作为数据价值的重要体现，正在被越来越多的企业和研究者所关注。本部分旨在深入探讨数据的乘数效应，包括其定义、具体表现、产生机理以及与货币乘数效应的区别。

（一）数据的乘数效应与表现

数据的乘数效应，又称数据的乘法法则，指的是数据在流动、加工、分析和应用过程中，通过与其他生产要素的有机结合，产生出远大于原始数据价值的经济效益和社会效益。这种效应类似于物理学中的杠杆原理，通过小的力产生大的效果。数据的乘数效应强调的是数据在驱动经济增长、优化资源配置、提升生产效率等方面的放大作用。

数据要素产生乘数效应而不是加数效应，主要是因为数据在数字经济环境中，作为一种新型生产要素投入经济社会活动后，能够与其他生产要素（如土地、劳动、资本、技术等）相结合并优化配置，从而引发经济产出的倍数增长。这种效应的具体表现包括以下五个方面。

第一，价值创造。数据可以被反复使用而不会消耗其本身，每一次有效利用都会带来新的价值创造，从而产生滚雪球般的放大效应。例如，一家电商公司通过分析用户的购买历史和浏览行为数据，发现某些商品组合在一起购买的频率很高。于是，他们推出了一种组合套餐，结果销售额大幅提升。这里，数据不仅帮助公司识别了新的商机，而且通过优化产品组合，实现了价值的倍数增长。

第二，协同效应。对不同来源、不同类型的数据进行融合分析，能产生更高层次的信息价值，提升决策精准度和业务效率。例如，一家医疗机构通过整合其病历数据、医学研究成果和患者反馈，开发了一款针对特定

疾病的精准治疗方案。这个方案结合了多种数据源的信息，显著提高了治疗效果，实现了医疗资源的优化配置。

第三，创新催化。数据驱动的科技创新，如人工智能、大数据分析等，推动新产业、新业态、新模式的发展，形成经济增长的新动能。例如，某科技公司利用大数据分析技术，对市场趋势进行预测，并据此开发了一款新产品。这款产品在市场上取得了巨大的成功，不仅为公司带来了丰厚的利润，还推动了整个行业的创新和发展。

第四，资源配置优化。通过对大量数据的挖掘和应用，企业和社会组织可以更准确地识别市场需求，优化产品设计、生产和营销策略，提高整体资源配置效率。例如，一家物流公司通过分析运输路线、货物类型和运输需求等数据，优化了其物流网络。这不仅提高了运输效率，降低了成本，还使得公司能够更好地满足客户需求，提升了整体竞争力。

第五，产业升级转型。数据要素的广泛应用促使传统行业转型升级，催生出智能制造业、数字农业、智慧物流等多个领域的新发展。例如，传统制造业企业通过引入大数据和人工智能技术，实现了生产线的智能化改造。这不仅提高了生产效率和产品质量，还使企业能够更灵活地应对市场变化，实现了从传统制造业向智能制造的转型升级。

与此相比，加数效应只是简单的数量叠加，无法体现出数据要素在数字经济中的核心价值和潜力。因此，数据要素的乘数效应更能反映其在现代经济中的重要地位和作用。

（二）数据的乘数效应机理

数据的乘数效应产生机理可以归结为以下四个方面。

一是数据的质量与数量。高质量、大规模的数据是产生乘数效应的基础。数据的质量主要体现在数据的准确性、完整性、一致性、时效性等方面。准确的数据能够真实反映客观事实，为决策提供可靠依据；完整的数据能够全面反映问题的全貌，避免片面性；一致的数据能够确保不同来源、不同时间点的数据相互协调，便于分析和比较；时效的数据能够及时反映最新情况，为快速响应提供可能。数据的数量也是产生乘数效应的重要因素。大数据的核心在于"大"，只有具备足够数量的数据，才能通过统计分析等方法揭示出隐藏在数据背后的规律和趋势。同时，大规模的数据还能够为机器学习等算法提供充足的训练样本，提高模型的准确性和泛化能力。

二是数据的处理能力。强大的数据处理能力是实现数据价值的关键。数据处理包括数据采集、清洗、存储、分析、可视化等一系列技术手段。数据采集是获取原始数据的过程，需要确保数据的来源可靠、采集方式合法合规；数据清洗是对原始数据进行预处理的过程，需要去除重复、错误和无效的数据，提高数据的质量；数据存储是将清洗后的数据保存下来的过程，需要选择合适的存储介质和存储方式，确保数据的安全性和可访问性；数据分析是挖掘数据价值的过程，需要运用统计学、机器学习等方法对数据进行深入剖析；数据可视化是将分析结果以直观易懂的方式呈现出来的过程，便于用户理解和使用。

三是数据的流动性与共享性。数据的流动和共享能够打破信息孤岛，促进不同主体之间的合作和创新。在传统的信息管理模式下，各部门、各企业之间往往存在信息壁垒，导致数据无法有效流通和共享。这种局面不仅限制了数据的价值发挥，还可能导致重复劳动和资源浪费。数据的流动性是指数据能够在不同主体之间自由流动的能力。通过建立统一的数据标准和接口规范，可以实现不同系统之间的数据交换和共享。这种流动性使得数据能够在更广泛的范围内得到应用，从而发挥出更大的价值。数据的共享性是指数据能够被多个主体共同使用的能力。通过开放数据接口、建立数据共享平台等方式，可以促进数据的共享和利用。这种共享性不仅能够降低数据获取的成本和难度，还能够促进不同主体之间的合作和创新。例如，在智慧城市建设中，政府可以通过开放公共数据接口，吸引企业和社会公众共同参与城市治理和服务创新。

四是数据与业务的融合程度。数据只有与具体业务相结合，才能发挥出最大的价值。数据与业务的深度融合能够推动业务流程的优化、商业模式的创新以及市场竞争力的提升。在传统业务模式下，企业往往依靠经验和直觉进行决策和运营。这种模式不仅效率低下，而且容易受到主观因素的影响。通过将数据与业务相结合，企业可以实现决策的科学化和精准化。例如，在市场营销领域，企业可以通过分析用户行为数据来精准定位目标客户群体；在产品研发领域，企业可以通过挖掘用户需求数据来优化产品设计和功能；在生产制造领域，企业可以通过实时监测生产数据来调整生产计划和工艺参数等。这种深度融合不仅能够提高企业的运营效率和市场竞争力，还能够推动商业模式的创新和升级。

（三）数据的乘数效应与货币乘数效应的区别

虽然数据的乘数效应与货币乘数效应都体现了某种放大作用，但两者之间存在显著的区别，主要表现在以下四个方面。

一是作用对象不同。数据的乘数效应主要作用于经济增长、资源配置、生产效率等方面，而货币乘数效应则主要影响货币供应量和金融市场。

二是产生机理不同。数据的乘数效应是通过数据的流动、加工和应用来实现的，强调的是数据与其他生产要素的有机结合；而货币乘数效应则是通过金融体系的存款和贷款活动来放大货币供应量。

三是影响因素不同。数据的乘数效应受到数据质量、数量、处理能力和流动性等因素的影响；而货币乘数效应则受到法定准备金率、超额准备金率、现金漏损率等因素的影响。

四是政策意义不同。数据的乘数效应对于推动数字经济发展、优化资源配置和提高生产效率具有重要意义；而货币乘数效应则是中央银行制定货币政策时需要关注的重要指标之一。

七、数字化转型的目的：建构基于数据乘数效应的高效生产体系

企业希望通过数字化转型来实现其商业上的战略目标，但由于不同企

业有不同行业特性、业务痛点、数字化成熟度等原因，数字化转型的具体商业目标会有明显差异。但总的来说，可以归为两大类战略目标——降本增效和收入增长，并可进一步分解四个具体目标——提高效率、降低成本、提高客户价值、增加收入机会。但是，从数据要素的角度来看，企业数字化转型最终是为了建构基于数据乘数效应的高效生产体系。在这个体系中，有如下四个特点。

一是数据作为核心驱动力。在数字化转型的过程中，企业开始依赖数据作为决策和优化的核心驱动力。数据不仅提供了对市场趋势、客户需求、生产状况等方面的情况，还通过算法和模型的应用，实现了对生产过程的精确控制和优化。数据成为企业决策的重要依据，帮助企业从海量信息中筛选出有价值的内容，指导企业的战略规划和日常运营。

数字化转型使企业能够收集并分析来自各个生产环节、市场渠道和客户反馈的数据。这些数据不仅包括传统的生产数据，如产量、质量、成本等，还包括来自供应链、销售、客户服务等各个领域的数据。通过对这些数据的综合分析，企业可以洞察市场的变化，预测未来的趋势，从而制订出更加精准的生产计划和市场策略。

二是实现生产体系的智能化。数字化转型通过引入先进的信息技术，如人工智能、物联网等，将传统的生产体系升级为智能化生产体系。智能化生产体系通过自动化设备和智能传感器实现对生产过程的实时监控和调整，通过算法和模型对生产数据进行处理和分析，实现生产过程的优化和控制。

智能化生产体系不仅能够提高生产效率和产品质量，还能够实现预测性维护、故障预警等功能，降低生产风险和成本。此外，智能化生产体系还能够实现生产过程的可视化和透明化，提高生产管理的透明度和效率。

三是优化资源配置。基于数据乘数效应的生产体系能够更好地优化资源配置。通过对生产数据的实时分析和处理，企业可以精确地了解各个生产环节的资源消耗和产出情况，包括原材料、人力、设备、能源等各个方面的资源。这些数据为企业提供了优化资源配置的依据，帮助企业实现资源的最大化利用。

优化资源配置不仅可以提高生产效率和产品质量，还可以降低生产成本和减少资源浪费。企业可以根据市场需求和生产计划，合理分配人力、设备和原材料等资源，实现资源的动态平衡和优化配置。同时，通过对生产过程的实时监控和调整，企业可以及时发现和解决生产中的瓶颈和问题，确保生产过程的顺利进行。

四是创新生产模式。数字化转型推动了生产模式的创新。传统的生产模式往往以大规模、标准化生产为主，难以满足市场的多样化和个性化需求。而数字化转型通过引入新的技术和管理理念，使企业能够打破传统的生产模式，实现定制化生产、柔性生产等新型生产模式。

定制化生产模式允许企业根据客户的具体需求进行生产，满足市场的个性化和多样化需求。柔性生产模式则使企业能够快速调整生产计划和生产流程，适应市场的快速变化和不确定性。这些新型生产模式不仅提高了企业的市场响应能力和竞争力，还为企业开辟了新的市场空间和发展机会。

综上所述，数字化转型通过数据作为核心驱动力、实现生产体系的智能化、优化资源配置以及创新生产模式四个方面，推动了企业构建基于数据乘数效应的高效生产体系，这将有助于企业在数字经济时代保持领先地位并实现可持续发展。

| 案例 |

国家能源集团基石系统

（一）案例概述

国家能源集团生产运营协同调度系统，简称为"基石系统"。系统立足于国家能源集团建设世界一流能源集团的战略目标，构建了国家能源集团一体化运营管理模式的架构,搭建集团总部、产业平台/区域公司、基层企业三级生产运营协同调度指挥平台,形成了包括总部、子/分公司以及矿山、电厂、铁路、港口、化工厂等基层生产单位的三层生产数据管理体系,建成数据集成、在线监视、运营计划、智能调度、统计分析和应急指挥六大功能模块。

基石系统通过泛在数据采集、模型算法支撑,运营模式由"计划调度"向"实时调度"转变、管理手段由"线上化"向"智能化"迈进、协同平衡由"经验判断"向"模型驱动"提升,让全集团供应链更优、调度决策更准、绩效预测更细、风险预警预控更快。全面带动了集团、板块、二级公司及三级生产单位的数字化深入建设,为全集团实现数字化转型发展奠定了坚实基础。

(二)国家能源集团基石系统应用情况及自主创新成果

1. 应用情况

基石系统业务覆盖煤炭、电力、铁路、港口、航运、化工等领域,涉及国家能源集团主要业务板块的生产管理、设备管理、安健环管理,以及集团层面计划与预算管理、财务管理、市场与销售等业务,囊括5个一级业务域,29个二级业务域。

第一,供需管理。涉及"煤、电、路、港、航、化"各业务板块不同时期的供需管理,开展各一体化分子公司的经营目标达成度分析,按照煤种分类优化的思路开展供需两端的平衡匹配,通过数据透传开展提升燃料供应平衡的计划效率和准确性等业务。

第二,计划制订。依据产运销综合平衡和效率效益多目标优化等模型工具和算法,基于微服务汇聚二级单位计划数据,对不同条件下集团整体计划运行进行全面预测和对比分析,利用大数据分析和信息化的方式逐期向前推移,使短期计划、中期计划有机结合。

第三,计划执行与监督。构建计划执行情况实时监视场景,在线监测计划执行数据信息,并通过数据分析对调运方案进行实时优化和智能匹配,实现计划执行过程的智能控制、实时预警，支撑生产任务动态调整、联动执行，确保一体化运行平稳高效，生产计划兑现。

第四，运营分析与考核。建立高效的经营分析大数据模型，全方位分析评价当前集团的生产经营状况，预测未来的经营形势，超前预警可能出现的经营风险，通过自助报表工具实现跨板块业务数据及统计分析关键指标的多维度可视化展现，为计划需求的制订提供辅助决策方案，有效支撑一体化产、运、销趋势分析，通过对产、运、销、储、用各环节执行情况的统计分析，利用一系列模型算法，科学制定考核评价。

第五，安全管理。围绕安全监测、企业环保、应急事件、灾害性气象监视等方面，实现安全监察数据实时采集和集成、预警信息同步推送、视频通信实时交互、作业现场全景监控，建设"一数一源，一源多用"的在线监视平台。构建应急指挥三级响应一条联动线，具有快速激活响应、流程引导、指令下达、信息上报、音视频文档管理等功能，形成应急救援全域覆盖一张组织网，搭建应急保障实时共享一张资源图，建设无延时、零距离的引领型、智慧化应急指挥系统。

2. 自主创新成果

基石系统实现了与集团公司一体化运营的深度融合，是一个覆盖"煤、电、路、港、航、化"6大板块，涵盖集团总部及61家子/分公司、440余家三级生产单位的大型信息化系统。

基石系统是全流程贯通、全产业链衔接、全场景监控的产业链协同平台，对接统建系统和相关子分公司自建系统58个，建成了数据集成、在线监视、运营计划、智能调度、统计分析和应急指挥六大业务功能，在一个平台上实现数据汇聚共享、业务协同联动、决策及时智能、资源统筹高效，构建了数据资产化建设的新体系。

数据集成方面，建设集团统一融合的数据湖/数据中台，覆盖集团各大业务板块所需的生产、经营、环保、安全等业务领域指标。通过制定标准的接口规范，实现项目所需的跨板块、跨系统业务数据的统一采集、集中存储、交换共享、横纵贯通，完善了集团的数据资产库。

在线监视方面，构建了全产业各生产环节信息集成共享和实时监视体系，通过多种方式的监视和多层次的穿透，实现对53家二级单位全业务活动的全方位感知和动态监视，提升调度全局监视与统一指挥能力。安全在线监视共集成了各产业11项功能，主要包括煤矿方面有毒有害气体监测、井下人员定位；化工方面实现了有毒有害气体泄漏和安全参数的实时监测；生命体征监视也已在大渡河公司率先实现并接入；重点区域视频监视，已接入10830路实时视频，无人机、移动视频等也在包头化工等重点单位实现成功接入。

运营计划方面，建立了年分解－月－周－日时间维度计划线上编制体系，通过"经验＋规则"的方式，支撑计划申报、汇总、编制、审批及发布的全流程在线化。建立了综合运算模型，以一体化运营水平平稳运行为保障，以集团效益最大化为优化目标，完成产运销平衡功能，多周期分解功能和路径优化功能系统初步建设。

智能调度方面，基于基石系统数据完成堵港、燃料供应、月完成进度三类风险分析预警功能开发，通过对到港重车煤种、装船需求、港口堆场库存趋势、内部电厂燃料采购及消耗等内容的预测分析，实现对堵港风险的中短期预警、内部电厂燃料供应风险预警等。

统计分析方面，构建覆盖集团产、运、销、储、用各环节以及各层级生产运营单位的生产运营指标体系。整合优化集团生产运营调度管理报表体系，实现业务报表在线化转变与提升，支撑日常基础工作。

应急指挥方面，建成了应急值守、信息汇聚、研判分析、协调指挥、应急资源、应急预案六大功能模块，实现了三级应急值守和联动、突发事件的快速响应、音视频多方融合会商等，形成了具有集团产业特色的应急资源一张图的统筹管理。基本形成了全面感知、快速响应、资源共享、协同指挥和科学处置的应急指挥体系。

大屏可视化作为集团的宣传窗口，已完成世界一流、四重一要、哑铃形总览、调度总图以及七大产业板块共计52幅场景设计。建立了由板块到子／分公司再到三级厂矿站的多级贯通、逐层钻取的监控模式，实现集团生产运营"点-线-面"全局态势感知。创建一体化调度总图生产运营实时监控平台，实现产运销储用纵向一体化产业链条的生产动态跟踪监测。

数据资产化建设方面，以支撑项目应用为契机，全面摸清了集团数据资源现状，细化制定了数据标准规范，优化完善了数据指标管控体系，初步建立了数据资产管理机制，有力推动了集团数据资产体系建设。依托集团层级的数据湖和中台，实现数据集中统一管理，打通了数据流、业务流的交互通道，打破了产业间、企业间的信息壁垒，打开了企业内、环节内的管理暗箱，推动数据管理由"分散孤立"向"集中统一"转变。

基石系统独创了"国家能源集团综合运营指数"，包括29个一级指标，64个二级指标，103个三、四级指标，一共196个指标，通过层次分析法、专家评价法、工效系数法等数学方法计算得来。通过建立系统科学的综合运营指数体系，实现了对集团生产运营状态的全面感知，从而达到运营现状可见、当前问题可知、发展趋势可判的管理目标。

（三）"数据要素×"效应

1. 数据要素 × 一体化运营

一是基石系统体现其数据资产价值，推进产业链集中指挥和智能协同，支撑能源安全保供的周期性和即时性调控，实现了调度指挥由"条块分割"向"联合集中"转变，运营决策由"经验主导"向"模型驱动"转变，生产监控由"被动片面"向"全域感知"转变，数据管理由"分散孤立"向"集中统一"转变，统计分析由"人找数据"向"智慧分析"转变。

二是基石系统巩固提升了国家能源集团一体化运营能力。坚持全集团一盘棋，应用数据推进全流程贯通、全产业链衔接、全场景监控，对业务流、信息流、物流三大维度实施全态势感知，着力解决一体化运营存在的集约化不足、协同性不强等深层次问题，形成打通"一条线"、带动"一大片"的工作格局，打造一体化运营新优势。深化"大煤矿、大运输、大电厂、大协同"改革，以数据驱动业务流程变革，实现电厂燃煤的精准配送，发电态势的纵深分析，资源组织的集约安排，铁路运输的精益管理，全面提高运营效率效益，提升协同创效水平，更好推动集团整体利益最大化。

2. 数据要素 × 产业赋能

通过对基石系统上的数据进行分析应用，实现智能化集中计划管理模式，在集团运营计划环节，通过产业平衡模型，运用科学合理的调运优化方案和措施促进生产、运输、销售各个环节需求的协调性，实现从整体的角度考虑和调控产、运、销的整个流程，使得集团整体运营计划和智能调度方案更加精细化，提高产、运、销全过程供应链的整体优化，如核心区出区调运量一举跨上并常态保持日均100万吨左右新水平，铁路车辆平均周时从5.13天压缩至3.29天，港口卸车、装船效率同比分别提升7.7%、2.9%，单船泊位停时同比缩短11%，一体化燃料配送制落实更加精准，集团公司生产运营主要指标连续刷新历史同期最高纪录。优化人员和资源配置，对各产业生产要素进行横向协同综合平衡，对不同条件下集团整体运行进行全面预测和对比分析，实现企业利润最大化。

以基石系统数据建设的产业平衡模型为核心，确保整体产业链协同计划调度高效率和稳健，显著提升生产效率和生产力。产业平衡模型是以跨产业协同、集团整体价值最大化为优化目标，以集团所属煤矿生产数据、所属电厂/其他客户采购煤炭的数据信息和库存数据信息、销售数据信息、所属铁路公司/航运公司的运输能力等为约束条件的大规模线性规划模型。平衡模型算法效率一定程度上决定了运输计划制定的时效性，高效的平衡模型算法可以全面提升集团产业调度的工作效率。当生产、运输、销售、市场等各种复杂因素发生变化时，基于平衡模型能快速实现协同计划的动态调整，提高产业链计划调度的灵活性和应变能力，从根本上提升运输组织的稳定性和产业链整体协调运行能力。

3. 数据要素 × 数字化转型

基石系统解决了系统建设与使用中存在的数据支撑缺乏、数据分析能力弱、数据可视化水平低、重复工作较多、数据工作效率不高等问题，提高了数据存储、计算、管理、服务能力，促进了业务系统与集团横向协同融合。

服务于子/分公司业务发展。基石系统解决了各业务中存在的数据分散、手工填报数据较多、数据标准要求不统一、重复上报工作较多、影响工作效率的问题。实现并建成了统一数据集中、自动化数据填报、标准化数据管理的数据管控平台。实现数据就源输入，实现一次填报多处应用，为解决重复报送数据不统一等问题提供支撑，提高数据质量，加强集中管控，整体降低集团总部及各层级单位重复建设的资金成本、时间成本和试错成本。

（四）推广空间

1. 形成能源行业的数据资产统一运营模式

基石系统建立能源行业统一数据采集平台及多源异构数据存储平台，取代烟囱式系统建设模式，保障全口径全板块数据统一、安全、高效流动，实现能源行业数据资产统一管控与运营。

即刻体现平台价值，支撑集团内部在建项目建设的核心数据功能，通过数据定制功能提供数据共享服务。汇聚二级企业、三级厂矿的项目全口径、资产全寿命、业务全流程数据，实现了各板块、多领域的横向协同，以及与集团总部管控系统的纵向贯通，全面支撑"六大类业务"功能；支撑集团电力运营及营销管理系统集中管理556家发电企业的技术、资产、人才等各种数据资源，全面积累生产、经营、管理、设备等各类海量数据，为集团进行人工智能、大数据分析奠定基础，挖掘电力数据资产的价值。

同时满足能源行业领域内的信息化建设平台功能需求，以数据共享作为领域内各个企业联系的纽带与驱动力，以数字底座、云网底座及技术平台底座作为主要能力特点，全力打造国家能源行业的工业互联网平台。

2. 输出数据基础平台建设典型范例

建设智慧企业是集团的战略目标，基石系统建设紧跟战略目标，聚焦核心技术，充分应用大数据智慧分析功能赋能生产经验，助力提质增效降本，为能源行业建设典型范例。

作为基石系统数据基础的数据湖将拥有海量的数据，通过以数据搭台，以服务驱动业务拓展，实现数据"说话"。让大数据充满智慧，在降本增效、效益优化分析、安全生产、管理创新、企业经营智能化决策等方面发挥作用，实现以创新谋突破、以高质促发展，不断提升智能化水平。

赋能信息化建设，实现降本增效。通过数据湖和数据资源化平台工具，实现数据的统一采集、统一的数据访问和统一的数据服务。未来的集团内及行业内的信息化系统建设将不再是烟囱式的建设模式，将以数据湖为基础，与其他业务之间的数据共享将不再以"点对点"的方式开展，而转变为基于数据湖的数据服务，将节省以往信息化系统建设中数据采集和数据共享的建设成本，降低技术实现难度。

赋能信息数据采集，解决困扰能源行业基层人员的"重复填报"问题。以往的信息化系统建设中，由于业务垂直，多头管理，经常造成上一套系统，基层人员就要填报一次数据，不同系统之间要求不同，口径不一致，给基层人员造成沉重的工作负担。基石系统的落地已成功证明一方面能够满足通过数据标准和指标数据实现管控要求，另一方面实现统一的数据手工采集填报功能。通过标准规范及数据手工填报功能，实现基于指标标准化的数据，由业务数据源头部门一次录入多次复用，实现全行业减员增效、提升数据准确度、优化数据管理链条。

3. 提供数据价值增值技术路径

提升数据融合的深度、广度、精确度，为能源行业提供数据价值增值的技术路径。在数据湖基础上，增强数据采集、挖掘的深度和广度，提升实时性和准确性。从数据中选出已经分好类的训练集，在该训练集上运用数据挖掘分析技术，建立分类模型，对没有分类的数据进行分类。基于对业务数据的梳理，针对集团数据主题域、主数据及指标数据设计核心数据层，统一数据来源的唯一性，避免数据口径差异、数出多头，打破了传统数据采集及运用的模式，通过跨企业、跨业务系统，跨全生产业务周期的全新的数据分析，为人力、财务、行政管理提供业务支持，实现具有前瞻性的智能化经营决策。

（五）国家能源集团基石系统演进方向

未来三年，紧紧围绕基石系统支撑能力跨越式升级和一体化运营管控能力本质性提升的要求，全力推动"PDCA""OODA"管理理念与一体化运营深度融合。基于集团工业互联网架构，充分利用仿真、大数据、人工智能、数字孪生等先进技术，聚焦数据直连直采标准化、模型预测决策智能化、应用管控监督系统化，交互知识赋能即时化的协同攻关，依托基石仿真平台和能源行业大模型，打造全域贯通、全景洞察、全盘推演、全局决策、全程覆盖、全链共振的一体化基石管控平台。进一步提升数据质量，做到实时真实规范；强化模型驱动，做到少人无人干预；强化应用赋能，做到动态闭环管控；强化交互升级，做到人机智慧协同。推动计划全流程管理实现智慧自主驱动、生产全过程监视实现全景三维穿透、态势全方位感知实现智能迅速精准，调度全层级联动实现高效协同共振，全面提升集团一体化运营管控的先进性和科学性，全力支撑全产业链一体化运营能力提升。

一是借鉴"黑灯工厂"，强化设备直连，实现数据采集应用全流程"无人干预"。深入分析集团公司煤、电、运、化各产业基层生产业务环节和监测感知设备使用情况，根据业务需要，完善生产数据设备直采，通过功能设计实现自主统计、自动报警，推动数据生产和利用方式的变革。

二是构建"虚拟现实"，深化业务数据融合，实现安全生产监控全场景"智能感知"。依托集团"煤、电、路、港、航、化"和"产、运、销、储、用"全产业链一体化核心优势，以数字化、网络化、云端化、智能化技术为支撑，构建覆盖"感知－建模－仿真－分析－诊断－预测－优化－执行"的集团特色工业元宇宙，对煤矿生产、电厂发电、铁路运输、船舶运行状态等进行自主智能感知、协同、分析、决策，推动生产监控和应急指挥方式的变革。

三是借鉴"方式管理"，优化模型驱动，实现运营计划调度全过程"自主决策"。基于基石系统融合数据，深入分析集团生产运营计划调度全业务环节，建立支撑计划考核全流程、调度组织全过程自主决策的相互深度联动的运营模型体系，推动计划调度组织方式的变革。

四是深耕"最小单元"，细化经营分析，实现生产物资经营全链条"联动核算"。通过对基层生产运营全过程实时数据的集成和监控,结合相关经营、物资消耗、能耗等数据,以上促下督导基层推动最小生产单位生产、物资消费、效率、经营等联动核算,推动基层单位精细化管理方式的变革。

第三章

数据要素 × 国有企业数字化战略

国有企业推进数字化转型是新时代中国式现代化的重要步骤。数字化转型赋能国有企业高质量发展,改善国有企业内部管理。"数据要素×"将重塑国有企业数字化战略,把国有企业数字化推进到智能化、智慧化新阶段。

一、国有企业数字化转型战略与成效

(一)国有企业数字化转型战略现状

国务院国资委明确要求国有企业要做推动数字化智能化升级的排头兵,并于2020年8月发布《关于加快推进国有企业数字化转型工作的通知》,提出"将加强对国有企业数字化转型工作的指导,组织数字化转型线上诊断,开展'一把手谈数字化转型'工作",说明数字化转型已经成为各国有企业的重要战略任务。国务院国资委在2021年12月发布《国有企业数字化转型行动计划》,提出"到2025年,国有企业数字化转型取得实质性进步,数字化转型管理体系不断健全""数据要素赋能增效作用凸显,重点领域数字化转型取得突破"等目标,为国有企业提供了战略分解的具体依据。

随着数字化转型逐渐成为各领域企业常见的战略选择,相关的研究、理念进入了高速成长阶段。虽然不同类型与发展阶段的企业在数字化转型理念方面存在较大差异，但整体上已经逐渐从企业某一组成部分（如生产工具、营销、产品等）的理论研究上升为企业的整体战略规划，相关研究框架从分散化、碎片化向整体化转变，同时在战略主张方面逐渐趋同，比如"一把手"工程、以用户为中心、系统性工程等。

各央国企数字化转型战略覆盖广、影响大，伴有针对性、个性化战略举措。据《数字国资》最新统计，目前98家央企（国务院国资委主管）均开展了数字化转型，其中62家央企公开发布了企业级数字化转型战略，包括信息领域6家、材料领域9家、能源领域22家、交通领域15家、生命领域1家、装备机械领域3家、林业领域1家、建筑领域1家、综合领域2家、金融领域1家。在央企已公布的数字化转型战略中，国企数字化转型战略对于经营、生产、管理、技术等方面均有涉及，而在具体业务层面，突出针对性的个性化战略指导，如煤矿掘进、钢铁冶炼等具有专业特殊性的场景，需要对应的行业模型和解决方案。

经营方面，国有企业数字化转型战略注重资源投入。大中型国企一般会投入资金进行信息化系统建设以及集团数字化转型战略规划，小型国企的数字化转型战略一般主要依靠自身能力；资金密集型产业的国企在数字化转型战略布局中的能力较强，如金融行业，而传统劳动密集型产业则相对较弱，如建筑行业。

生产方面，国有企业数字化转型战略注重价值创造和价值实现。国有企业通过构建基于资源共享和能力赋能，实现业务快速迭代和协同发展的开放价值生态，以最大化获取数字化转型的价值效益。大中型国企的数字化转型战略，重点在主营增长、智能运营、商业模式创新等关键领域率先部署，小型国企则是从场景、工具入手，以数字化能力提升生产运营效率。

管理方面，智慧管理、数据驱动决策等以智能技术赋能管理的方式是国企的重要战略布局方向。一方面对管理方式进行创新，如流程驱动的矩阵式管理、数据驱动的网络型管理、职能驱动的价值生态共生管理；另一方面对员工工作模式进行变革，如自我管理、自主学习、价值实现。

技术方面，上云、算力、大数据和人工智能成为企业数字化转型的重点技术手段。大中型国企的数字化转型战略，重点在于开展生产和服务设备设施自动化、数字化、网络化、智能化改造升级，IT 软硬件资源、系统集成架构，推动 IT 软硬件的组件化、平台化和社会化按需开发与共享利用，小型国企以自建或应用第三方平台，推动基础资源和能力模块化、数字化、平台化。

（二）国有企业数字化转型成效

国有企业数字化转型工作形成了良好局面，取得了显著成效。企业数字化战略基本形成，生产要素效能得到有效提升，数字时代企业核心竞争能力充分体现，开创了数字技术引领新局面，提升了整体数字化水平，加快了产业新旧更迭和动能转换，进一步赋能经济社会数字化发展。

整体来看，国有企业数字化转型水平较高，央国企、地方国企发展不均衡。头部企业对整体水平提升拉动作用较明显，领先水平比平均水平高出约50%。央企是国企数字化转型的排头兵，平均水平比地方国有企业高22.8%，领先水平比地方国有企业高21.5%。从发展阶段来看，关键场景的数字化转型已经实现。90% 以上的国有企业集中在场景级、领域级，超过1/2 的国有企业集中在场景级，接近1/4 的国企实现主营业务领域的综合集成，表明国有企业数字化转型基础已经较为夯实，基本实现关键业务场景的数字化。

国企对数字化转型的认识已经转变，顶层设计工作得到充分重视。多家国企在内部成立相应的领导小组，将指导数字化转型等工作全权交由领导小组负责，确保各部门能够在领导小组的带领下，共同朝着数字化转型的方向努力，并且能够以现有管理体系为基础，结合转型特点和国企需求，对体系内容加以完善。如华润建设数字平台及可为数据安全提供全方位保护的体系等，并以所建立管理体系为导向，制定管理制度，确保各部门对自身所承担的责任具有系统且全面的了解，通过将责任落实到个人的方式，激发员工的积极性，确保数字化转型及相关工作始终拥有强大的动力支持。

国企自主创新能力得到有效提升，安全治理能力更加突出。一方面，国企加大研发核心技术的力度，确保自身始终握有核心技术，争取关键技术的主导地位。如中国联通在研发5G技术方面投入更多的精力与时间，充分运用现有的云计算等技术，对数字化体系进行升级。另一方面，数字化转型期间，国企将安全和发展放在同等重要的位置，在研发全新技术的同时，提高自身安全生产能力，为数据信息提供全方位保护。在对数据、平台以及系统进行安全管理的同时，国企也落实安全检测评估工作，安全治理能力达到预期水平。

国企数字化投入逐年增加，生产要素愈发夯实。资金方面，科技投入逐年增加。如金融行业，六大行2022年科技投入总额为1165.49亿元，同比增长8.42%。人才方面，科技人员占比增多，截至2021年底，建设银行金融科技人员数量为15121人，占集团人数的4.03%；招商银行研发人员达10043人，较上年末增长13.07%。生产工具方面，引入各类人工智能技术实现对生产过程的智能化控制和优化，完成智能化转变。如中石油利用人工智能、大数据分析等新的数字工具，助力新产品研发、提高科研成功率。

国企产业结构得到优化，由单一业务转向产业链生态服务。一方面，实现经营管理流程和资源的优化整合，如国家管网集团提出"平台生态化"战略，协同建立与电网、热能、新能源等能源行业的"源－网－荷－储"一体化响应协同机制，开发面向能源互联的管网智能平台，通过多种能源数据的共享、交互与联动，实现油气管网与能源互联网一体化调度优化与高效协同。另一方面，与社会、客户、股东等外部资源更加紧密地连接在一起，为更大范围的协同协作创新创造条件，如中国化学工程集团建设"线上中化"，构建数字生态系统，连接上下游企业，打造全在线、全连接、全协同的数字化环境。

二、国有企业数字化转型存在的问题

（一）企业数字化设施建设缺乏前瞻性规划及有效部署

我国企业在 IT 建设从发展战略到规划建设起步较晚，同时受企业性质、体制等多重因素影响，企业的数字化设施多停留在"够用就好"的阶段，数据资源的采集、开发、利用等缺少"良好土壤"。

一是多数大中型企业系统建设、规划不足，数据仍旧"不好用"。从单一企业内部分析，存在着不同时期由不同供应商开发建设的客户管理、生产管理、销售采购、订单仓储、财务人力等众多 IT 系统，业务系统"烟囱林立"现象突出，一方面导致数据散落在业务环节未被打通的子系统内，"数据孤岛"持续存在，降低了内部数据要素沟通效率，增加了使用数据要素的成本；另一方面分散的信息化系统之间的数据同步通常造成数据冗余，影响数据唯一性，导致同步周期中不同数据存在差异，影响业务决策。

二是中小企业系统数字化建设缺失严重，数据尚未实现有效开采。一些传统行业或中小企业，因其自身企业数字化系统、平台等建设不足，关键基础能力严重不足，当前中小企业数字化装备应用率仅 45%，生产过程数字化覆盖率仅 40%，设备联网率仅 35%，均处于较低水平。由于数字化基础设施的缺乏，对中小企业来说，数据要素的开发和利用更是"无米之炊"。

三是产业链上中下游企业数据协同差。企业的上下游供应链之间缺少数据的互联互通，大部分企业并没有实现供应链协同，比如部分企业销售订单和采购订单还依赖于传统的电子邮件或者纸质传递，直接影响了产业、行业、企业对数据资源的利用。

（二）数据要素的工程化全生命周期管理体系仍不完善

从数据要素的工程化到价值化的路径仍不完善，在工程化方面，各行业企业仍存在从采集、加工、使用以及治理的过程断点。

一是系统、应用的整体架构体系不清晰、业务应用间耦合度高，数据难以集成和共享，进一步影响整体数据技术平台的规划和建设。

二是企业在数字化转型中往往面临缺乏合适的技术平台，难以满足特定的数据应用场景。由于业务需求快速多变，新技术层出不穷，数字化系统需要具备稳定扩展和平滑演进的能力，但是一些传统企业的技术平台陈旧，不能提供高级数据分析的能力。

三是多数企业缺乏统一的数据标准化体系，企业内部数据之间存在的定义不清、口径不同导致的无法兼容问题，增加了企业内部不同部门数据整合与数据交互的成本。

四是数据管理责权和流程不清晰，导致数据治理的数据标准化管理过程在跨部门间推行阻碍较大，数据标准和规范的建设和责权难以落实。

（三）数据要素应用场景及价值化挖掘不充分

通过对已经成熟供需关系的数据流通场景分析，现阶段企业尚未形成大规模数据应用场景，数据流通多集中在企业2C业务的营销、风控环节，而在企业2B业务中，特别是生产、制造环节，还未形成持续、有效的数据资源要素供给与应用场景挖掘。

一是企业内部及企业间的数据质量参差不齐，导致数据资源价值有限，由于不同资源及系统间存在异构性，传统的信息管理模式由于缺乏数据收集、整合、管理和服务的新机制，难以实现对数据资源的统一管理与高质量管理，降低了数据资源的利用率。

二是数据采集和存储的标准化不够，无法形成可用的大数据集，数据价值难以凸显。例如，实现自动驾驶需要大量的场景数据来进行具有鲁棒性（robustness）的模型的训练，但是不同厂家收集存储数据的标准并不统一，无法汇集成可用的大数据集进行模型训练，同时，数据资源往往需要深加工才能挖掘较深的应用价值。

三是算法等方面投入不足，数据挖掘应用的技术成熟度和实用性有待提高。相关技术如人工智能、区块链、智能合约还在发展中，具体生产制造场景、数实融合的场景案例还不成熟，数据应用创新的动力不足，跨行业、跨区域、跨部门的数据融合应用能力有待进一步提升。

三、数据要素重塑国有企业数字化战略

（一）数字化的概念内涵

信息化、数字化、数智化在发展路径上存在层层递进的关系。信息化是起点，也是最基本的阶段。在此阶段，企业逐渐进行"要素数据化"，把传统纸质文档、线下流程、人工操作等转变为信息系统，如OA办公自动化系统、财务管理系统等都是典型的信息化应用。通过建立信息系统，将现实中的业务信息和生产流程映射到线上，大大提升工作效率，即业务电子化或线上化。数字化是信息化的延伸和深化。在这个阶段，企业通过将数据、数字技术和业务深度融合，对业务模式、运营模式等进行数字化革新，使得大量的新模式、新业态得以涌现。

数智化是数字化的更高级阶段。在这个阶段，企业持续深化应用新一代数字技术，激发数据要素创新驱动潜能，建设提升数字时代生存和发展的新型能力，加速业务优化、创新与重构，创造、传递并获取新价值，实现转型升级和创新发展。数智化的本质是"数字化＋智能化"，是企业在数据联接的基础上，具备自分析、自适应、自动化、自矫正等"拟人智能"的特性，实现效率提升和决策优化，赋能企业的可持续发展。

企业通过信息化、数字化、数智化的持续进阶，不断实现了新的价值创造和价值实现，更敏捷的运营、更个性的服务、更智能的决策支持等为企业带来大量机遇，个性化、场景化、定制化、可视化成为企业数字化生产经营的新特征。

（二）数据要素在企业数智化中的关键作用

数据要素作为继土地、劳动、资本、技术之后的第五大生产要素，是企业完成数字化战略重塑的核心，其与基于商业实践的算法、模型聚合在一起，通过数据应用对企业数智化起关键作用，主要表现在以下三个方面。

1. 赋能企业多维创新

数据要素被引入企业经营生产体系，对企业产品创新、技术创新、业务场景创新等发挥着重要推动作用。在产品创新方面，基于数据要素驱动的数字技术能够带来革新式产品，如基于海量数据训练生成的大语言模型 ChatGPT 促进了图文生成、文本翻译、人机对话等多项技术的突破，进而催生了相关智能办公产品。在技术创新方面，对大量的数据进行收集、分析和应用，可以有效促进数字技术成熟落地，如在计算机视觉领域，首个大规模公开的数据集 ImageNet 的出现，为研究人员探索目标、识别问题提供了极大便利，继而引发爆发式的技术创新和算法迭代，被业界誉为深度学习革命的开端。短短几年时间内，该数据集的识别精度从原来 40% 的准确率提升至 90% 以上，并产生了大量的算法落地和技术创新案例。在业务场景创新方面，数据的深度开发利用，催生了新的业务场景，如企业利用算法对海量消费数据进行抓取与分析，能更精准了解用户的购物偏好和需求，从而对用户进行智能推荐，提升用户的满意度和购买率。

2. 支撑企业智能决策

以数据为载体、以算力为基础、以智能决策模型为手段实现关联分析、根因分析、预测性分析等，这种"数据+算力+算法"模式逐渐成为重要的智能化分析和决策方法，企业逐渐从管理者主导的"经验型决策"转向依赖数据分析的"数据驱动型决策"。一方面，海量的数据聚集丰富了智能决策的分析基础。由于通信网络、智能终端以及传感器的广泛覆盖和应用，万物互联的社会逐步成为现实，相应产生、传输的数据量呈现爆炸式增长，数据的实效性日益提升、颗粒度日益精细、类型日益广泛，图片、视频、音频、文字都可被转为可以利用的数据。海量、多样的数据背后蕴含着重要信息，为企业各方面的决策奠定了基础，如研发决策、生产决策、营销决策、资源配置决策等。另一方面，海量数据与新一代数字技术的融合应用提升了智能决策的准确度。人工智能技术的应用和发展，大幅度提升了数据模型的运算精度，为生产经营活动提供了更加高效的决策工具。如在生产阶段，企业可以将每个环节的实时生产数据、产品质量数据进行收集分析，对生产全过程进行实时监控和修正；在风险控制阶段，企业可以通过人工智能技术对客户量、销量、信用值等进行分析，及时掌握市场风险。

3. 重构生产要素价值

数智化触发了企业价值创造的各环节发生改变，土地、劳动、资本、技术、数据这些生产要素迎来了深度融合，数据要素的融入不仅能够产生放大倍增效应，而且能对其他生产要素产生替代效应，从而提升全要素生产率，降低生产成本。一方面，能够提升企业传统要素的生产效率、扩展价值创造渠道。如在农业机械制造领域，基于农机联网，构建智慧农机系统，实现不同农机作业数据的融合，不仅能提升机械本身的价值，同时能够提升农机工作效率。另一方面，数据要素的投入可以减少人力、资本等其他传统生产要素的投入。如在能源领域，通过智能能源监控与管理，可及时发现能源消耗异常，定位潜在的节能点，减少产品能耗、降低成本。

（三）数据要素驱动国企数字化向数智化转型升级

面对日益复杂多变的内外部环境，国企作为国民经济发展的中坚力量，虽然部分企业依然在自下而上地进行局部的数字化转型探索，但是大部分企业已充分认识在战略层面系统性布局数字化转型的重要性。目前，几乎所有中央企业都已经发布了数字化转型规划，大都将数字化、智能化转型作为战略目标提出，并组建了由主要负责人牵头的转型领导机构。国有企业的战略行为和活动在数字化过程中发挥了极大的能动性，数字化已经成为企业的战略层面问题。

随着数据要素作用的日益凸显，企业的利润增长不再取决于劳动成本优势和传统要素再配置效应，而是通过"要素数据化"和"数据要素化"

双向发力，实现数据要素驱动的利润增长。当前，随着大模型应用的传播渗透使人们看到人工智能在通用性和效率化突破，AI技术助力企业升级的潜力进一步增大。在此背景下，央国企注重数据要素和顶层设计、管理变革、生产经营、生态建设的紧密结合，同时以人工智能为关键抓手，不断完善、重塑数字化战略，逐步进阶为数智化战略，使得数智化能有效支撑企业总体发展战略实现。

1. 以数据要素为核心完善企业战略规划

国企正在进一步强化前瞻性的战略思维，把数据要素驱动的理念、方法和机制根植于战略全局。在战略主张方面，愈加依托基于数据与数字技术深度应用，共创共享开放价值生态的竞合战略，如中国中化集团提出的"线上中化"战略，强调通过打造全在线、全连接、全协同的数字化环境，重构客户服务和产品创新能力，培育新的核心竞争力，起到提升经营效率、改造落后产业、创新发展模式等作用，同时加强与外部资源的紧密联系。在战略内容方面，有三个方向。首先，围绕研发、生产、销售、管理各业务单元、各类数字化系统，已成为数智化战略的必要组成部分，直接推动传统要素数据化。其次，为了让数据发挥最大的价值，应从两方面加以重视。一方面，数据治理作为数智化战略的一项必要举措，大多数企业已纳入战略行动计划，在破除原来"数据孤岛""数据壁垒"的基础上，打造标准、统一、复用、共享的高价值数据资产；另一方面，部分企业从战略层面认识数据，认为业务战略与数据战略同等重要，需要制定企业级别数据战略。最后，随着数据与人工智能融合应用的快速崛起，部分企业已明确将人工智能及相关应用纳入企业数智化战略，如招商局集团已正式将"AI+"纳入集团数智化战略；更多的企业也正在加快布局人工智能，并取得了初步成效，如南方电网的"调度驾驶舱AI负责预测模板"已经能预测全网统调最高负荷等数据。在战略保障方面，相关数智化人才、数据安全、数字基础设施等均被逐步纳入。

2. 以数据要素为抓手提升企业管理能力

在数字经济时代，传统管理模式已经无法适应现代数智化企业需求，基于数据要素的管理思想正在成为主流，整体趋势逐渐由"人找数"向"数找人"转变。一方面，通过搭建数据集成系统或平台实现企业管理的全面感知，如众多企业以搭建的可视化大屏为抓手，拉通人力、财务、生产、运营等关键数据，使得相关数据能直观、生动的展示，实现了实时监控、决策支持、跨部门协作等，大大提升了企业管理的穿透力和透明度。另一方面，通过数据建模分析实现企业管理的模式革新。在企业的经营管理、生产管理、营销管理等方面，均逐渐嵌入基于数据智能分析的模式和机制。如中国一汽在经营管理方面，开展经营指标数据治理与指标直连，实现106份顶层报告直连数据，集团一级决策场景全面取消PPT；在生产管理方面，建立2053实验室，基于装配动作行为数据和装配结果数据的AI视觉分析，实现整车装配漏装的及时报警；在营销管理方面，将纸质文件解构为数据因子和规则因子，建立商务政策执行模型，实现政策上线效率提升120倍、返利计算人工效率提升250倍，形成精细化的管控能力。

3. 以数据要素为驱动重构企业生产经营

当前，以数据要素为基础的数据智能体现为企业全链条的生产经营体系。在提升生产效率方面，企业以生产过程中的各类数据为分析基础，包括各类传感器数据、生产线数据、设备数据等，实现生产制造可预测、可控制。如中石化在油气勘探领域，通过AI大模型对大量地震数据体进行分析，实现对地下深层的油气藏预测，较传统机器学习等技术预测效率大幅提升。在丰富产品方面，随着数据要素市场的不断繁荣，数据集、数据模型、数据工具、数据流通平台等产品服务正在成为行业热点，如中国节能环保集团有限公司打造的国内首个全流程生态环境数据要素化产品，于2024年2月在北京国际大数据交易所达成交易。据中国信通院发布的数据，2022年，我国约42.37%的企业参与到数据流通交易。在强化营销方面，多为运用数据建模分析实现精准营销：一方面通过消费、浏览等数据了解客户的需求和行为偏好，实现精准客户洞察；另一方面通过数字化营销要素，如营销活动、营销内容、营销渠道等，借助人工智能决策形成对客户营销的策略执行，最终实现模板化、自动化、智能化的营销活动。在优化服务方面，企业通过数据融通、新数字技术应用共同赋能传统服务升级。如金融机构运用自有数据与外部公共信息如司法、社保、工商、税务、海关、电力、电信等数据互通，在业务发展、经营管理中进行客户画像、加强风险控制；又如国家电网深化智能客服系统应用，通过升级智能服务语义理解模型等，推动简单高频业务智能替代率提升至40%，客户诉求答复率达到95%。

4. 以数据要素为纽带构建开放价值生态

数据要素为企业与外部合作创造了一种新的路径，是企业在当今快速变化和竞争激烈的商业环境中实现合作共赢的必然选择。一方面，面向企业外部大力开发内部数据应用新场景，延伸和扩展企业合作生态。如深圳南方电网通过企业用电数据，多维度、形象化反映全市复工复产情况，为深圳市相关部门精准研判、分析与决策提供依据。另一方面，当前，由于数据确权、计量、安全等问题，数据跨企业、跨行业、跨产业的流通应用还未形成规模，但是随着国家大力推动数据要素市场建设，部分企业已经着力通过数据流通共享实现跨行业跨领域的价值赋能。如中国东航率先与铁路12306打通数据端口，通过数据共享实现了空铁联运购票业务。

四、以数据要素价值化升级数智化转型战略的关键举措

数据要素成为诸多企业数智化转型和动能引擎，核心在于与其他生产要素的融合，通过数据要素赋能企业生产运营活动，提升全要素生产率。企业数字化转型战略是现代企业发展的新型战略体系，通过构建数字化能力支撑和商业模式创新，落实企业业务发展战略，其中，数据能力是数字化能力体系的核心，因此，在企业数字化战略体系中，业务战略部分与数据战略部分同等重要。早在数字化转型的初期，很多企业认为数据战略为服务业务战略的一部分，以构建大数据平台、研发数据工具、构建数据算法能力为目标构建企业数据能力，服务于企业商业模式创新与业务能力提

升。但是，在数据要素确定为生产要素的时代，各企业对数据战略的重要性有了更深刻的认识。从数据战略定位上看，数据战略是企业数智化转型战略中与业务战略同层的战略规划，它不能下沉为业务战略下具象化的数据项目集合和点状的实施计划；从要求上看，数据战略与业务战略是互嵌的可执行战略。数据战略与业务战略的是存在一定区别的，业务战略更强调战略定力，而数据战略在当今数据要素市场日新月异、国家数据制度逐步细化完善的时期，更侧重与时俱进的动态优化。

因此，以数据要素升级企业数智化战略的内在逻辑，是制定企业数据战略，发挥数据要素的生产力，构建内外畅通的数据要素价值化发展路径，完成从低价值密度的数据资源到高价值密度的数据资产的转换，通过数据与技术两种生产要素的相互作用，推动数据要素的流通和创新应用研发，实现数据要素面向企业内外的价值创造。

数字化转型升级过程中，数据成为企业数据价值创造的新动能。从价值创造的场景来看，可以分为两类：一是依托数据分析与决策，优化设计、生产、营销、交付的业务流程，构建数字化能力与智能化决策体系，有效降本增效。二是通过数据创新，创新商业模式拓展企业业务赛道，提升企业营收。从价值创造模式来看，从传统的标准化与规模化生产模式向以客户为中心的定制化、个性化转变，技术上由IT技术、云技术的单项应用向人工智能为核心、"云数链安"多技术融合转变。因此，数据全面采集、存储合规标准统一、计算高效协同和应用智能升级成为数字化转型战略升级的能力基准，在传统企业数字化转型、业务转型、技术转型和组织转型的体系框架下，建议从以下三方面完善数据战略、布局全维度数据能力图谱。

（一）强化数据治理能力，推进企业数据资源资产化

数据是企业数字化体系可持续运转的"血液"，在面向新发展格局与要求下，企业数字化转型升级亟须构建高质量、标准化和安全合规的数据资源和开放灵活、能力共享的数据基座。在传统的数据采集、存储、计算和应用的技术体系下，数据治理能力是构建高质丰富数据资产的关键能力。

1. 构建企业数据治理能力框架

数据治理是数据战略的核心部分，数据治理在各领域行业内有着各自的理解和认知，目前尚未达成一致。因此，企业需结合自身行业、数据能力和组织架构制定企业数据治理框架和策略，本书提供以下三类框架以供参考。

一是国际数据管理协会（DAMA）的数据治理框架，其定位数据治理为在管理数据资产的过程中行使权力、控制和共享策略（包括规划、监测和执行）的系列活动，通过数据治理提升企业管理数据资产的能力。结合企业业务策略、IT策略、数据策略和组织原则，规划数据组织的数据治理、制定数据治理战略并推动实施数据治理工作，形成数据治理策略、数据策略、行动路线图、操作框架等系列数据值的成果，确保根据数据管理制度和最佳实践正确地管理数据。

二是国家标准《GB/T36073-2018 数据管理能力成熟度评估模型》（DCMM），其定义了数据战略、数据治理、数据架构、数据应用、数据安全、数据质量、数据标准和数据生存周期8个核心能力域及28个能力项、445条评估标准。其中关于数据治理部分，定位为数据治理组织、数据制度建设和数据治理沟通三个维度，目前百余家企业已完成DCMM成熟度评估，在金融、通信的各行业得到广泛应用。

三是国际数据治理研究所（DGI）的数据治理模型，DGI认为数据治理是一个通过一系列信息相关的过程来实现决策权和职责分工的系统，其模型采用"5W1H"法则进行设计，从组织架构、规则条例和治理流程三个层面构建数据治理框架，明确标识谁在什么时间和场景下，采用何种方法执行何种行动。DGI认为，数据治理本身不是目的，数据是信息的载体，而信息是实现业务与IT系统平台协作的关键，数据的治理则成为业务推进的重要责任之一，所有的数据都以支撑战略业务意图为目标。

2. 优化数据治理能力布局

自2020年数据要素列为生产要素以来，数据治理的理论研究日益创新，数据要素的市场化配置对企业的数据治理规划提出了新的要求，更多的主体开始意识到数据治理的重要性并参与其中,开展数据全生命周期的有效管理治理,保障数据安全、数据质量和数据可用性成为各大企业数据治理的共同目标。

企业在优化数字化转型战略中,首先需要围绕两个中心构建数据治理框架。以客户为中心,通过数据治理有效服务业务目标,如客户服务治理、运营效率等;其次是以产业为中心,通过数据治理实现数据能力、服务和产品的对外赋能。从内容上看,主要包括以下三方面。

一是构建数据资产化管理标准化体系。围绕数据模型、数据标准、数据管理(主数据、元数据和基础数据)、数据质量、数据血缘和数据生命周期构建统一架构和数据标准,并在企业实际的数据库、数据仓库和数据湖建设中严格实施。

二是基于数据治理框架构建可面向内外部开放数据能力、释放数据要素价值的服务能力。围绕数据开发、数据可视和数据智能化输出打造体系化能力。可视化方面,以业务为导向,打造统一分级数据目录和数据大屏;架构方面,以数据中台和服务总线模式实现数据开放的服务化;智能化方面,打造工程化的人工智能能力体系成为规模化应用的核心举措,如自动化的 AI 模型部署、调用和管理,而大模型的出现,模型的整合和流水线编排都为企业的数据能力建设提出了更高的要求。

三是筑牢安全合规底线,构建企业数据安全体系,优化数字化转型风险防控。面向内外部不同的应用和流通场景,构建数据分级分类授权、鉴别访问、风险与需求分析、安全事件响应、营私保护和监控审计等数据安全能力,实现矩阵式的数据安全责任体系。

(二)强化数据智能技术,数智融合应用打造新质生产力

数据技术升级发展与数据价值发掘呈现螺旋上升的演进趋势,从最初支撑事务性的数据存储与查询体系(以数据库、数据仓库技术为代表),升级为以海量数据价值汇聚处理和价值释放的数据技术体系(以大数据技术和以机器学习和深度学习为核心的人工智能技术为代表)。随着生成式人工

智能，如 ChatGPT、Sora 等文字与视频生成技术进入大众视野并在各大企业中应用，数据智能成为企业战略升级目标。

1. 构建企业智慧运营体系，全业务链路智能化升级

生产方面，构建智能化研发设计与生产模式。数字孪生技术是构建智能研发设计模式的关键技术。数字孪生最初起源于工业制造领域，意为贯穿产品生命周期的数字映射系统，后逐步推广到智慧城市、通信网络架构模拟等各行业。"数智视融合、虚实人联动"的孪生世界会随着数据要素的逐步沉淀和数据技术升级逐渐成型，通过数据采集强化物理世界的感知能力，通过数据融合与治理实现数据要素驱动物理世界发展决策。通过构建研发生产的数字孪生体系，覆盖从产品定义到详细设计的各个环节，在生产环节中，记录下生产组件、材料、流程等工艺参数，实现对产品全生命周期的虚拟映射，通过构建生产流程的孪生，智能化优化生产流程工艺，减少实物性测试验证，提升研发效率、降低研发成本；通过售后服务的孪生记录，依托产品工作状态、性能、诊断信心和维护历史等产品使用数据，反向优化生产流程，尤其是一旦产业链上下游企业构建了互通的孪生流程，则可实现产业化的生产链优化，实现从设计到制造的自主迭代优化。

营销方面，打造以用户为中心的个性化营销与服务模式。通过用户交互数据的全时段采集，构建用户生命周期和实时更新的用户画像，实现用户需求的智能化预测与匹配，提升营销的准确性；采集用户的消费、使用行为数据和用户评价，构建模型分析产品、用户偏好产品与功能，实现消费端与生产端的直连，在辅助构建柔性的生产模式，提高用户满意度的同时，提升企业盈利能力。当前，各互联网企业通过记录采集用户的浏览与消费行为，向用户智能化推荐产品与内容就是典型的智能营销体系。

运营管理方面，构建数据驱动的企业发展决策模式。依托企业历史的财务预算、物资采购管理、人员管理等数据，为集团领导层提供决策建议。如财务方面，通过财务指标分析与数据建模，实现对科技投产价值的智能化评估、对数字化创新产品业务的盈利能力和财务预测，形成业务投入产出的决策意见，服务企业创新业务的资源配置。统筹协调内部资源、优化配置，依托数据模型和自动化数据计算与报表生成，形成贴合业务经营需求、数字化战略要求的全面预算管理体系和密切响应业务敏捷组织的绩效考核体系，实现企业物资、人员和资金的多资源融合与智能化配置。

2. 夯实企业智能能力，实现数据智能与业务的有效衔接

升级网络连接，依托全粒度数据映射实现孪生。全粒度数据采集是构建数据孪生的第一步，企业在数字化转型战略中需重点规划网络升级与能力集成，依托5G网络与物联网技术，在研发、设计和生产各环节实现基于传感器等硬件和各类研发软件的孪生数据采集。构建企业运营的智能能力工具，突破场景化的数据赋能运营。在企业战略中，明确人工智能技术的技术规划与业务应用规划，包括基础能力构建和智能工具研发。一是明确企业在智能技术中研发中的角色定位，如数字化能力强企业可采用从通用型人工智能建模平台到模型研发和部署全流程自主研发模式构建企业智能，中小企业则需考虑研发成本与能力，适当集成外部能力。二是明确大模型等新兴智能技术的研发与规划。在企业内部中，明确新兴技术的应用场景和研发规划，如在企业经营中采用智能运营大模型、在客户服务中采用自助服务大模型等。

（三）前瞻布局数据流通，打造企业数据价值创造新模式

2022年底，党中央、国务院出台"数据二十条"，明确了构建数据基础制度的原则和方向，北京、上海、广州、深圳等先行先试，以其为指导密集出台细化政策；2023年初，中共中央、国务院印发《数字中国建设整体布局规划》，提出畅通数据资源大循环的建设目标，并于同年3月组建国家数据局。在国家大力倡导、企业积极参与的数据要素流通趋势下，企业数智化转型中技术转型升级，传统的平台上云、上链、中台体系建设等模式，已不能满足数智时代的发展要求，围绕数据流通的可信数据技术体系建设在未来战略中必占一席之地。

数据资源循环是数据要素价值化的必经路径，数据要素的价值化是在企业数据资产化的基础上，通过数据要素在不同主体间流通、挖掘和衍生，

实现数据量的增长和价值的多元化。因此，数据要素流通势必成为各企业从内部数据价值向外部营收能力转化的关键布局，围绕数据要素流通的技术升级、商业模式创新也将成为企业数字化战略的重要组成部分。企业在优化数字化转型战略时，需要从数据流通技术、数据融合资源两方面提前布局，为下一代数字化业务创新奠定基础。

1. 前瞻布局"云数智链安"多技术融合

面向未来，在保障数据隐私推动数据要素流通、融合、价值释放将成为新一代技术体系升级要求，新技术升级也将反向促进以数据产品和数据流通服务为核心的企业业务升级。传统技术的基础上，通过人工智能、隐私计算和区块链多技术融合，实现多业务主体间的数据可信流通共享、数据价值协同挖掘，进一步推进数字化向智能化进阶。

从技术融合来看，保障数据隐私前提下的数据价值挖掘模式就是人工智能与隐私计算技术的有效融合，通过隐私计算保障多方数据安全，数据或是在密态下进行多方计算，或是多方以开放数据模型参数的模式代替数据资源本身的开放，如图联邦技术就是典型的保障数据隐私、破除数据孤岛的新兴技术。区块链技术和人工智能、隐私计算技术的结合，通过针对数据流转的每个环节分布式存证记录，防止了数据篡改，实现全流程可追溯、查证和监控，不但构建了多方数据流转的安全域，也满足了国家对数据要素流转的监管要求。目前，部分企业和研究机构提出了融合多技术的"可信数据空间"数据基础设施，为用户提供安全透明的数据加工、处理和数据挖掘建模的安全软基础设施，企业用户以区块链节点或连接器模式接入空间，实现数据协同建模和数据共享。

2. 适当提前打造多主体数据资源融合体系

企业在优化数字化战略转型时，需考虑以数据资源体系的建设为目标，将数据流通纳入数据战略，明确制定相关重点实施路线。

一是明确企业在数据生态中的定位。处于主导地位的大型企业，作为数据能力供给服务输出方，创新数智应用带动中小企业的应用发展，而中小企业建议立足自身优势，或是研发专精特新能力铸造能力长板，或是善用行业能力和应用，以有效应用代替低效研发，以能力集成的方式加速企业数智化进程。二是以标准制度破除流通障碍。以开放流通为目标制定数据的分级分类授权制度，并协同外部企业开展行业产业链从研发设计、生产到营销运营全流程、各个关键工序的数据标准，尤其是产业链数字化升级过程中衍生的新数据标准，引导产业链上下游企业及其服务供应商多方统一。三是以数据产品与服务开放探索业务创新。面向伙伴行业、研究机构开放高质量的行业数据集和脱敏后的重点场景数据，尤其是标注数据，助力国家构建产业链领域数据资源，推动数实深度融合。打造专精的数据产品，依托国家数据交易平台，形成良性数据交易体系，探索数据产品的价值释放。

然而，数据要素流通依然面临着不可忽视的难题，数据权属难确定、数据产品定价难、数据隐私保护要求高等难题，都直接影响国家数据要素市场建设和企业以数据为核心拓展业务赛道。因此，虽然数据要素市场广阔，但企业在规划数字化转型战略时，围绕数据要素流通部分需具备一定容错性，并根据国家政策要求和市场变化实时更新，保障企业可持续业务能力与即时性业务营收的平衡。

案例一

北京移动数智化转型

（一）案例概述

中国移动通信集团有限公司是按照国家电信体制改革的总体部署，于2000年组建成立的中央企业，注册资本3000亿元人民币，资产规模2.1万亿元人民币。自成立以来，在党中央、国务院的正确领导和上级部门的大力支持下，始终致力于推动信息通信技术服务经济社会民生，以创世界一流企业、做网络强国、数字中国、智慧社会主力军为目标，坚持创新驱动发展，加快转型升级步伐，已成为全球网络规模最大、客户数量最多、盈利能力和品牌价值领先、市值排名前列的电信运营企业。连续18年获国务院国资委中央企业负责人经营业绩考核A级，连续两次获评国务院国资委科技创新突出贡献企业，连续22年入选财富世界500强企业，2022年位列第57位。

2023年12月31日，国家数据局等部门印发《"数据要素×"三年行动计划（2024—2026年）》，指出发挥数据要素的放大、叠加、倍增作用，构建以数据为关键要素的数字经济是推动高质量发展的必然要求。通过实施"数据要素×"行动，促进数据多场景应用、多主体复用，培育基于数据要素的新产品和新服务，实现知识扩散、价值倍增，开辟经济增长新空间；加快多元数据融合，以数据规模扩张和数据类型丰富促进生产工具创新升级，催生新产业、新模式，培育经济发展新动能。

中国移动通信集团有限公司积极贯彻中共中央、国务院印发的《数字中国建设整体布局规划》以及国家数据局等部门印发的《"数据要素×"三年行动计划（2024—2026年）》，以充分释放数据要素价值为核心目标，创新性打造元数据驱动的治理能力体系，"以用促治、以治促用"推进数据赋能和数据治理双循环。2023年8月，中国移动集团通过了DCMM5级最高等级认证，成为通信行业首批通过最高等级认证的单位，并入选工信部大数据产业发展试点示范项目（数据管理方向）。

中国移动通信集团北京有限公司（以下简称北京移动）作为中国移动集团子公司，在国家政策和集团公司的指引下，发挥数据密集型企业优势，结合自身业务发展需要，秉持全局规划、体系构建、分类治理、价值导向、以用促治、有序推进的整体策略，建立数据资产化战略；以促进数据要素价值持续释放为目标，从业务、数据和技术层面出发，打造数据可知、可取、可控、可联的数据资产化能力体系，通过大数据基础能力建设、数据治理实施、数据资产运营等手段，有效推进数据内增效、外增值，在助力数据要素发展方面取得了积极成效。

北京移动发挥IT系统多年建设优势，通过自身不断的实践和迭代优化，探索构建具备业务价值的数据中台的最佳路径。截至2023年底，北京移动数据中台日采集数据量达500+T，通过逐层数据价值萃取，沉淀数据能力；同时通过企业级数据治理，实现数据由资源到资产的转变，提升数据质量，支撑内外部业务赋能需求，并在智慧营销、智慧服务、智慧决策等方面取得优异成果，成为支撑公司数智化转型的中坚力量（见图3-1）。

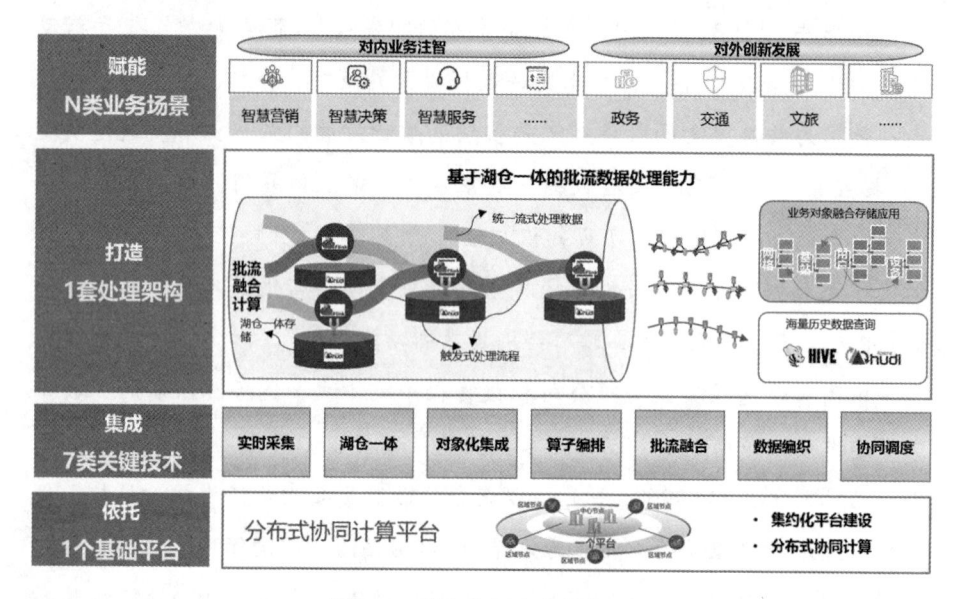

图3-1 数字化平台支撑体系

（二）数据治理提升要素价值

随着企业信息化建设的逐步深入，企业数据均存在数据分布不清晰、数据标准不统一、数据质量难提升、数据安全难保障等问题，导致在企业数智化转型的进程中，数据资源化易，数据资产化难，如何通过多源数据汇聚形成高质量、高价值的数据资产，成为大数据平台要解决的核心议题。

运营商数据具备真实性、连续性、时效性、安全性等特点，北京移动通过全域数据汇聚实现数据的统一采集、加工、开放，形成公司级数据底座。为了进一步提升数据质量，通过对DAMA-DMBOK和DCMM两个行业级通用管理框架和数据资产管理实践白皮书的深入研究分析，总结构建了适配于北京移动数据资产管理的整体框架，包括2大保障措施和8大活动职能，实现在组织、制度、IT 等多个维度的实践定义，指导数据治理工作的有效开展（见图3-2）。

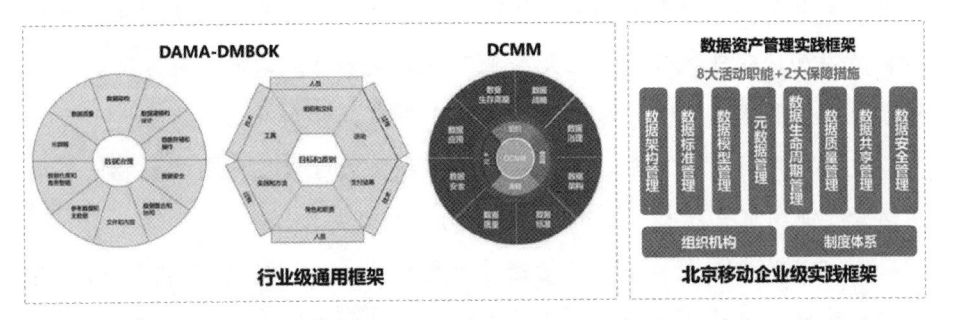

图3-2　数据资产管理实践

在企业级数据治理组织的指导和支持下，北京移动协同各部门有序推进数据治理活动的实践，包括数据架构管理、数据标准管理、数据模型管理、元数据管理、数据生命周期管理、数据质量管理、数据共享管理和数据安全管理。

在数据架构管理方面，根据运营商数据特点，建立大数据三层数据架构体系，分为接口层、模型层（DWD、DWI、DWA）、应用层；其中接口层按照源系统分为60+子类，模型层分为DWD数据整合层、DWI业务汇总层、DWA业务信息层3个子类，应用层分为20+个子类。

在数据标准管理方面，建设标准定义、标准映射、标准稽核等IT能力；通过对数据标准需求获取和整理，制定标准体系和内容，对新增或者变更的标准规范进行审批和发布管理支撑；通过指定统一的命名规范，解决同名不同义，同义不同名等问题。

在数据模型管理方面，建设模型设计、模型开发和模型管理等IT能力，数据模型总量达到2000+，有效支撑数据分析和业务需求，避免数据的重复开发，提升数据开放效率。

（三）数据要素助力智慧营销

随着信息技术的发展和数字化转型趋势的推进，各大运营商对营销管理信息化、智能化的需求日益增强，传统的线下或分散式的营销模式在应对复杂多变的市场环境时存在效率低下、协同困难、信息不透明等问题，运营商需要具备高效率和高创新性的运营管理，以适应快速变化的外部环境，所以加速企业数字化转型是企业市场营销不可或缺的一部分，它将传统营销和流程数字化，结合先进的技术手段来提升企业商业价值，企业也可以更快地理解市场需求，实现精准营销和全渠道销售，因此打造一个集中运营、提高决策效率、提升企业竞争力的平台成为必然选择。

北京移动 IOP 精准营销平台通过大数据技术、针对大规模、实时智能的营销推荐，对北京移动数字化转型提供了强大的技术支撑。该平台通过整合现有系统资源和能力扩展，形成统一入口、全业务、全流程、全触点的营销运营支撑平台，具有实时触发、标签动态更新、效果实时评估、渠道多点触发的客户精准营销能力，实现业务人员对"客户－产品－场景"过程的选客户、选产品、选渠道的全面多渠道协同智能精准实时营销，极大地提升业务人员营销运营过程中对资源的合理配置和优化利用。目前，平台已构建成一个以"大数据平台＋实时流平台"为数据层，通过"营销策划＋营销执行＋营销评估"来实现营销全流程闭环能力。

在持续不断的建设实践过程中，数字化不断向前发展、技术不断变革，国家发布了《中国制造2025》和《新一代人工智能发展规划》，提出了我国新一代人工智能发展的指导思想、战略目标、重点任务和保障措施，以加快人工智能发展，促进我国经济转型升级。因此，北京移动从数字化向数智化迈进已经刻不容缓，在移动推动国有企业数智化转型探索与实践的契机下，IOP 精准营销平台作为北京移动企业运营的营销枢纽（见图3-3），通过规划 AI 智慧大脑统一智能推荐能力，引入 WIDE "记忆能力"和 DEEP "泛化能力"深度学习架构，收集和分析用户数据，学习掌握用户、产品特征，来实现"产品—客户"精准智能适配推荐，在合适的时机、合适的场景下，通过合适的渠道给合适的客户推荐合适的产品和服务，提升营销成功率和增加北京移动的收入，营销策划效率提升60%以上，营销成功率提升2个 PP 以上，赋能生产智能化营销。

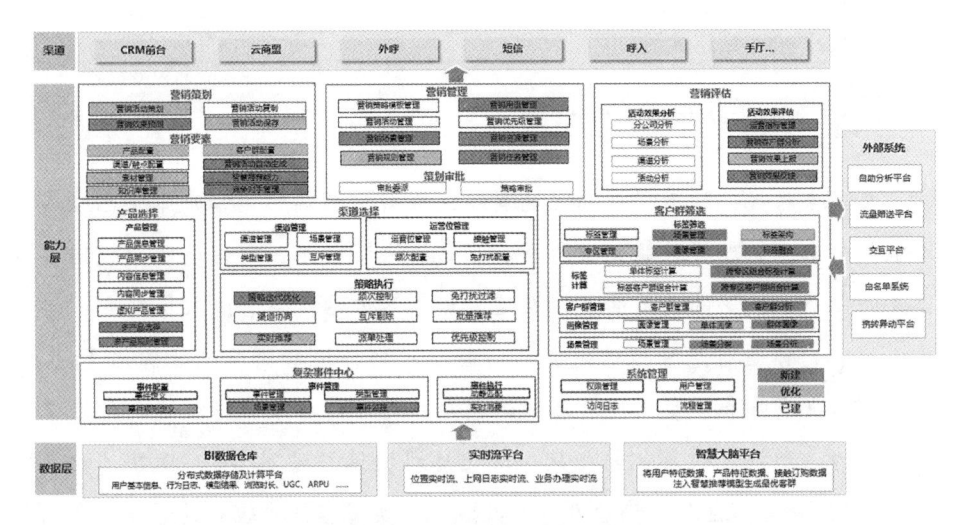

图3-3 IOP精准营销平台

在面向多元业务应用上，为满足业务部门精准营销需求，聚焦营销管理，利用前台、中台、后台生产链产生的大数据信息，以标签化的方式汇聚整合后台数据资产实现数据拉通，多系统连接、多场景整合实现用户身份拉通，以数据资产、能力调用、前台运营、场景化营销实现市场发展营销提质上量。

在不同营销场景应用上，具备主动式的批量营销、基于事件触发的实时营销个性化精准时机营销，同时丰富个人、家庭、政企、新业务等多维度客户精准画像能力，拓展新兴营销触点渠道及运营位，提升精准营销能力。

在全方位渠道应用上，依托IOP精准营销平台的营销策划、执行、评估能力，深入洞察CHBN融合客户画像，拓展5G消息、星火联盟、权益平台、网格装维随销、铁通装维、电商办理结果页面、营业厅叫号系统等渠道，实现基于客户洞察能力的多渠道协同的精准营销。

北京移动IOP精准营销平台在能力上已具备通过构建客户精准画像能力、精准实机营销能力、多渠道营销协同、智慧精准推荐能力、营销后评估分析五大能力，助力于营销运营人员在策划时降低成本，提升效能，提升营销成功率，是北京移动在快速变化的市场环境中营销模式创新和增加

097

公司收入的有利营销武器。

（四）数据要素助力智慧服务

在当今时代，随着科技的飞速发展，数智化的端到端客户体验已经成为服务型企业管理提升的关键所在。在这个大背景下，通信运营商凭借其庞大的体量、广泛的覆盖面，以及逐步进入客户存量运营阶段等特点，使其成为客户体验智慧管理的重要参与企业。通信运营商通过数智化手段，不仅可以提高服务质量，提升客户满意度，还可以拓展市场机遇，增强企业竞争力。所以在数智化转型期，如何通过打造"硬实力"、提升"软实力"，以充分发挥自身优势助力服务数智化，实现客户体验智慧管理的全面提升，将成为各国有企业在新时代背景下的重要课题。

北京移动公司针对自身服务工作运营痛点，围绕"洞察、预判、运营、评估"智慧服务工作体系，运用实时数据处理能力、位置洞察能力、客户画像标签开放能力、数据挖掘模型能力、测评问卷编排与回收能力等多种技术能力，构建"客户库""评测库""触点库"三库模型，搭建北京大音平台，通过大屏、中屏、小屏三端联动，不断释放数据要素和智能技术对企业精益服务的倍增效应，助力提升客户服务智能化和个性化水平，推动服务数智化转型并实现高质量发展。

截至2023年底，北京移动"三库"数据模型建设服务标签超过2800个，基于"三库"对服务数据的有效汇聚、管理和开发，通过引用人工智能技术，强化数智融合应用，将多源异构的原始数据打造成为辅助决策、强化分析的重要依据，及时发现客户痛点问题，倾听客户声音，追踪客户全生命周期的体验路径，借助大中小屏，打造投诉监控预警闭环管理、核心库运营、触点洞察等应用场景，以支撑一线及时感知客户情绪、接触轨迹等，进而为客户满意度的提升提供了有力的抓手，帮助公司更加准确地制定战略和决策，帮助各级工作人员更好地了解客户需求、提升服务水平、优化工作流程、降低工作成本。

北京大音平台面对不同用户的不同使用场景，基于"大屏重预警、中屏重分析、小屏重执行"的建设思路，搭建了大屏、中屏、小屏三端功能模块。首先，大屏功能模块专注于为公司管理层提供一个全面的监控与预警系统。公司管理层可以快速地了解投诉效能、溯源整改以及考评督办等核心业务的实时数据，从而更好地掌握服务工作的整体状况。这种设计不仅提高了决策的效率和准确性，更为管理层提供了一个科学、直观的决策支持平台。其次，中屏功能模块则更加注重业务管理人员的日常管控。它集成了感知全景、感知洞察、感知预测、服务运营、共享中心和工具集市等多个子功能，为业务管理人员提供了一个强大的业务分析和服务运营平台。通过这一模块，业务管理人员可以更加便捷地进行数据分析、服务运营和流程优化，从而提升服务质量和工作效率。最后，小屏功能模块则是为了满足一线业务人员的需求而设计的。它提供了清晰、易用的服务数据查询、服务工作指导以及服务工单处置等功能。这一设计使得一线业务人员可以更加高效地处理日常工作，提升服务响应速度和服务质量。同时，它也为各级人员提供了一个便捷的数据查询和数据赋能平台，帮助他们更好地进行工作决策和流程优化。

基于北京大音平台数智化能力体系，公司内服务线条工作人员不仅可以实现全方位的客户洞察，更好地了解客户的需求和偏好，服务客户；还可以帮助移动品牌与客户建立更加紧密的客户关系，提高客户的忠诚度和满意度，加快发展新质生产力。

（五）数据要素助力智慧决策

随着人工智能技术的不断发展，2023年以来大模型在数据处理和决策支持方面发挥着越来越重要的作用。大模型是一种深度学习模型，具有强大的表示能力和泛化能力，能够从大量数据中提取有用的特征和模式，为决策提供更加精准的依据。

数字要素与大模型两者结合产生了"1+1>2"的协同效应。在国有企业数字化决策中，利用大模型可以对海量数据进行高效处理和分析，挖掘出更深层次的洞察和趋势。大模型的运作基于先进的神经网络技术，通过训练大量的数据集，使模型能够自动学习和识别数据中的模式和规律。这种技术能够处理更多类型的数字要素，并从中提取出有用的信息和洞见。同时，大模型还采用自适应学习技术不断优化自身的预测和推断能力，为决策者提供更加智能化的支持。通过大模型的运用，国有企业可以更加精准地把握市场动态和客户需求，提高产品开发的针对性，优化营销策略和资源分配方案等。这不仅有助于提高企业的竞争力和盈利能力，还有助于提升国有企业的社会形象和市场地位。

在国家政策指导和支持下，北京移动也积极推进数字要素与大模型技术和应用的探索，在2023年11月启动大模型规范及规划的编写，并设定三年演进路径，鼓励各省基于AI大模型能力进行应用创新实践，助力公司内部降本提效。根据集团大模型建设规划，对标各省大模型应用建设成效，基于北京移动大数据平台已建能力，通过将AI大模型与数据分析场景进行融合打造一站式的"取数—看数—用数"智能助手，重点推进大模型增强分析能力和经分大模型能力建设，通过大语言模型、增强分析和领域知识的融合赋能数据分析场景，降低数据分析操作门槛，提升数据开发效率，助力公司数智化转型（见图3-4）。

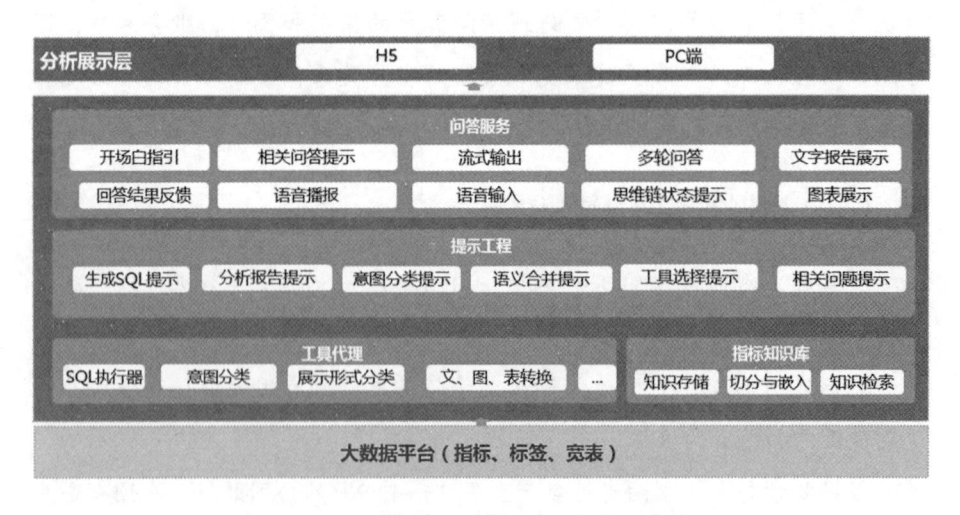

图3-4 IOP"取数—看数—用数"智能助手

在业务方面，通过该项目创新实现新的数据分析模式，即聊天式的自然语言智能问答、问题联想、多轮对话能力。与传统数据分析相比，数据分析操作更简单，交互更智能，结果更准确。同时实现了决策效率提速，即基于大模型增强分析实现高效的业务指标分析，隔离指标口径的不一致性，基于指标知识库实现数据快速输出，让指标数据更易理解，提高决策效率。

在技术方面创新实现数据增强分析，完全基于用户意图，匹配指标、维度及计算类型，结合数据表结构信息数据，自动实现数据查询，通过接入应用端多轮场景，实现指标复杂计算。同时还通过创新提高了数据可读性，沉淀行业数据分析知识，除了通用性分析知识外，还针对经分领域打造不同行业的不同经分知识，从而规范大模型生成内容，使解读具有高可读性。

| 案例二 |

国家能源集团 ERP 一体化集中管控助力集团数智化转型

（一）案例概述

国家能源集团落实建设世界一流清洁低碳能源科技领军企业和一流国有资本投资公司的发展战略，积极开展数字化转型，构建以数据为关键要素的信息化平台是其中重要和关键的一环。

重组后的国家能源集团虽然获得了两个集团信息化建设成果，但在一体化运营管控体系和信息系统支撑上与集团公司发展战略存在一定的差距，没有集团层级统一的业务管控系统，人力资源、财务、物资、燃料及销售、设备和项目管理等业务领域的信息化系统存在不统一、分散部署的情况，尚不能满足集团公司总部集中管控目标，不能高效地支撑国家能源集团发展战略。因此，建设一体化集中管控系统是国家能源集团规范基础业务、加强业务集中管控、防范重大风险、实现智能审计监督、加强内控管理等工作的有力抓手和必然选择。依托《国家能源集团网络安全与信息化总体规划》，基于智慧企业的思想方法，吸收两个集团原有的信息化建设成果，对紧密集成的业务进行一体化信息系统建设，最终建成了国家能源集团统一的、集中的数据资产平台。

（二）国家能源集团 ERP 一体化集中管控系统方案

ERP 一体化集中管控系统采用统一规划、统一设计、统一建设、统一标准、统一投资、统一管理和集中设计、集中实施、集中管理、集中部署、集中运维的"六统一、大集中"的建设策略，以 ERP 系统为核心，业务范围涵盖人力资源管理、财务管理、物资管理、燃料及销售管理、设备管理、项目管理等管理领域，实现从集团总部、子分公司到厂矿段站等单位的全面应用覆盖，区域分布在全国多个省/市、地区以及加拿大、德国等国家，最终用户数量超过30万家，贯通了国家能源集团火电、水电、新能源、运输、煤炭、化工、科技环保、产业金融全产业链，实现业务互连、数据互通、数据共享。

一体化集中管控系统各管理模块之间数据集成，向外围系统提供基础数据，数据要素应用广度和深度大幅拓展，数据要素乘数效应凸显，促进资源优化配置，推动国家能源集团高质量发展（见图3-5）。

（三）数据在场景应用中的赋能作用

1. 赋能物资采购流程监控

采购业务活动全过程分为采购计划、采购过程、采购结果、合同签订4个重大节点，国家能源集团对采购流程的监管分采购计划监测、采购过程监测、采购结果监测、采购合同监测四大子模块，每个模块单独设计具体监测指标，在每个流程环节针对性地设定监管指标，用于预警、管控重要节点运行情况（见图3-6）。

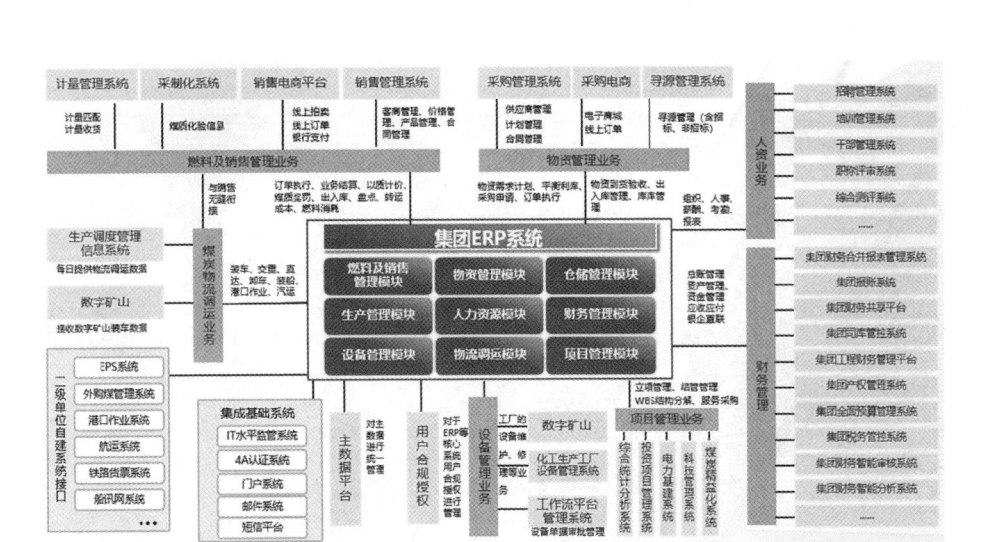

图3-5　一体化集中管控系统整体架构

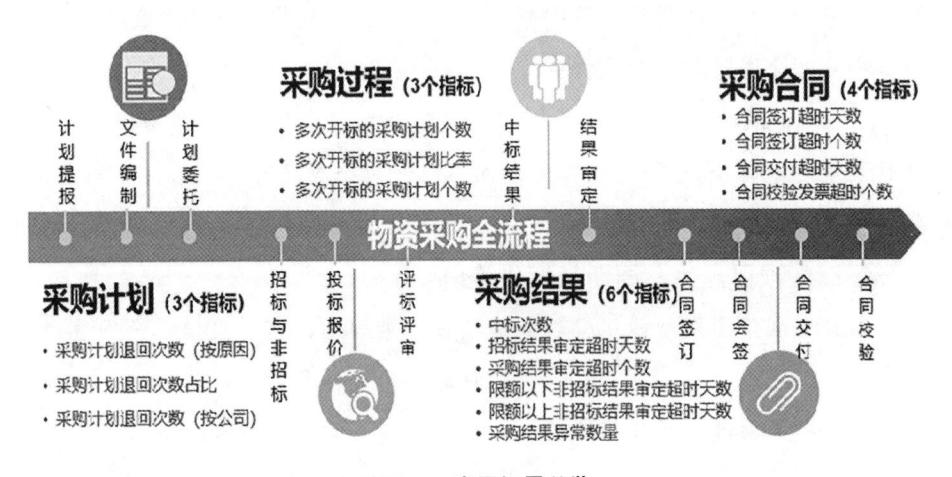

图3-6　应用场景总览

数据要素主要以监测、分析模型的形式应用于采购重大流程节点监测。国家能源集团构建了一套完整的、全链条、智能化的物资采购全流程监控应用模型，通过抽取多个应用系统中存储的物资采购各个环节基础数据，形成模型底层数据库，从采购计划、采购过程、采购结果到合同签订对业务进行合规分析、风险分析、数据质量分析，实现了贯穿采购业务事前、事中、事后的全过程分析、监测和风险管控（见图3-7）。

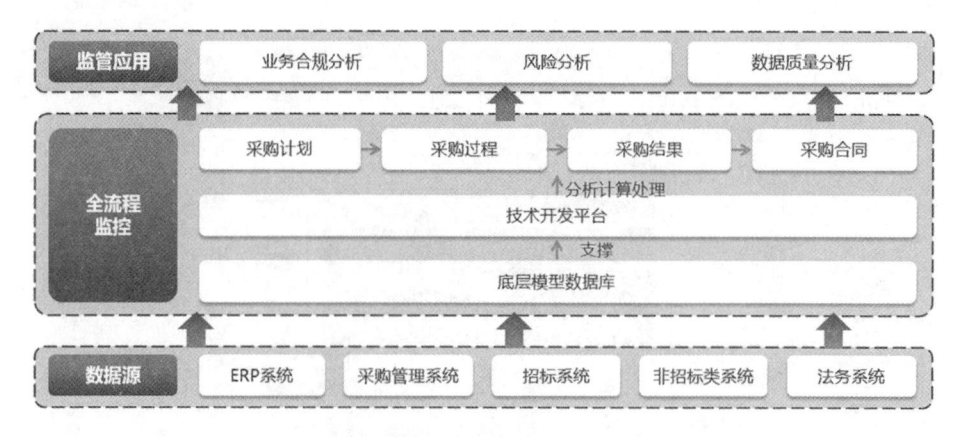

图3-7 物资采购全流程监管应用模型设计总览

通过搭建基于数据要素的多个指标模型，有效应用大数据监测手段，及时发现采购过程中的异常信息，为采购过程监管提供了科学决策依据，提高了采购效率。近两年的监测数据对比显示：计划提报准确率提高了约3个百分点，合同签订及时率提高了约1.5个百分点；招标结果审定超时个数下降了40%，限额以下非招标结果审定超时个数下降了31%，限额以上非招标结果审定超时个数下降了4%，合同签订超时个数下降了26%，合同交付超时个数下降了77%。

2. 赋能项目全生命周期智能化管理

项目全生命周期智能化管理涵盖项目前期规划、需求提报、合同签订、合同执行、费用分摊、决算转资。项目后评价全链条管理包括规划、投资、可研、立项、初设、详设、建设、招标、采购、施工、进度、质量、安全、验收、决算等23个主要业务环节，贯穿投资管理系统、项目模块采购管理系统、物资模块、财务模块、法务系统、报账系统、司库等，实现了项目全流程价值链管理。

项目全生命周期包含项目主数据、投资计划、项目总概算、预算、合同累计签订金额、项目实际成本等数据要素，数据信息可通过仪表盘、柱状图、条线图、面积图进行可视化分析，帮助用户直观发现项目趋势，更快捷掌握项目执行情况。实时监控项目数据，将项目结算信息、项目执行信息、项目采购信息进行图形化展示。使用流程与大数据挖掘工具进行数据建模，模型抽取了项目全生命周期中发生的业务数据，分析影响项目业务流程关键节点的因素，可及时采取有效措施应对。

项目全生命周期管理中的"一键即决"智能化整合项目全生命周期数据要素，实现项目资产一键决算。通过将项目结构进行标准化处理，将成本核算到明细WBS结构中，监控每项成本的发生，反映成本的状态，找出降本因素，提升项目的盈利能力。通过抽取并分析项目全生命周期中所有业务中数据产生的时点，以项目WBS元素为主线，按照业务发生的时间先后顺序进行排序。剔除占比较小的冗余流程与例外流程，形成项目全生命周期的业务基线。

3.赋能燃料及销售协同管理

数据要素主要以流程统一、数据标准化、数据共享应用于燃料及销售管理，覆盖煤炭一体化产业链全业务全流程，实现煤炭、燃料量、质、价、结算全过程管理，主要包含煤炭、电厂燃料、运输服务、信息服务等一体化产业链。前端链接国能e商、销售管理系统（CRM）系统，中间衔接物流调运和发运系统，后端集成财务模块，实现从合同、订单、收发货、结算到收付款的全业务链交易闭环管理。通过业财联动，保证数据的一致性、同步性、准确性，提升业财协同效率，提升国家能源集团精细化管控水平，巩固集团一体化运营优势。

通过建立业务场景、业务系统的信息桥梁，使得不同数据源系统之间进行有效的交互和对接，串联起煤炭的生产、调运、监测计量、消耗等多个业务流转节点，实现了数据的共享和复用，在煤炭流转的多个单位实现数据串联、共享，打破信息孤岛。在不同的信息系统和应用平台之间通过数据要素实现业务数据的无缝对接，从而提高单位数据使用效率。通过业务协同自动化减少重复数据录入，实现降本增效。

4.赋能财务高效月结

国家能源集团"1+N"财务信息系统架构，以财务核算模块为核心，建立报表、共享、报账、影像、司库、工程财务、预算、税务、智能审核、智能分析、产权等13个系统，外围集成和对接人资、项目、燃料、物资、设备管理等模块，基石、国资在线、法务等系统。从预算到核算，从内部关联交易到外部财务分析，从单体核算到集团大合并，从员工到客商，从煤炭生产、运输、销售到电力消耗，实现了全方位、多维度的管控和分析。

财务1+N信息系统遵循国家能源集团"14355"财务发展目标框架，统一会计科目、功能范围、凭证类型、事务类型、往来业务性质、辅助核算类型、辅助核算内容、银行主数据、成本要素、业务范围、现金流向、客户编码、供应商编码等数据标准、统一核算规则、统一组织架构、统一业务流程等，实现了合并报表"一键生成"、工程项目"一键即决"、产权管理"一码到底"、资产管理"一键转资"、系统高度集成、流程高度统一、业财高度协同。

构建标准、协同、智慧、共享的新型税务管理模式，有效提升税务智能化程度，充分挖掘税务数据价值，切实加强风险防控能力。把数据、系统和流程进行耦合，将多个财务结账流程步骤整合在一起并实现自动化执行，确保基础数据来源统一，准确规范，实现基于凭证级别、全级次合并业务，合并抵消过程更加规范，实现合并抵消流程自动化、规范化。打破了以往传统的结算方式，实现了创新的一键式执行，大幅度减少全集团财务报表出具时间，减少财务人员操作系统的工作量，提高系统易用性和友好性。

（四）"数据要素×"效应

1. 数据要素 × 经营管理，提升精细化管理水平

一体化集中管控系统将国家能源集团所有二级单位的管理系统纳入到统一系统中进行管理，系统的实施统一和规范了全集团核心业务流程、数据标准，实现集团内部全业务链的数据集成、共享，使财务与其他业务数据得到整合，支持国家能源集团进行科学化管理、专业化运营、协同化运作，推动集团管理向规范化、精细化和标准化方向发展。

2. 数据要素 × 经营决策，提高管理决策效率

一体化集中管控系统基本涵盖了国家能源集团各级经营管理层面数据，基于这些数据的穿透式管理，实现了集团管理透明化。准确掌握企业人员信息，提高人员管理效率。及时处理采购计划，快速响应市场变化，保障企业生产运营所需的物资供应。提升项目进度管理水平，保障项目建设工作有序开展，降低项目延期风险，节省项目成本。降低设备故障率，有效保障生产设备运行，提升企业生产能力。变革传统煤炭和化工品销售、采购方式，通过网络营销手段大幅节约交易时间和成本，促进降本增收。

一体化管控系统带来的集团数据汇聚融合、共享应用，使企业决策管理层获取企业经营信息的时间大幅缩短，方便管理层辅助决策。

3. 数据要素 × 多场景应用，提增跨业务协同效益

国家能源集团已建设涵盖煤炭购销业务金融协同、运输服务购销协同等共32个协同场景，贯通煤、电、路、港、航、化、科技环保、金融全业务链，实现人力资源管理、财务管理、物资管理、燃料及销售管理、设备管理、项目管理六大业务模块的一体化集中管控，最终实现全业务链数据信息汇聚共享，规范业务流程标准，支撑业务决策分析，强化资源的协同效益。

第四章

数据要素 × 数字供应链

供应链是以客户需求为导向，整合资源、实现高效协同的组织形态，是一个围绕产品或服务从原材料供应商到最终客户延伸的网络结构。供应链不仅仅是一个简单的物流或采购过程，而是一个以客户需求为中心，整合资源并实现高效协同的复杂组织形态。在这一组织形态中，产品流、信息流和资金流相互交织，共同构成了供应链的核心运作机制，为企业创造竞争优势和增长机会。

数字供应链以客户需求为中心，通过多渠道实时获取所需数据，并运用各种数字技术和智能算法指导供应链的预测、规划、决策和执行。其实质是将供应链管理与数字化相结合，采用数据驱动的方法对供应链数据进行实时采集、分析、反馈、预测和协调，从而实现对复杂交错的供应链运营和信息流的数据化分析。数字供应链的核心理念是在计算机系统中模拟供应链物理系统，利用数字技术驱动供应链运营模式的创新和商业生态的重构。它通过全流程打通和全数据融合，为业务赋能，为决策提供精准洞察。数字供应链以需求驱动、精准预测、合作共享、多赢互惠、快速响应和动态重构为创新理论，克服了传统供应链的弊端，支持产业的补链、延链、固链和强链。

在"数据要素 ×"的作用机制下，数字供应链积累的动态数据进一步推动企业的降本增效和价值创造。

一、国有企业数字供应链的发展概述

传统供应链在国有企业的生产经营中扮演着至关重要的角色，然而却面临着诸多问题。其中，牛鞭效应导致的供需不匹配、采购管理的碎片化和缺乏统一协调及信息不透明等困境，严重制约了供应链的高效运作和企业的长期发展，尤其在非生产型采购领域，如营销物资和办公用品等的数字化采购方面，国有企业缺乏专业的数字化升级方案，导致采购分支众多、管理分散混乱的局面，影响了采购专业深度和管理透明度。

随着政策的大力支持和数字经济的蓬勃发展，数字供应链在国有企业中的发展已是势在必行。据中央网信办发布的《数字中国发展报告（2022年）》，从2017年到2022年，我国数字经济规模从27.2万亿元增至50.2万亿元，总量稳居世界第二，占国内生产总值比重从32.9%提升至41.5%。数字经济逐渐成为稳增长促转型的重要引擎，由此可见，推进数字经济与实体经济深度融合，不仅是实现我国产业基础高级化与产业链现代化的重要途径，也是我国"十四五"及中长期经济实现高质量发展的必然选择。在2022年10月《国务院关于数字经济发展情况的报告》中指出，数字化供应链对培育我国经济发展新动能、拓展经济发展新空间以及促进居民消费升级的重要意义，同时为数字化供应链建设从核心技术体系、管理标准等维度提供指导。国有企业是中国经济发展的国家队，肩负着推动我国供给侧结构性改革和经济发展方式转型升级的重要责任，国有企业需要在新一轮科技革命和产业变革浪潮中发挥引领作用，成为推动数字化智能化升级的排头兵。2020年8月，国务院国资委正式印发《关于加快推进国有企业数字化转型工作的通知》，就国有企业落实数字化转型工作进行了全面部署，分别从基础、方向、技术、重点和举措五个方面提供了指引，开启了国有企业数字化转型的新篇章。

政府文件不断强调数字化供应链的重要性，将其视为实现经济高质量发展的关键要素之一，并为数字化供应链的建设提供了指导。国务院国资委等部门将采购管理作为中央企业管理提升的重点之一，不断推动国有企业采购管理向数字化转型。与此同时，数字经济的迅速崛起为国有企业数字供应链的发展提供了有力支撑，数字经济的蓬勃发展不仅为国有企业供应链数字化提供了技术基础，更为国有企业寻求降本增效、提升竞争力提供了重要机遇。在这样的背景下，国有企业数字供应链的发展显得尤为迫切和必要。数字化转型不仅是对新技术的应用和运作，更是对企业战略、管理模式、组织方式、商业模式以及人才管理等方面的全面升级。数字化供应链不仅可以提升供应链的运作效率和灵活性，还能够为国有企业采购管理的转型升级提供决定性支持。

因此，在政策的支持和数字经济的推动下，国有企业在数字化采购方面已取得了显著进展，树立数智化采购思维，积极探索数字化供应链的发展路径，推动采购管理向供应链管理转变，以适应数字经济时代的发展趋势。同时，国有企业引领供应链各环节企业参与数字化创新变革的趋势，进一步推动了数字供应链在国有企业中的发展。由此可以看出，国有企业数字供应链的发展势头良好，有望成为我国经济高质量发展的重要引擎之一，进一步提升国有企业的市场竞争力和国际化水平。

传统供应链的典型问题是需求的微小变化，从零售商到制造商，供应商逐级放大，产生牛鞭效应。当市场需求增加时，整个供应链的产能增幅超过市场需求增幅，超出部分则以库存或产能的形式积压在供应链的各个环节，一旦需求增长放缓，库存积压、产能过剩就成了大问题，大量资金被库存占用，导致整个供应链资金周转不良，甚至导致企业倒闭，尤其是处于供应链末端的小企业。同时，需求计划不到位或不准确、设计变更多、供应的不及时或不确定、产品质量问题、运输慢问题等，都会增加库存，造成积压。

在数字供应链模式下，将供应链中的各个环节纳入数字化管理，实现数据的实时流通和共享，包括从供应商到生产、仓储、物流和销售的各个环节，以确保信息的准确性和可追溯性，克服传统、封闭、线性供应链的弊端，迈向开放、共享、协同的供应网络。数字化让供应链全链路更透明、让供应链流程更智能,更好解决上述传统供应链的供需错配、组织失调等问题,真正实现供需精准对接、组织高效协同。

二、数字供应链模型、技术和架构

(一)数字供应链模型

1. 供应链运作参考模型(Supply-Chain Operations Reference-Model,SCOR)

SCOR 模型由国际供应链协会(Supply-Chain Council)1996年开发,是第一个标准的供应链流程参考模型,是当前学术界公认的供应链流程梳理的方法体系,也是供应链的诊断工具。SCOR 模型具有六个基本流程:计划(plan)、采购(source)、制造(make)、配送(deliver)、退货(return)、需求预测(demand forecasting)。表4-1梳理整合了 SCOR 模型配置层的性能特征、定义及其绩效衡量指标。

表4-1 SCOR 模型配置层

性能特征	定义	绩效衡量指标
供应链配送可靠性	准确无误地将产品在指定时间内,送给指定地点的指定客户,同时保证送达产品质量,即"完美订单满足率"	配送性能; 完成率; 完美订单的履行
供应链反应	供应链将产品送达客户的速度	订单完成提前期
供应链柔性	供应链面对市场变化,获得和维持竞争优势的灵活性	供应链响应时间; 生产柔性
供应链成本	供应链在全运作流程和周期内的成本	产品销售成本; 供应链管理总成本; 增值生产力; 产品保证成本/退货处理成本

续表

性能特征	定义	绩效衡量指标
供应链管理资产利用率	一个组织为满足需求，利用资本的有效性，包括各项资本的利用	现金周转时间； 供应库存总天数； 净资产周转次数

2. 需求驱动的价值网络（Demand-Driven Value Network，DDVN）

DDVN模型（见表4-2）由Gartner在2003年提出，已在多家企业得以应用。该供应链成熟度模型的核心思想是，企业通过一套流程和技术，实现需求、产品和供应链的协同，将供应链上各节点实体整合成以需求驱动的创造价值的网络体系，使供应链交付接近零延迟，实现整体商业环境的价值最大化。

表4-2 DDVN模型

阶段	阶段描述	内容
1	react （被动响应性）	商业流程非推动式线性供应链； 延迟、序贯的计划方式； 供应链的优先级低； 缺少整合； 单独行动
2	anticipate （内部功能 划分型）	内部流程整合； 缺少外部链接； 具有企业范围考核框架； 整体上属于推动式供应链； 开始纳入拉动式驱动因素
3	collaborate （整合型）	终端客户拉动式供应链； 多层次考核框架； 成本效率向利润效益转型； 需求和供应在内部整合； 供应商和客户外部协同
4	coordinate （需求驱动价值网络）	需求驱动的价值网络； 敏捷动态的流程，并持续改进； 全供应链内外完全整合

续表

阶段	阶段描述	内容
5	orchestrate（网络价值创造性）	绩效考核关注价值创造； 可视化、实时的技术； 供应链成为完全优势

3. 供应网络数字能力模型（Digital Chain Model，DCM）

DCM 模型是2019年德勤与国际供应链协会合作而成，是供应网络（supply networks）与 SCOR 的数字化标准，提供数字化世界的供应链管理能力。DCM 的目标是通过调整传统的筒仓式为协同式工作方式，适应数字世界，启用数字供应链运营，提高供应链智能化水平。DCM 超越了传统核心组件，建立了构成 DCM 的6种一级数字能力，每种又分若干二级能力。

（1）同步计划（synchronized planning）：阐明了同步计划在供应网络中的作用，包括智能需求管理、响应式供需匹配、动态流优化等6个二级能力。

（2）智能供应（intelligent supply）：将构建自动化和智能能力纳入采购和采购职能，包括总拥有成本、分类管理、寻源执行等7个二级能力。

（3）智能运营（smart operations）：扩展 SCOR 模型的制造元素，包括非传统操作，采用数字和认知技术增强制造元素，包括动态运行感知、数字流程孪生、自主过程控制等6个二级能力。

（4）动态履约（dynamic fulfillment）：注重订单履约的灵活性和适应性，将双向能力（退货）整合到供应网络中，包括最佳路径选择、全渠道订单履约、自适应网络响应等7个二级能力。

DCM 还扩展了 SCOR 没有的两项功能：

（5）数字开发（digital development）：将产品设计和开发的要素纳入模型，包括平台和产品架构、开发协作生态系统、消费模型设计等6个二级能力。

（6）连接客户（connected customer）：将供应链深入到客户世界，收集实时反馈，并在整个供应网络中使用这些信息，包括智能产品跟踪、监控与洞察、定制体验等7个二级能力。

DCM模型与传统的SCOR模型在结构上完全不同。尽管某些流程是类似的,但处理流程的技术完全不同,DCM是完全数字化的,而SCOR是传统方式的。在数字时代,DCM扩展了SCOR,通过复杂、动态、相互连接的系统将新兴技术应用于供应链。

4. 企业采购供应链数字化成熟度模型

中物联2023年制定的采购供应链数字化成熟度模型架构及指标、成熟度等级,模型由数字化战略、数字化能力建设、业务数字化场景建设、数字化成效与贡献4个方面、17个一级指标、46个二级指标、134个三级指标构成。

采购供应链数字化能力技术架构主要包括以下内容。

(1)业务展示层:流程协同、监管协同、数据洞察、多端应用。

(2)业务应用层:需求计划管理(计划管理、需求管理)、采购寻源管理(招标管理、非招标管理、商城直购)、采购执行管理(订单管理、合同管理、档案管理)、采购供应链金融、采购支撑管理(模板管理、专家管理、场地管理)、供应商管理(供应商准入与退出管理、供应商分类与分级管理、供应商评估与考核管理)、仓储物流与逆向物资管理(库存与储备管理、出入库管理、物流配送管理、废旧物资处置)。

(3)业务支撑层:数智支撑能力(数据治理能力、数据共享能力、算法模型能力、主数据能力、数据穿透能力、数据要素资产化能力)、多态适配能力(采购方式适配、业务流程适配、采购规则适配)、敏捷持续能力(低代码开发能力、中台化能力、容器编排能力、持续集成能力、微服务能力)、兼容扩展能力(平台开放能力、信创兼容能力、云原力能力)。

(4)基础设施层:服务器、Internet、存储空间、安全设施、RDS、Docker、CDN、5G、场所设施、物联网等。

(5)安全防护体系:网络安全(防火墙、入侵检测、灾难恢复)、系统安全(等级保护、访问控制、操作日志、系统运维)、数据安全(数据采集安全、数据传输安全、数据存储安全、数据处理安全、数据交换安全、数据销毁安全）。

采购供应链数字化能力应用场景业务架构主要包括以下内容。

（1）管理类。

供应资源管理：供应资源细分（供应商关系管理）、供应资源周期（供应商准入、供应商终止）、供应资源协同（供应资源计划协同、供应资源订单协同）、供应资源绩效（供应资源绩效管理策略、供应资源绩效评价）、供应资源优化（供应资源评审、供应资源持续改进）。

品类管理：品类管理分析、品类管理策略、品类管理应用。

（2）流程类。

需求与计划：采购需求管理（采购需求收集、采购需求预测、采购需求预测绩效跟踪）、采购计划管理（采购计划编制、采购计划协同）。

采购寻源：寻源策略管理（品类寻源策略、供应市场分析）、寻源执行与绩效管理（采购寻源执行、采购合同谈判、寻源绩效管理）。

履约执行：采购申请管理、采购执行绩效管理、采购合同管理、采购订单管理（采购订单执行、采购订单协同、采购订单验收、采购订单财务协同）。

仓储物流与废旧物资处理：仓储管理（收货入库管理、内部作业管理、库存储备管理）、物流运输（运单管理、运输计划与调度、运费管理）、废旧物资处理。

（3）支撑类。

质量管理：质量策略管理（质量数字化策略、质量数字化流程）、质量事件管理（质量事件过程协同、质量事件结果处理）。

风险管理：供应风险管理（交付风险、成本风险、质量风险）、监管风险管理（采购违法风险、采购内控风险、可持续性采购风险）。

在企业的数字化变革中，可以同时利用 Gartner 的 DDVN、国际供应链协会的 SCOR-DS 和德勤的 DCM，而不被其中任何一方的名气所干扰。毕竟任何模型都只是工具，怎么用好才是关键。况且这3个模型的底层逻辑是相通的，包括全局思维（whole systems thinking）、数字利用技术（digital enabled）为企业创造价值。一般认为 DDVN 和 DCM 更适合用于做项目时理清思路，SCOR-DS 更适合运营时查漏补缺，持续优化。

中物联的采购供应链数字化成熟度模型，弥补了我国在该领域的空白，解决了当前企业供应链数字化建设无规可循的问题，为企业指明了采购供应链数字化建设发展方向、目前所在的成熟度水平、与更高阶段存在的差距。

（二）数字供应链技术

5G、物联网、人工智能、大数据、区块链和云计算等数字技术，是供应链数智化转型的技术基石。这些技术在赋能环节覆盖了从生产供给到客户消费的整个供应链流程。具体而言，5G 技术保障着核心场景的数据传输工作，例如生产园区及仓库监测视频、边缘端设备货运数据、运输调度数据通信等，大幅提升了数据流转速率与业务效率。物联网技术则实现了实体数据的收集任务，包括生产装备、运输环境、储货电子标签、配送追踪码等，完成了自动化的识别、定位、跟踪和管理。人工智能技术辅助完成了评估决策环节和人机/多机协作环节，例如生产环节的产线/产能预测、仓储环节的库存监测预警/机器人调度导航、采购环节的辅助评标、运输环节的航路风险预警及供应链需求分析和需求侧智能推荐等。这些技术的有效运用疏通了产业链和供应链中的瓶颈，实现了高效运营。大数据技术则完成了海量多源数据的整合，例如企业、货品、订单数据等，为其他技术提供了坚实的数字基础。区块链技术具有分布式记账、点对点传输和共识信任机制等优势，能够有效地解决供应链中的信息孤岛现象，在支付结算、存证防伪、溯源确权等多个场景得到应用，实现了上下游伙伴间多主体信息共享，降低了多主体复杂交易的成本，有效控制了安全与信任风险。云计算技术则完成了实时数据收集、处理和分析，支持多主体协同信息管理、仓储管理、物流运输和隐私保护等方面，为供应链提供了统筹决策的能力。此外，还有数据湖（data lake）、机器人自动化流程（Robotic Process Automation，RPA）、供应链控制塔等技术（Supply Chain Control Tower，SCCT）

也助力加快了数字供应链建设的步伐。其中，数据湖是企业数据架构方法，保存各种数据原始格式的存储架构，支持结构化、半结构化、非结构化和二进制数据存储，集中存储和快速加工分析海量数据，实现数据统一存储和共享，利用 SQL 进行分析和集成。机器人流程自动化集成采购流程，自动完成重复性工作，解决数字化采购系统数据处理难题，实现全生命周期管控，消除信息孤岛。自动化采购计划转订单、商城比价、预算控制、收货确认、对账结算、供应商绩效考核和风险预警。供应链控制塔是智慧平台，定制可视化处理供应链数据，如仪表盘或驾驶舱，展示关键指标和事件，支持供应保障、采购决策和端到端管理。

（三）数字供应链架构

数字供应链的基础架构包括四个关键层级：终端技术层、平台技术层、协同技术层和智能技术层。在终端技术层进行数据收集、存储和传输，实现了企业内部业务数据的整合和跨企业协同。平台技术层则搭建了上下游企业间的业务协同模式，将关键业务需求连接到第三方服务平台上。协同技术层通过技术革新，建立了优势数据资源的行业级联盟，实现了资源共享和协同创新。智能技术层利用人工智能等技术，加工数据并形成指导实际运营管理的知识模型，提供智能化的运营决策支持。

数字供应链中台架构包括业务中台、数据中台和技术中台。业务中台实现了供应链业务数据的实时、统一、在线、共享，支持了功能的复用，例如共享数智化资源、智能合约管理、数字签章服务等。数据中台负责数据资源的沉淀和管理，实现了数据的资产化和资本化，推动了数据应用产品的发展。技术中台提供了技术支持，包括高吞吐、低延迟和多业务隔离等关键技术，以满足数字供应链的需求。

（四）数字供应链应用场景

基于供应链业务流程的实物流、资金流、信息流、商流等数据要素，将数字技术应用于供应链各业务，实现供应链业务管理的数字化转型。覆盖计划、寻源、订单、采购、物流、仓储、销售等环节。数字供应链计划主要包括需求计划、生产计划、库存计划、物流计划、采购计划、销售计划和协同计划等业务,利用科学合理的数据分析和预测,实现了供应链各环节的协同、高效运营和快速响应,提高了企业生产与市场需求的匹配度。数字化供应链寻源通过建立数字模型,实现了与企业需求相匹配的供应链体系。主要业务包括供应寻源、供应布局、供应能力监测、供应商资源池建设和供应关键节点备份。利用数据分析和智能预测,确保供应链的高效稳健运行,提高供应资源与需求的匹配度。数字化订单管理是供应链执行的核心任务,包括订单磋商、订单信息管理、订单跟踪和订单交付。通过数字化手段,实现订单全流程的高效管理和追踪,确保订单按时交付,提高执行效率。数字化采购管理利用数字技术升级采购管理系统,实现采购全流程的可控、可视、可感特性,主要包括采购预算编制、供应商选择、采购合同管理、采购执行和采购监督等环节。通过数字化手段,实现采购流程的自动化、标准化和高效化管理。数字化物流仓储管理涵盖仓储管理、库存监控、物流管理和第三方服务管控。通过规范管理各环节、实施批次管理和动态盘点,提高存储空间利用率,降低库存成本。同时,对库存进行分级、分类管理并实时监控,减少库存损失。在物流管理方面,建立供应物流网络,优化运输路线,选择合适的运输方式以降低成本,并实现物流全程信息追溯和透明化管理。此外,建立第三方服务管控机制,全面监督服务过程,确保物流运营的高效性和可靠性。数字化销售管理涵盖了分销管理、客户资源管理、数字化营销和售后服务。通过整合线上线下渠道资源,建立全链路数字化分销体系,提升品牌市场覆盖密度和业务效率。利用数字化手段绘制消费者画像,预测潜在销售机会,提高客户价值和忠诚度。构建全场景的移动化、在线化营销平台,实现营销的精细化和数字化运营。同时,基于订单在线退换货管理,实现售后服务全流程的可视化、标准化和透明化。数字化协同使供应链从线性向动态连接转变,加强了与供应商和客户的协同能力。与供应商的协同包括分级分类管理、绩效评价、业务协同、资源共享和应急预案。与客户的协同包括个性化服务、实时交互、产品管理和紧急管理。数字供应链风险管控包括风险感知预警、评估诊断、防控处置、信用体系建设和信息安全管控。通过数字化手段实时监测潜在风险，建立智能评估模型，制定应对预案，构建信用体系并确保信息安全。

三、数据要素在供应链中的转化与价值释放

（一）数据要素的相关概念

在当前数字经济时代，数据要素作为新兴经济形态的核心生产要素，对经济增长的推动作用日益显著，成为全球经济增长的新动力。特别是我国作为全球数字经济主要参与者，近年来在培育和发展数据要素市场方面取得了显著进展。

数据要素的发展共经历了以下四个阶段。

第一阶段——数据要素地位的确立。2014年3月，"大数据"被首次写入政府工作报告，在此之后，数据开放共享、数据推动产业创新发展、数据强化安全保障等被频繁提及。2016年3月，《中华人民共和国国民经济和社会发展第十三个五年规划纲要》正式启动大数据国家战略，加速互联网、大数据、人工智能与实体经济深度融合，数据于2019年被增列为生产要素，2020年，数据与土地、劳动、资本、技术并列成为国家基础性战略资源。

第二阶段——数据要素市场建设与流通。2021年，发布《"十四五"大数据产业发展规划》《要素市场化配置综合改革试点总体方案》等政策文件，明确了建立数据价值体系和健全要素市场规划的目标。

第三阶段——深入发挥数据要素作用。2022年，国务院发布的《"十四五"数字经济发展规划》和其他相关政策文件，进一步强调了加速数据要素市场化流通和创新数据要素开发利用机制的重要性。

第四阶段——数据要素进入加速发展期。从2022年起，数据要素、数

字经济相关的顶层政策密集出台,标志着数据要素发展进入加速期。"数据二十条"等政策文件的发布,为数据要素市场建设铺路搭桥。

从战略高度来看,我国政府高度重视数据要素的发展,并将其视为推动数字经济发展的重要战略支撑。近年来,国家数据局的成立标志着我国数据要素战略地位的提升,地方政策积极响应,例如广东、北京、上海等地区率先出击,成为数据要素市场的开拓者。

从经济地位来看,数据要素作为数字经济的核心资源,对推动经济增长具有倍增效应。相较于传统的生产要素如土地、劳动和资本,数据要素的引擎作用日益凸显。数据要素的发展进入高速发展阶段,预计"十四五"期间我国数据要素市场规模复合增速将达到26.3%,整体进入快速增长期。

相关政策从数据要素地位的确立、要素市场建设与流通到深入发挥数据要素作用等阶段不断完善,形成完整的政策体系。这些政策文件的出台为数据要素市场的健康发展提供了制度保障和政策指导,推动了数据要素的战略地位提升和市场化流通。其中,"数据二十条"等核心政策文件的出台为数据要素的发展指明了方向,构建了数据基础制度体系。其中,数据产权、流通交易、收益分配、安全治理等制度构建为数据要素的健康发展奠定了坚实基础。此外,《数字中国建设整体布局规划》的发布将数据要素置于更宏大的数字中国图景中,从整体上提升了数据要素在国家发展战略中的地位。与此同时,不同省市级别也积极出台相关政策支持数据要素市场的发展。例如,北京市提出建立数据专区、推进数据要素作用、制定数据要素团体标准等措施;上海市则通过发布《上海市数据条例》等文件促进数据资源的利用和产业发展。

在数字经济时代,不断完善的数据要素政策体系已经为数据要素市场的发展搭建了坚实的基础。未来,随着政策的进一步实施和市场的深入发展,数据要素有望在推动我国乃至全球经济增长中发挥更加重要的作用。同时,各级政府应进一步加强政策协调,优化政策环境,促进数据要素市场的健康发展,为数字经济的快速增长提供更为有力的支撑。

（二）数据要素在供应链中的定位与特点

在数字供应链中，数据要素扮演着连接各个环节、驱动决策和优化运营的关键角色。其定位可视为供应链管理的核心要素，是实现供应链数字化转型的基础。

首先，数据要素在数字供应链中的定位是连接各个环节的纽带。供应链是一个由多个环节和参与者组成的复杂系统，而数据要素作为信息的载体和传递者，贯穿于整个供应链的各个环节之间，实现了信息的共享和流动。通过数据要素的传递与交换，不同环节的参与者能够及时了解到供应链的实时状态和动态变化，从而更好地协调和配合，提高供应链的效率和灵活性。

其次，数据要素在数字供应链中具有高度的可视化和智能化特点。通过信息系统和大数据分析技术，企业能够对海量数据进行快速、准确的分析和处理，发现其中的规律和趋势，为供应链管理决策提供科学依据和支持。例如，基于数据要素的预测性分析和优化算法，能够帮助企业更准确地预测市场需求、优化库存管理、提升供应链响应速度，从而增强市场竞争力。

最后，数据要素在数字供应链中还具有高度的可扩展性和灵活性。随着供应链环境和市场需求的变化，企业需要不断调整和优化供应链管理策略和模式。而数据要素作为供应链管理的基础信息，能够根据企业的需求和变化灵活调整和扩展，实现供应链管理的持续优化和改进。因此，具备良好的数据要素管理能力对于企业实现数字化供应链的高效运作和持续发展至关重要。

（三）数据在供应链生态系统各个环节的转化

1. 数据在供应链规划和预测中的转化

（1）数据收集和整合。从供应链的各个环节进行数据收集并整合，包括供应商信息、市场需求、生产能力、库存情况等。这些数据可以通过企业内部系统、外部市场调研、供应商沟通等方式获取，并经过数据清洗和加工，以确保数据的准确性和完整性。

（2）需求预测与趋势分析。基于收集到的数据，利用统计分析、机器学习等方法进行需求预测和趋势分析。通过分析历史数据和市场趋势，预测未来的需求量和趋势变化，为供应链规划提供参考依据。

（3）产能规划与资源配置。根据需求预测结果，进行产能规划和资源配置，包括生产设备、人力资源、原材料采购等方面。通过分析数据，合理安排资源的使用，确保生产计划的顺利执行，同时避免资源浪费和过剩。

（4）风险评估与应对策略。通过分析供应链中的各种风险因素，如供应商延迟、原材料涨价、市场需求下滑等，进行风险评估和制定相应的应对策略，及时采取措施，降低风险对供应链运作的影响。

（5）效率优化与持续改进。通过分析数据，评估供应链的运作效率，识别供应链中存在的问题和瓶颈，提出持续改进的建议，并采取相应的优化措施，以提高供应链的整体效率和竞争力。

综上所述，数据在供应链规划和预测中的转化是一个从数据收集、分析到决策制定的过程，通过充分利用数据资源，企业可以实现对供应链的有效管理和优化。

2. 数据在供应链采购和供应管理中的转化

（1）供应商选择与评估。收集和分析供应商的信息，如供货能力、质量管理、价格竞争力等，评估供应商的综合实力，并选择最合适的供应商进行合作。

（2）采购需求与订单管理。分析市场需求和库存情况，确定采购需求，并及时下达采购订单。同时建立供应链管理系统，实现对订单的跟踪和管理，确保采购计划的顺利执行。

（3）供应链协同与合作。通过共享数据和信息，供应链上的各个参与者可以实现信息的实时共享和协同操作，从而提高供应链的整体效率和灵活性。

（4）供应商管理关系。分析供应商的表现和绩效，及时对供应商进行评估和反馈，并建立长期稳定的合作关系，从而确保供应链的稳定运行。

（5）成本控制与效率提升。分析采购成本和供应链运作效率，找出成本节约和效率提升的潜在空间，采取相应的优化措施，以提高供应链的整体竞争力。

综上所述，数据在供应链采购和供应管理中的转化是一个从供应商选择、采购需求管理到供应链协作和成本控制的过程，通过充分利用数据资源，企业可以实现对供应链的有效管理和优化。

3. 数据在供应链生产和物流管理中的转化

（1）生产计划和排程优化。收集和分析生产线上的数据，如设备利用率、生产周期、产品质量等，制定合理的生产计划和排程，避免生产过程中的浪费和闲置，从而提高生产效率和资源利用率。

（2）生产过程监控与质量管理。实时监控生产数据和质量指标，及时发现生产异常和质量问题，采取相应的措施进行调整和改进，确保产品符合标准要求，提高客户满意度。

（3）库存管理与物流优化。分析库存数据和订单需求，优化库存水平和库存位置，减少库存积压和缺货现象。同时通过优化物流路线和运输方式，降低物流成本和配送时间，提高供应链的响应速度和灵活性。

（4）成本控制与效率提升。通过分析生产和物流过程中的数据，企业可以找出成本节约和效率提升的潜在空间，并采取相应的措施进行优化，从而降低企业的运营成本，提高企业的盈利能力。

综上所述，数据在供应链生产和物流管理中的转化是一个从生产计划和排程优化、生产过程监控和质量管理到库存管理和物流优化的过程，充分利用数据资源，实现对供应链的有效管理和优化。

（四）数据要素在供应链中的价值释放

1. 第一次价值释放：供应链业务全链路贯通

数据在供应链中的第一次价值释放是通过支撑供应链业务系统的运转，推动供应链业务数字化转型与贯通。例如，各公司建立的电子招投标采购平台、电子商城、物流管理平台等，实现了供应链业务全链路贯通。数据通过这些供应链业务系统的设计而产生，用以支撑供应链业务系统的正常运转，从而实现了供应链业务的标准化、自动化管理和运营。

2. 第二次价值释放：供应链数智化决策

在数据分析、人工智能等技术的辅助下，数据的自动化、智能化采集、传输、处理、操作构成了新的生产体系，可以实现经营分析与决策的全局优化。数据要素成为决定企业竞争力的重要因素。数据要素第二次价值释放的关键在于数据可以提供独特的观察视角，从而构建出理解、预测乃至控制事物运行的新体系，更加即时有效地防范化解风险，创新行动方略。

数据要素投入供应链的第二次价值释放体现在通过数据的加工、分析、建模，揭示出更深层次的关系和规律，使供应链各环节的决策更智慧、更智能、更精准，即以可视化、智能化赋能供应链各业务模块，快速做出时效性的智能决策。

（1）战略寻源数智决策。

采购风险预警：数字化、智能化技术的深度应用提高了企业各类采购风险感知、识别、预警能力。

采购需求预测：构建精准预测模型，基于AI和大数据分析，增强企业的需求感知能力。

供应来源预测：智慧供应链有助于发掘更多优秀供应商资源，预测供应商群体的能力，实现战略寻源转型。

（2）采购业务数智决策。

需求与补货智能决策：依赖于采购全过程真实完整的数据，应用智能分析技术挖掘需求规律，从而自动感知物资需求，自动触发补货行为。

（3）供应商管理数智决策。

供应商绩效预测：结合外部公信力的平台充分挖掘供应商的运营数据，提高供应商绩效预测的真实可靠性。

供应商风险监测：智能化采购系统结合第三方数据源，实时监控潜在的风险源，提高企业在供应商准入决策、选择决策、考核决策等方面的准确性。

3. 第三次价值释放：供应链数据流通对外赋能

数据要素投入供应链的第三次价值释放是让数据流通到更需要的地方，让不同来源的优质数据在新的业务需求和场景中汇聚融合，实现双赢、多赢的价值利用。

在数据的第三次价值释放过程中，数据要素市场及其技术实现路径成为焦点。在保障数据安全的前提下，各组织打通数据壁垒、优化数据配置的需求日益凸显。通过数据要素市场引入外部数据的需求尤为迫切。保障提供方数据安全、防止数据价值稀释的数据流通技术蓬勃发展。隐私计算等技术提供了"数据可用不可见""数据可控可计量"的流通新范式，为需求方企业安全地获取和分析外部获取的数据提供了技术可能。数据安全有序流通的技术成为数据要素第三次价值释放的关键，也为数据要素市场建设提供了重要的技术路径。

四、国有企业数字供应链发展方向

国有企业数字供应链的发展趋势将集中在数据驱动和智能化管理、数据治理和资产化能力的提升、资源整合和协同服务能力的强化及平台化服务能力的推动四个方面。这些趋势将引领国有企业供应链管理向着更加智能化、高效化和创新化的方向迈进，为企业的可持续发展和竞争优势提供有力支撑。

（一）数据引擎：数据化运营引领供应链革新

在当前数字化潮流下，数据引擎已成为国有企业数字供应链发展的关键驱动力。数据化运营使得企业实现了从经验管理到数据驱动的转变，进而引领了供应链管理的革新和提升。其核心在于数据驱动能力的提升，企业需要建立完整的数据生产、采集、治理、应用等环节的功能网链结构，将数据与供货、采购、经营管理、支付结算等流程场景连接起来。在数据层面，推动数据挖掘、治理、分析和应用工作的完善是关键，确保数据成为可靠的信息源和知识库。此外，打通各业务线条数据，实现数据赋能场景的目标，加速数据化运营的进程。智能化服务能力的建立至关重要，利用人工智能等技术手段实现数据的智能化分析和决策，有助于提高供应链管理的效率和效能。通过智能监测、评审和监造平台的打造，节省人力成本和采购成本，进一步推动供应链的数字化转型。

（二）数据治理：建立可信可靠的数据基础

数据治理是国有企业数字供应链发展中的基础性工作。建立可信可靠的数据基础是确保数字化运营顺利进行的关键一环，也是支撑供应链管理创新的基础。在数据治理方面，企业需要实现数据的标准化、在线化和智能化。标准化指建立确定性、可重复且流程清晰的标准化业务设置和数据管理体系。在线化指实现代表性场景数据的数字化，保证数据实时在线，维持供应链运作稳定。智能化则指应用人工智能等技术手段，分析数据背后的本质原因，预测和优化供应链环节。另外，保障数据的安全可用至关重要，构建全生命周期数据质量管理体系，提升数据可信度，全方位监控数据，降低数据风险。建立可信可靠的数据基础有助于企业更好地利用数据进行数字化运营，实现精准分析、科学决策，提供最优方案。

（三）数据协同：构建协同共赢的供应链生态圈

数据协同是国有企业数字供应链发展的关键环节。构建协同共赢的供应链生态圈，实现上下游资源的高效整合和协同服务能力的提升，从而促进供应链管理的全面提升。在资源整合能力方面，企业应建设个性化、创新化、专业化、制度化的资源整合功能平台，实现物流、资金流、商流和信息流的合理流动与衔接顺畅。通过生态圈模式进行建设发展，充分发挥资源集聚带来的规模效应，提升链条附加价值。同时，兼顾战略高度性和系统整体性，从产品设计、采购、运输、销售、服务等全流程业务能力把控，提高系统整体运行效率、降低供应链管理成本。协同服务能力的提升是数字供应链发展的重要保障，根据上下游需求调整结构、优化流程、共享信息、标准化物流，实现价值传递并增值。通过管理思维向服务思维的转变，构建线上线下一体化协同服务工具，推进柔性、敏捷、可定制的供应链发展，为各方提供高效、完善、专业的协同服务能力。

（四）数据中台：促进数字化平台供需对接创新创效

在国有企业数字供应链发展中，建立数字化平台是关键一环。数据中台是数字化平台的核心组件，通过整合、优化和保护企业数据资源，为业务创新、决策支持和风险管理提供强大动力，是企业实现数字化转型、提升竞争力的关键枢纽。而数字化平台依托技术软件化云服务，构建基于市场和数字的应用，将上下游企业的业务模块、采购需求、物流信息、商务服务等数字化在线汇聚，实现供需信息的共享和交流。平台建设聚焦产业和业务模块，围绕核心部分进行功能搭建，确保流程良性运转。强化技术软件化云服务，实现在线交易，推动供应链模式创新。数字化平台将实现在线发布、网络协同、实时交易等功能，提升全产业链运行效率，构建信息共享的大平台，促进供需对接创新，助力企业生态圈繁荣。

|案例一|

国家电投数字化供应链发展

（一）案例概述

随着数字经济的飞速发展，数据作为新的生产要素，在国有企业的供应链数字化转型升级中发挥着越来越重要的作用。国家电投获批能源电力央企首个现代产业链链长，其电子商务平台在数字供应链的建设与应用中，充分体现出数据的乘数效应，推动了供应链的数字化、智能化转型。

为适应国家清洁能源政策，服务新能源与分布式综合智慧能源发展，国家电投积极谋划推进新能源电商采购，建设具有集团公司特色的"电能e购"新能源电子商务平台，打造"一体两翼"发展新格局，提升集团公司在新能源电力产业链、价值链的竞争力。依托物联网、云计算、大数据、区块链、人工智能等全新技术手段打造新能源电子商务平台，是服务涵盖风电、光伏、储能、总包配送、集中采购、电能光e链、通用物资、备品备件、综合智慧能源、技术猎头等内容的能源智慧供应链平台。平台以全流程线上化、数字化手段支撑多种业务模式，为企业采购的各类业务提供专业的解决方案。

（二）国家电投数字供应链管理系统的规划建设与应用

1. 数字供应链管理系统规划建设概述

国家电投按照统一规划、集中部署、各级应用的思路开展数字供应链管理系统的规划建设（见表4-3），实现对供应链生态的全寿期管理和供应链价值创造，通过系统固化集团招标采购有关程序、流程、标准和规则要求，强化制度刚性，实现集团系统"一个标准"的要求，实现供应链管理全流程数字化和业务互通。供应链管理数字化平台体系与集团其他信息系统高度集成，已成为企业信息系统的有机组成部分，与集团公司其他信息系统形成了完整闭环。全面应用大数据、云计算、区块链、5G+、人工智能、物联网等数字技术，赋能集团供应链管理的高质量发展，实现供应链管理的系统化、数字化、智能化。下面主要从7个方面展开介绍数字供应链管理体系建设。

表4-3 国家电投数字供应链管理体系建设目标

数字供应链管理体系建设	建设规划目标
需求计划管理体系	通过ERP系统、采购管理系统实现对需求计划的精细化管控
采购寻源平台	通过供应商门户（中国电力设备信息网）、电子商务平台、采购管理系统、电子商城等系统，实现对招标采购各类采购方式全流程数字化智能化管理

续表

数字供应链管理体系建设	建设规划目标
履约验收评价全流程管控体系	通过采购管理系统、ERP 系统、法务系统、财务系统、电子商城、物流服务平台、供应商管理系统，实现对供应商履约过程和评价的数字化和可视化管理
物资精细化管理保障体系	通过电能 e 拍、ERP 系统实现对在库物资和废旧闲置物资的高效管理
供应链管理支撑保障体系	通过供应商管理系统、专家库系统、评标资源调度系统、供应链金融平台、监造系统、MDG 主数据管理系统，实现对供应链管理系统的支撑保障
供应链生态创新服务体系	通过电能光 e 链、技术猎头、电能 e 充、电能 e 租、电能认证系统，实现供应链价值创造和平台生态合作共赢
供应链监督管理保障体系	通过数字法治一体化平台、智能远程评标监管平台、招标采购监督系统、物资与采购管理报表系统、供应链数据指标分析系统，实现对供应链全生命周期的数字化、智能化监督管控

2. 数字供应链应用概述

（1）数字技术应用概述。

国家电投采购与供应链体系中全面应用大数据、云计算、区块链、5G+、数字证书、人工智能、物联网、电子围栏等数字技术，提升供应链管理的数字化、智能化、便利化水平。

采用大数据技术，通过生产数据指标分析系统完成对采购与供应链各业务系统中的各类数据进行抽取、清洗、分析、展示与预测，以数据驱动来指导相关业务开展；将区块链技术运用到各信息系统的建设中，建设具备基础性的、可信性的、规范性的区块链基础设施性平台，重点实现招标采购的招、投、开、评、定关键业务节点的数据上链，促进招采业务的可信及互信；全面使用数字证书技术，通过无介质 CA，实现一键解密、防串标围标、电子签名等功能，不断提高系统的使用便捷性；5G 快速互联网时代的到来加速了采购与供应链相关系统移动端发展，集团公司积极搭建 5G

终端应用，招采系统、商城系统、技术猎头等移动端应用上线，有效提升用户使用体验与办公效率。

电子商务平台结合人工智能、大数据等技术在采购供应链的应用，构建了多终端、市场化的能源行业数智化供应链平台，以机器学习算法模型实现了商品标准化治理，构建了一套品类划分明确，属性用词精准，品牌名称管理规范的商品标准化体系，同时建设了智能客服机器人、智能搜索、智能推荐等功能，不断优化用户采购体验。物流服务平台通过北斗定位、物联网、电子围栏等应用，实现收发货提醒、运单预警、离线失联预警、在途可视化监控，提升对在途货物的全方位管控。通过平台加强对重要物资如实现全生命周期成本管理，针对新能源专业的组件、风机等物资品种，将运行稳定性、检维修记录、单位成本等数据纳入评价模型，并在采购决策中实施应用。加强物资全生命周期质量管理，以光伏组件和海缆产业链作为试点，构建核心设备全生命周期质量管理体系，突出抓好源头管控和检验前移，同步建设在线监造和认证系统，确保电商平台商品质量可控。

（2）新能源电子商务平台 ECP2.0 实施情况。

国家电投电子商务平台 ECP2.0 建设全面运用"云大物移智链"新技术理念，打造集招采、电商、总包配送、监造、认证、技术猎头、供应链金融等功能于一体的以新能源为特色的采购与供应链平台体系，主要包括采购管理系统2.0、企业商城2.0、个人商城、招标采购监督、供应商管理、物流服务平台、智能远程评标监管平台、招标采购监督系统、评标资源调度系统、评标专家库管理系统等子系统，并与集团 ERP、法务系统、财务共享系统、电子发票、电子签章系统集成互联，同时不断丰富认证、监造、废旧物资处置等增值服务场景，创新开发了电能光 e 链、技术猎头、电能 e 租、电能 e 充等新兴产业服务子系统，配套构建综合金融服务平台，满足在线支付、订单保理、电子债权凭证、供应链金融等结算服务场景，真正实现了供应链物流、资金流、信息流的无缝衔接与共享融合，实现了互联互通、数据共享、创新驱动、高效链接，实现集团公司供应链数字化智能化、业务财务一体化的目标。

电子商务平台与集团 ERP 全业务打通，实现采购计划生成推送，并自动推送至采购管理系统，在采购管理系统进行采购寻源，形成寻源结果回传至 ERP 系统；后续在企业商城完成供应商入驻、集采协议、下单执行、对账结算等。建设了集团统一采购门户，覆盖全品类、全场景、全用户采购需求，实现与供应商、物流商、服务商的业务贯通和数据共享，促进上下游企业业务协同和产业链全局优化。

（三）数据要素赋能供应链全过程流程环节协同

1. 供应链全过程流程数据治理

（1）数据管理体系。

首先，构建国家电投集团主数据管理体系。采用自上而下的方式、从全业务价值链出发，梳理业务模型、数据模型，形成统一的数据资产目录，并开展数据标准设计，统一标准规范，明确数据的业务分布、系统分布，制定数据存储、治理、分析与使用的工作蓝图，实现内外部系统数据的协同对接，包括信息协同共享与追溯，增强产业链上下游、供应链前后端、生态圈各参与方的信息协同整合能力。

其次，搭建完整采购与供应链数据管理体系。编制主数据标准，明确各类主数据编码规则、属性等，将集团主数据管理系统与供应链系统进行整合集成，实现供应链数据共享。

（2）标准化数据字典。

首先，建立明确的数据标准。通过统一的数据字典规范化管理，实现内外系统之间数据共享，确保系统自身及对接各系统之间数据的唯一性、完整性和一致性。数据字典的管理对系统全量业务进行了模板化管控，做到了随业务扩展通过系统功能进行数据字典增量维护无须改动代码，从而达到了系统支持业务的延展性，大大降低了运维开发工作。

其次，建设统一开放的标准接口体系。实现与京东、震坤行、得力等 10 多家外部大型供应商的数据互联互通，提供统一的商品准入、订单推送、价格体系、结算对账及售后服务的数据标准，目前通过标准接口铺货到商城的商品已达到百万级。配套建设数据质量管理体系，例如，搭建完整的商品标准化体系，基于机器学习算法模型进行商品标准化治理，构建了一套品类划分明确、属性用词精准、品牌名称管理规范的商品标准化体系，解决了商品品牌、属性及属性值缺失、品类乱挂等问题，通过必填项校验、规范信息校验、进销税率逻辑校验、MDG赋码校验等校验控制上架商品数据的规范性，再通过信息合规校验、价格逻辑校验、赋码校验、黑白名单审核等手段，下架非标商品并通知供应商修改后重新审核上架。

2. 常态化数据分析机制

（1）供应链数据分析体系基本情况。

首先，利用ERP等信息化系统，开展对采购价格、库存（仓储和货期即库龄）、供应商、管理和规范性、质量效益、价值创造等指标汇总、分析，并指导后续招标采购的实施和招标采购管理措施调整、采购策略优化，推进智慧供应链的构建、不断优化完善和发挥大数据价值作用。

其次，建立并实施集团公司主数据系统（基础标准），并着力推进全集团物资、设备基础数据的标准化，为集团系统采购管理奠定基础标准，提高数据的价值。

最后，对采购大数据信息价值进行深度挖掘，并进行数据探索及分析。一是对采购价格进行比对分析和价格预测，为更好把握采购时机、分析价格合理性提供支撑；二是对供应商进行全面分析，完善品类管理和供应商策略管理；三是对库存进行优化分析，提出优化方案，降低库存和资金占用；四是对采购过程进行数据监控管理，保障管理考核的规范性；五是开展项目单位造价分析，权衡项目成本与设备选型关系，引导全集团系统推进技术路线选型规范和标准化；六是依据采购数据分析，开展采购全寿期成本分析，按"全寿期成本最优"原则，指导在采购环节合理权衡当期采购价格与长期成本的关系。同时，建立和逐步完善采购价值创造作用和能力评估指标和机制，发掘采购管理和经营的绩效。

（2）数据分析体系的信息化实现方式及结果的应用。

首先，利用ERP系统、电子招标平台、企业电子商城等系统和平台开展全方位数据分析。定期刊发《招标采购信息》对大宗材料市场价格，光伏组件、风电主机等主要设备市场价格，招标采购关键指标情况和重点项目设备供应保障情况等进行动态分析和总结。

其次，对数据进行统计、汇总、分析、比对，搭建采购与供应链生产指标数据分析系统，全面展示公司采购与供应链运营情况，通过 ETL 工具，从 ECP2.0、采购管理系统等业务系统采集数据；通过数据仓库，按采购品类、监造状态、供应商评价、物流运输状态、物资仓储、电子商务等业务域整合、加工数据；通过 SmartBI 工具，总包配送交易金额\数量、撮合业务交易金额\数量、铺货数量、交易趋势、招标金额/数量、集中采购率、公开采购率、上网采购率、远程异地评标批次占比、部门招标效率等300余指标，为采购计划、供应商管理、评标、采购决策和二级单位供应商管理绩效评价提供数据支撑。

最后，数据分析结果主要用于集团公司 ERP、采购管理系统中的智慧供应链功能优化改进，以及用于采购、仓储与供应商业务管理，通过价格分析，及时掌握市场价格行情与走势，为采购策略提供支持；通过对仓储数据分析，优化储备结构和品类，为修订储备定额提供依据；通过对供应商评价数据分析，建立对供应商优胜劣汰机制。

（四）国家电投数字化供应链运作实施情况

1. 数据实时跟踪，商情预判预动

紧跟集团公司战略发展、结合集团公司五大产业板块，不断拓展商情监测面，切实做好商情信息的及时跟踪和严格筛选，定期以商情速递直播会等板块精准推送，通过商情周报、月报、季报、半年报、年报等方式及时发布并共享商情信息，提出预动建议。结合商情研判成果，深入开展设备集采策略研究，针对性拟定采购策略。

2. 数据实时监控，采购规范化管理

始终坚持以问题为导向，积极协调指导开展采购与供应链管理体系建设，推动集团公司采购与供应链管理规范化水平持续提升。在招标采购组

织过程中，严格过程管控，将过程管控的预警节点嵌入智能监督系统进行实时监督，组织建设智能远程评标监管平台，利用数字化、智能化手段，有效监督和防止招标采购违规问题发生，实现公开、透明、阳光采购。

3. 数据实时分析，战略性采购降本增效

跟踪商情信息，研判市场变化，创新采购策略，确保集团公司重点项目物资保供安全稳定。统筹项目需求、商情信息、技术走向、供应商管理各要素，以数据分析为基础的系统性、集约化、战略性采购格局逐渐形成，体现了公司供应链管理平台在标准、规范、高效、合规采购和价值创造上的独特优势。采购策略研究和采购方式创新运用有效平抑市场价格，为集团系统降低采购成本和重点项目保投产提供了基础保障，供应链韧性和安全稳定性持续巩固。

4. 数据实时维护，供应链数字化转型实现新发展

坚定落实集团公司"一张网、一平台""不上网、不采购"重大部署，持续完善采购流程体系和采购机制建设，实现供应链全流程电子化、线上化。坚定"新能源头部垫上平台"建设目标不动摇，大宗物资采购及配送业务平稳有序向电商化经营转变，持续提升电商化采购能力促进经营发展提质增效。

（五）"数据要素×"未来如何在国家电投供应链中发挥乘数效应

1. 智能化招标评标：实现高效透明的全流程结构化管理

全面开展招标体系结构化设计，完善智能评标实施路径，不断优化平台系统，遵循先易后难、循序渐进原则，以设备材料物资采购为试点，加强规模化推广应用，实现全流程结构化智能招评标。通过收集和分析历史招标数据以及相关行业数据，建立预测模型和智能算法，支持决策者更加准确地制定招标策略、评标标准和议标方案，从而提升招评标过程的效率和公正性。此外，将数据要素整合到全流程结构化智能招评标平台中，实现从招标发布、资格预审、投标、评标到中标等各个环节的数据共享和智能化处理。通过将各环节的数据进行结构化整合，平台可以实现更高效的信息传递和协同工作，提高招标评标的透明度和效率。

2. 商情研判优化：深化商情研判扩大预动效能

数据要素在跟踪、收集、分析、研究与集团生产经营密切相关的商情信息过程中扮演着关键角色。通过充分利用历史数据和相关指标，建立预测模型和智能算法，能够实现对产品商情的实时监测，有助于及时掌握市场动态。同时，利用数据要素进行商情速递直播和分享商情分析报告，可以迅速传递和共享重要商业信息，加深员工对市场的理解和洞察。此外，数据要素还能深化商情研判，通过对商业数据的深度分析和准确预测，帮助集团公司更好地把握市场机遇，应对挑战，从而扩大预动效能，为集团公司的发展提供有力支持。

3. 系统建设完善：供应链管理平台数智化转型

持续完善平台功能，优化操作界面，基本建成央企一流电商化采购平台，实现从"能用"向"实用、好用"转变。着力提升电商平台数据互联、分析和服务能力，针对用户行为、采购订单、履约评价等数据积累，构建大数据分析架构，为采购行为和商情分析提供数据参考。深化技术"底座"应用，优化系统平台在各业务板块之间的协同联通能力，搭建数据采集、清洗、开发、应用中台，提升数据服务水平，打通招标代理、电子商城、总包配送、物流监控、设备监造及认证服务各业务环节，实现全业务协同贯通，建设具有中国电能特色的数智化供应链管理平台。持续加强自主研发能力建设，构建针对核心系统、核心技术的自主研发能力，提升平台自主可控水平，保障数字化转型质量，培育未来核心竞争力。

案例二

电能光 e 链平台

（一）案例概述

为实现国家电投"2035一流战略"第二阶段目标，积极践行绿色发展理念，大力实施"雪炭行动"、推进三网融合，以创新举措助力加快规划建设新型能源体系，加大农村清洁能源建设力度，加快推动农村能源绿色低碳转型，在结合县域开发、综合智慧能源应用、新能源消纳、绿电交通储能应用等多场景基础上，中国电能开展电能光 e 链项目开发。

中国电能以"双碳目标、乡村振兴、千乡万村沐光行动"为指引，打造了县域分布式光伏电能光 e 链平台整体解决方案。

（二）电能光 e 链简介

中国电能聚焦项目下沉服务，结合县域项目特点，满足县域新能源项目、综合智慧能源项目类型多样、繁杂物项、供货周期较短的需求。电能光 e 链是依托中国电能物资采购供应链资源优势，利用云计算、物联网、移动互联网、大数据、智慧能源技术构建的分布式光伏电站一站式数字化全寿期供应链管理服务平台。平台完成了个人及整县域户用光伏解决方案的全流程贯通，提供多项目、多场景、个性化、定制化便捷建站服务，实现了从前期踏勘、设计、光伏签约、设备供应、安装、并网、电费结算到后期运维的线上管理。未来将打通并优化能源生产和能源消费端的通道和运作效率，重点完成光伏能源"源网荷储一体化"体系搭建，探索能量双向流动的对等交换与共享网络，为产业参与者提供一个标准化、模块化、菜单式的能源建设、交换与共享服务平台。

2021年7月9日，在国家电投"电能 e 购"个人商城 App "电能光 e 链"内，中国电能成套设备有限公司下属的威海锦润新能源科技有限公司与河南省兰考县一户村民签署了首单"国家电投电能光 e 链"光伏电站租赁合同。这标志着电能光 e 链正式进入户用光伏业务领域、推进整县域分布式光伏工作进入签约实施阶段。

(三)电能光 e 链与传统电站管理方式对比

1. 电能光 e 链存在的问题

电能光 e 链在不同环节存在一系列问题。

(1) 制造环节。

多数为拼装集成设备:部分厂商主要侧重于拼装和集成,而非自主研发和生产,导致产品质量和技术水平参差不齐。

原装设备占比不足:原装设备的比例较低,影响了产品的可靠性和性能稳定性,增加了使用风险。

(2) 营销环节。

恶性竞争:市场竞争激烈,一些企业为了获取市场份额采取恶性竞争手段,例如低价倾销、不正当竞争等,损害了整个产业的健康发展。

经销商夸大宣传:部分经销商为了提高销量,夸大产品性能、效益和质量,误导消费者,损害了消费者的利益和产业形象。

品牌忠诚度不高:由于市场竞争激烈,消费者对品牌的忠诚度较低,品牌建设和品牌认知度相对不足。

(3) 安装运维环节。

建设运维体系不健全:部分光伏项目在建设和运维方面存在体系不健全的问题,缺乏规范的操作流程和管理模式,影响了项目的长期运行效益。

后期运营管理困难:一些项目在运营管理方面存在困难,包括设备维护、性能监测、数据分析等方面的不足,影响了项目的长期运行效益。

售后保障能力不足:部分企业在售后服务方面存在不足,导致设备故障处理、维修保养等问题无法及时解决,影响了用户体验和产业形象。

(4) 贷款环节。

光伏贷不规范:部分金融机构对光伏项目的贷款审批标准不够规范,

存在审批流程不透明、贷款利率高等问题，增加了项目融资的难度和成本。

骗贷时有发生：一些不法分子利用贷款环节存在的漏洞和问题，进行虚假宣传、欺诈行为，导致农户信用度和财产损失，损害了光伏产业的声誉和信任度。

综上所述，分布式光伏产业链在制造、营销、安装运维和贷款等环节都存在着一系列问题，需要相关方共同努力解决，推动产业的健康发展。

2. 传统管理方式存在的问题

（1）建站过程节点固化、缺乏灵活性，不能满足个性化建站需求。

（2）收益清分需要手动计算或者半自动化计算，效率较低。

（3）仓库设备管理混乱，设备信息不可追溯，影响安装效率和电站数据的准确性。

（4）可以收集部分重要建站数据，但是没有建立统一标准，不能实现标准化数字资产交易的管理。

（5）可以实现电站运维基础数据监控数据查询，但是没有建立预警与维护机制，影响发电量。

3. 电能光 e 链平台特点

（1）"一站式"。

电能光 e 链云服务平台，将数据要素从业主建站申请、光伏建站前期勘测、在线签约、设备采购、物资仓储、施工管理、电费结算、电站监控、电站运维等全流程线上管理，形成电站的"数字资产卡片"。建成后电站全部接入监控运维系统，将建运的数据要素分成多个等级，实现建运"一站式"电站服务。

（2）全生命周期管理。

电能光 e 链依托中国电能物资采购供应链资源优势，利用云计算、物联网、移动互联网、大数据、智慧能源技术构建的分布式光伏电站一站式数字化全生命周期供应链管理服务平台，平台完成了个人及整县域户用光伏解决方案的全流程贯通，提供多项目、多场景、个性化、定制化便捷建站服务。实现了从前期建站推广、业主申请、踏勘、设计、光伏签约、设备供应、物资仓储、安装、并网、电费结算、EPC结算、电站巡检、电站转运维、电站监控、电站运维管理，到最终实现电站数字资产管理的电站全生命周期服务。

（3）SaaS 服务。

在产品技术方面，电能光 e 链 SaaS 平台追求可视、可控、可优、可溯。通过应用物联与数字孪生等技术，为客户提供多业务场景支撑，实现目标业务在数字世界对物理实际的一一映射。依托中国电能在行业沉淀的专家经验和调控策略，对源网荷储进行协同调优，进一步挖掘能源使用效率。通过区块链、智能合约技术，对平台服务进行赋能，保障流程安全、数据可溯、交易透明。实现功能模块低耦合关联，不同用户可配置不同功能，不同建站、运维、管理流程，自定义菜单，自定义权限，根据用户角色，配置用户权限，展示用户所需数据。

（四）平台价值

1. 全流程贯通和数字化管理

电能光 e 链建站管理环节分为 6 个标准建站节点，分别为 EPC 选择、在线签约、现场勘查、方案设计、施工建设、并网发电，也可根据项目的不同需求自行配置其他节点，如在线开户、设备申领、施工费确认、并网资料提交、并网发电、竣工验收、电站抽检、施工转运维等节点。每个节点都有必填字段和非必填字段，也可根据项目需求不同进行配置。配置好的建站流程节点之间会有一定关联关系，不可随意跨越。每个节点都会收集电站的相关信息记录到电站档案中，其中重要的数据要素，比如业主相关信息、电站设备相关信息等重要要素信息需要记录到电站的数字资产管理中形成数字电站的资产卡片。

平台可以实现全流程的贯通，从建站推广到电站运维的各个环节都能实现数字化管理，提高管理效率和信息透明度。可配置化的建运服务，可以根据不同项目的需求和特点进行定制化管理，提高灵活性和适用性。

2. 设备信息全程可追溯

电站设备从电能e购的企业商城采购，到光e链入库、设备申领、出库、退库，再到扫描安装，全程可跟踪管理。多种仓库类型可供选择，支持复杂的项目施工关系管理、库位精确定位管理、状态全面监控，充分利用有限仓库空间，防止库存积压，间接降低仓库运行成本。在及时有效地传达正确的信息数据，掌握仓库的可利用率后，就能够推动采购、安装等各个环节，进而推动项目快速发展。

3. 提高电站运维效率、降低运维成本

对于分布式光伏来说运维期是最重要的阶段之一，建站可能只需要3天左右的时间，但是运维工作却贯穿至整个电站的生命周期中。电站的维护情况直接影响了发电量和投资方的收益。在电能光e链的运维平台上，系统可以整合不同厂商和不同电力监控系统进行统一的运维管理，以全局管理的视角帮助实施运维的公司或管理人员进行分析和管理。

电站状态和报警信息实施监控，运维人员可根据电站情况配置不同报警类型的不同处理方式，重要报警可设置为自动生成工单，工单也可以自动根据规则进行派单。系统可自动将重要报警进行派单，减少了人员处理过程，极大地提升了电站故障处理的速度。为了保证每个故障的处理时效，系统可针对不同的业务阶段进行超时提醒设置，以免影响故障整体的处理时效，造成重大损失。

电能光e链还为投资方和运维方提供发电量、发电量预测等数据分析和对比分析，帮助管理团队及时了解电站运行状态，进行预测性维护和运维优化，提高光伏发电效率和可靠性。从而摆脱经验的局限，更加即时有效地防范化解风险，创新行动方略。

电能光e链的自动巡检功能，根据配置发电小时数或发电效率的基线、巡检周期、范围等重要信息，系统自动进行电站巡检，将不合格电站进行预警，转化为工单进行跟进。系统将可能发生故障的电站在自动巡检过程提前进行预警与维护，以免发生故障后再进行维护，既减少了人工参与又降低了电站因故障造成的损失。

数据要素可以进行数据分析和挖掘，为管理团队提供决策支持，帮助优化资源配置、降低成本、提高收益。通过数字化建运服务，可以提升用户体验和服务质量，例如线上签约、现场勘查等环节的优化，提高用户满意度和忠诚度。助力场站运营实现专业化、少人化，解决人员冗余、人员管理困难、效率低下等问题。7×24h 服务，有效解决用户本地监控困难，数据不准的问题；帮助用户进行系统实时数据维护，解决绩效指标不合理等问题；确保用户电站及时并网，减少收益损失。

4. 提升清分效率、保障收益

分布式光伏电站的一大特点就是，电站装机容量小，电站数量多，一般一个乡镇项目就可达到几千户的电站数量。随着电站数量不断地增加，上网模式和结算模式也趋于多样化，那么每个月的清分结算就是一个很烦琐庞大的工程，而且人工核对容易出错。电能光 e 链平台提供了在线自动清分功能。根据配置清分日期自动运行数据清分，根据清分规则和业主合同模板的结算模式相关联，自动计算每个电站收入国网电费收入，此笔电费应付业主租金金额，投资方租赁费用金额和投资方运维费用金额。系统还支持单个电站按照实际情况调账功能。如果电站上网模式发生变更或者收益模式发生了变更，系统不需要人工操作，自动按照新的上网模式或收益模式给业主收益进行结算，已完成结算的部分也会按新的结算方式计算自动进行多退少补。

以往以农户并网的并网模式，电力公司把电费结算给农户，投资方很难将运维费从农户账户收集，电能光 e 链与工商银行合作让农户可在光 e 链在线开户，解决了投资方收款难的问题。在运营过程中会遇到农户私自去电力公司更换银行卡的情况，以往这种情况很难排查和发现。电能光 e 链实现了账户异常的预警提示，减少了投资方的投资风险，收益有了强有力的保障。

5. 电站价值数字化

数字资产管理详细记录了电站建设及运营过程中的全部数据信息，其中重要的数据信息结合形成数字资产卡片，打破传统固定资产管理模式，实现电站资产全程数字化展现，全面提升资产管理效率和资产的透明度，实现资产价值可视性。降低了交易过程中的信任成本，极大程度上改善资产价值交换过程，为公司资产运作和资金筹划提供更加安全高效的方式。实现财务记账的可信、高效，提升公司管理运行的效率。促进公司整体数字化转型，为公司探索新交易生态、新价值体系、新商业模式夯实数据计划。

6. 提升施工方服务质量

所有分布式光伏项目都会遇到一个问题，那就是合作的施工方比较多，对施工方的审核比较麻烦，电能光 e 链支持服务商的入驻及管理，通过审核的施工方在资质上都是经过审核的，投资方可自行选择，平台针对施工方管理难结算难的问题还设置了施工方积分等级评价管理体系，投资方可定期为合作中的施工方进行服务评价，评价结果会影响施工方的等级，不同等级可配置不同的结算模式，以此激励服务商主动提升服务质量和配合度。投资方可根据项目不同配置不同的结算模板。平台会自动判断结算条件，满足条件的施工方可在线提交结算申请，投资方在线审批，平台自动形成结算台账，结算进度一目了然。

7. 推动农村清洁能源建设

电能光 e 链体系致力于加大农村清洁能源建设力度，为农村提供可持续、清洁的能源供应。这不仅可以减少传统化石能源的使用，降低温室气体排放，还能有效解决农村能源供应不足的问题，改善农村电力、能源供应质量，提升农村生活水平。

8. 实施乡村能源绿色低碳转型

电能光 e 链体系以乡村能源绿色低碳转型为核心目标。通过推进能源技术的创新和升级，如智能电网、能量存储技术的引入，优化能源生产、传输和利用的效率。同时，加强乡村能源管理能力，推广能源节约与管理措施，减少能源浪费和损耗，促进乡村能源的可持续发展，实现能源使用的高效、清洁和低碳化。

9. 增加农村就业机会与企业发展

电能光 e 链体系将为农村创造更多的就业机会和企业发展空间。在清洁能源建设过程中，需要大量的人力资源参与，提供了农村就业的新机遇。同时，鼓励农村发展清洁能源相关的产业，支持农民合作社和乡镇企业参与清洁能源产业链，推动农村经济结构升级和产业多元化发展。

（五）平台使用情况

电能光 e 链自 2021 年 7 月完成第一单签约以来，截至 2024 年 3 月底，已完成整县域户用 15560 户建站签约工作，其中 8942 多户已完成并网发电；已完成工商业项目建站 523 个，其中 381 个已完成并网发电。平台已在威海锦润新能源科技有限公司、国电投许昌综合智慧能源有限公司、三亚西元综合能源产业有限公司、国家电投集团电能能源科技有限公司、赣州融慧零碳能源发展有限公司、承德电京新能源科技有限公司、孟村回族自治县方博新能源科技有限公司、贵州元龙综合能源产业服务有限公司、中国电能黑龙江分公司、朝阳燕山湖发电有限公司等下属项目得到有效验证，相关项目已覆盖北京、河南、河北、安徽、山东、江苏、青海、辽宁、海南、贵州、黑龙江等省及直辖市。电能光 e 链与兰考县政府在户用光伏整县推进、绿电交通储能一体化、村级储能微网及综合智慧零碳电厂、新能源产业园供应链配套产业落地等多方向探索合作，初步形成了可复制、可推广的发展模式。

（六）下一步发展计划

近年来，我国负荷快速增长，峰谷差不断增加，局部时段已出现电力供应短缺现象。电力仍将呈现短缺趋势，随着双碳工作和新型电力系统建设的推进，大规模新能源并网将导致源端电力供应的不确定性进一步加剧峰段供应不足的风险。因此必须尽快挖掘需求响应资源。未来，电能光 e 链将实现虚拟电厂的建运管理，探索新型技术对负荷资源进行聚合和调控，实现负荷侧海量灵活可调节资源与电网友好互动，实现减少峰谷差，满足高峰负荷需求，解决新型电力系统清洁能源消纳问题。

电能光 e 链将结合现有业务场景深度挖掘分析，对全链条建站数据

"集中管控"、运维数据"集中分析"、运营数据"集中分发",实现电站数据管理标准化;充分发挥数据价值为投资者规避投资风险,为用户带来更多光伏收益,对源网荷储进行协同调优,进一步挖掘能源使用效率。通过区块链、智能合约技术,对平台服务进行赋能,保障流程安全、数据可溯、交易透明。未来,电能光e链仍将致力于零碳服务领域,为客户创造更大价值,为双碳目标实现而努力。在广大农村地区大力推动推广用户侧综合智慧能源开发,加快农村地区能源清洁低碳转型,巩固拓展脱贫攻坚成果,助力乡村全面振兴和美丽中国建设。

第五章

数据要素 × 工业互联网

党的二十届三中全会通过的《中共中央关于进一步全面深化改革、推进中国式现代化的决定》明确指出:"加快构建促进数字经济发展体制机制,完善促进数字产业化和产业数字化政策体系。加快新一代信息技术全方位全链条普及应用,发展工业互联网,打造具有国际竞争力的数字产业集群。"数字经济的时代全面来临,工业互联网迎来新的发展机遇。

工业互联网体系,实际上是从工业数字化场景出发,释放工业数据要素价值,打造数字时代下全新的智能工业制造业,无论对于数据要素价值释放还是对于万物互联的数字浪潮而言,都是新一轮的工业革命,也将作为拉动经济增长的工业列车,带领我们走入一个全新的数字工业社会。

一、工业互联网场景和数据要素

工业场景作为工业数据要素释放动能的部位,是工业数据要素的价值释放核心。同时,数据作为新燃料,相对于传统的要素来说,具备低成本、非独占性、无限迭代、无限产生、无限循环使用的特质。可以说,无场景,数据要素难以实现赋能;无数据要素,工业场景难以实现价值乘数增加。只有从场景出发,数据要素资产化才能更加具备落地实践的方向。

基于《智能制造 系统架构》(GB/T 40647—2021),从生命周期、系统层级和智能特征三个维度识别了20个高价值的共性部分场景（见图5-1）。这些场景将成为未来5-10年内工业企业的数字化部署重点，也将驱动相关关键智能技术的迭代更新，因此值得工业企业重点关注。

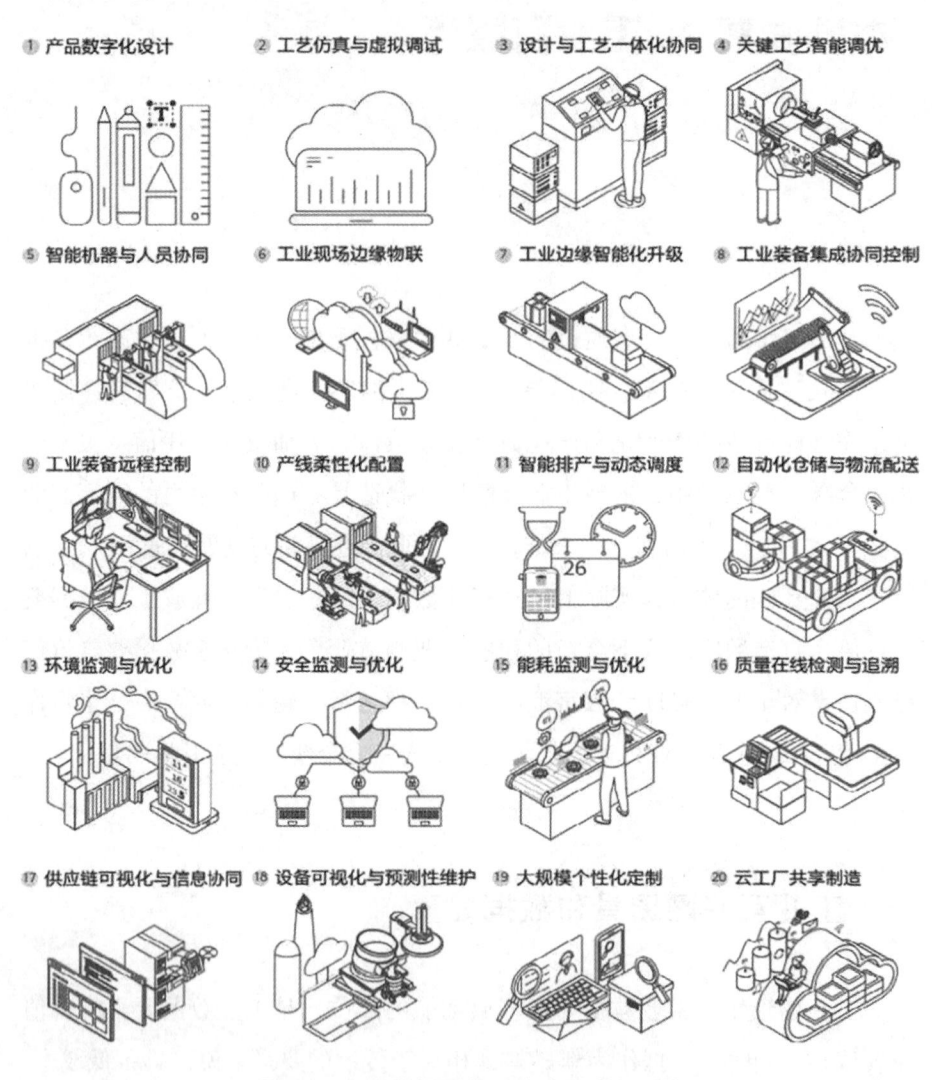

① 产品数字化设计　② 工艺仿真与虚拟调试　③ 设计与工艺一体化协同　④ 关键工艺智能调优
⑤ 智能机器与人员协同　⑥ 工业现场边缘物联　⑦ 工业边缘智能化升级　⑧ 工业装备集成协同控制
⑨ 工业装备远程控制　⑩ 产线柔性化配置　⑪ 智能排产与动态调度　⑫ 自动化仓储与物流配送
⑬ 环境监测与优化　⑭ 安全监测与优化　⑮ 能耗监测与优化　⑯ 质量在线检测与追溯
⑰ 供应链可视化与信息协同　⑱ 设备可视化与预测性维护　⑲ 大规模个性化定制　⑳ 云工厂共享制造

图5-1　工业数据要素20个主要应用场景

要成功部署上述20个共性价值场景，工业装备、工业网络、工业软件、工业数据是必不可少的关键支撑要素。工业装备作为高效、稳定、自动化作业的终端，是工业数字化的基础；工业网络是现场的人机料法环全要素的连接介质，实现协同；工业软件则帮助企业开展研产供销服全流程的精细化分析、决策与管理；工业数据是无处不在的资产，是沉淀的智慧结晶，是潜在价值无限的宝藏，这4个基础元素共同构成工业互联网，实现数据要素在工业中的流通，燃放数据要素，发挥数据要素对于工业的乘数效应。

下面我们以质量在线监测与追溯举例，探索工业数据要素如何实现赋能，实现资产化，同时对工业数据要素资源化当中的确权登记，提高数据治理能力作出总结。

例如北京菱云科技公司以数据驱动汽车行业的"数字化转型"，利用新的技术促进行业的创新与发展，改善用户体验、重构商业模式、降本增效。汽车行业数字化转型的基数是数据，运用大数据平台以及人工智能技术实现实时数据处理以及海量数据挖掘，并利用从中获得的洞察提升车企各个领域的决策和自动化水平，支撑车企的多领域数字化应用，比如智能制造、数字供应链、智慧物流、数字运营、数字营销等。

以汽车数字档案为核心梳理汽车产业数据图谱，涉及汽车产业众多环节，通过汽车使用全生命周期数据的融合和应用将推动汽车产业数字化转型，让数据不断释放价值，通过数据驱动，提升产业效率，推动汽车产业进入数字化时代。

如图5-2围绕"一车一档"梳理汽车产业数据图谱，覆盖生产、销售、

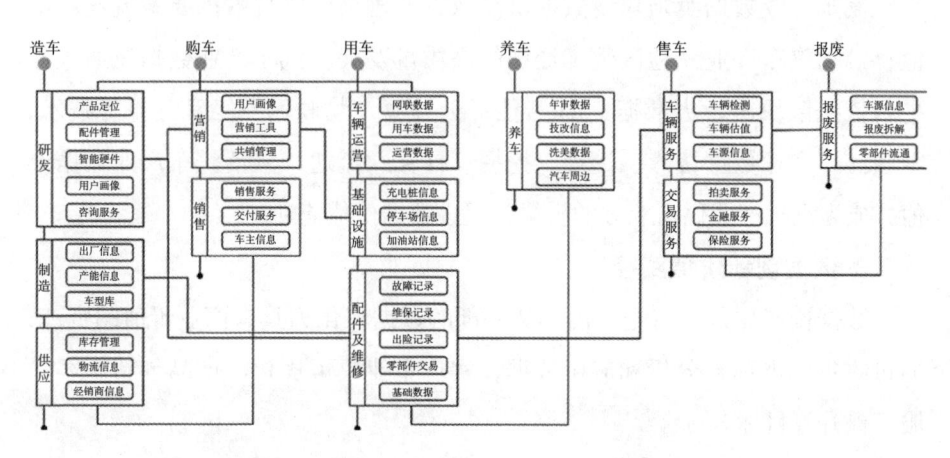

图5-2 围绕"一车一档"梳理汽车产业数据图谱

登记、检验、保养、维修、保险、报废等汽车全生命周期。从"业务驱动"到"数据驱动"的转变，需从数据应用、数据平台、数据价值等方面推进数据要素创新。

1. 汽车产业数据应用

随着汽车产业进入深度变革期，从过去的材料端、设备端、制造端到应用端，变成横向网格化的生态圈和价值链，跨企业、跨行业的数据流通需求逐渐旺盛。汽车产业数据以汽车使用场景为抓手，形成集造车、购车、用车、养车、售车、报废的数据驱动场景闭环，实现"场景产生数据、数据推动场景"的汽车数据流通循环模式，具有以下特点。

（1）优化产品性能。通过数据分析，不断改进产品性能，提升车辆性能和用户体验。

（2）精准市场营销。借助用户画像数据资产更好地了解客户需求和行为，实施精准的市场营销策略。

（3）降低运营成本。通过预测性维护和智能服务，降低运营成本和维护费用。

（4）创造新的商业模式。数据资产化转化为新的商业模式，通过出售数据分析结果向其他企业提供增值服务。

2. 数据流通服务平台

汽车行业数据亟须建设数据供需双方的桥梁，实现数据要素流通和增值，带动汽车产业及地区数字经济的高质量发展。汽车产业数据流通服务平台依托区块链、大数据、AI智能、云计算、物联网及隐私计算等技术，专注汽车产业数据接入、治理、挖掘、计算、流通，激活汽车产业数据价值，成为汽车产业供需双方的桥梁，促进数据价值流通。

3. 数据创新价值路径

数据资产化是指将企业内部和外部的数据转化为具有商业价值的资产，通过收集、整理、分析和应用数据，实现企业决策优化、产品创新、客户服务提升等目标。

（1）数据资源化。数据资源化包含对原始数据进行加工，形成可采、可见、互通、可信的高质量数据的质量提升过程，也包含数据与具体业务融合，在驱动决策优化和业务变革中实现数据价值的过程。数据资源化强调将原本分散、无序、难以直接利用的数据，通过一系列技术手段和管理措施，转化为结构清晰、质量可靠、易于访问和利用的数据资源。数据资源化是一个系统性的过程，需要综合考虑数据的采集、存储、加工、分析等多个环节，确保数据的完整性、准确性和可用性。目前，我国已在数据资源化阶段初步形成产业和应用体系，但仍面临可用数据不足、数据质量不高、应用能力不强等问题。

（2）数据产品化。数据产品化是一个将数据转化为具有商业价值的产品或服务的过程。这一过程涉及从海量数据中挖掘出对用户有价值的信息，并以直观、有效的表现形式呈现给用户，从而为企业决策提供商业支持和服务。数据产品通常具有明确的目标用户、应用场景和使用价值。数据产品化过程始终以用户需求为导向，确保产品能够满足特定应用场景下的需求。数据产品化是数字化时代的重要趋势之一，对于提升企业竞争力和创新能力具有重要意义。然而，我国在实施数据产品化的过程中，当前企业需要克服一系列挑战和问题，确保数据产品的质量和商业价值。

（3）数据资产化。数据资产化是指将数据转化为具有经济价值的资产的过程。具体来说，就是将原本零散、无序的数据，通过一系列的技术和管理手段，转化为具有经济价值、可交易、可管理的资产。数据资产化主要包括数据的价值评估、交易流通和安全管理等方面。数据资产化能够促进新的商业模式和服务的创新，为经济增长提供新的动力。数据的资产化是推动数据要素价值从一个场景拓展到所有场景、从一个企业拓展到所有企业、从一个产业拓展到所有产业的关键环节，是扩大数据要素价值的核心所在。我国数据资产化的探索已经展开，但受制于数据权属制度、定价制度、分配制度等均不明确的原因，使得数据资产化的探索仍处在初级阶段。

二、工业数据要素资源化

（一）确权与登记

1. 数据确权

传统的工业资源，权属划分较为明确，由企业自行生产或外购，作为企业的资产进入会计报表，实现价值的明确指导，并作为企业经营发展的动力源，为企业带来利润、带来经营故事，带来融资。

而数据作为新型生产要素，与实物形态不同，更多地依托电子形态存在，其权属的划分或界定就需要一套不同的登记体系，或是通过此体系形成一张能够证明数据归属的电子凭证，或是形成一套登记流程，在权威机构名册之下证明企业拥有或控制此数据资源。无论登记如何，确权实为数据资产化的第一步，若无确权，合规的数据资产交易市场难以形成。

在数据确权当中，由国家提出的三权（数据资源持有权、加工使用权、数据产品经营权）分置给出了指导性的意见，基于三权分置的基础，不仅可以构建数据权属通用模型，实现企业对三项数据产权的确定，同时可以针对工业企业，搭建数据资源要素登记体系，明确工业数据资源登记原则，实现工业数据资源分级分类，指导企业提高自有数据治理分类能力。

登记作为数据要素价值实现的前提（见图5-3），没有数据要素登记，数据资产的评估难以得到权威支撑，工业数据要素的价值实现难以得到充分支撑，更不必谈后续的价值评估对于数据资产的进一步解释。由此得知，工业数据要素的登记体系尤为重要，同时也要符合数据确权三权分置原则。

2. 工业数据要素登记体系

例如，《工业数据要素登记白皮书》中介绍，工业数据相较于其他行业

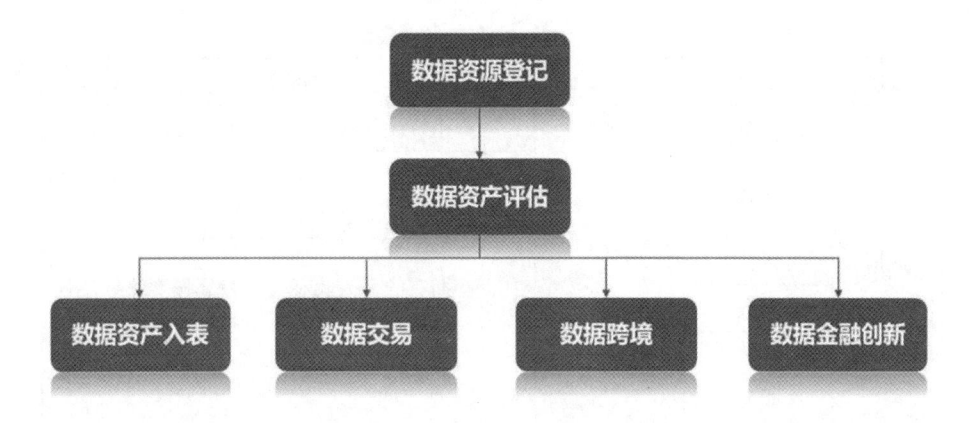

图 5-3　工业数据要素价值实现路径

具备多模态、强关联、高通量的特征。可以说，整个工业领域具备丰富的生产经营数据可以作为"数据要素×"的行业案例，研究工业数据要素的价值释放具有深刻的意义。

在将数据资源化之后，数据资源登记与评估将作为数据走入市场，燃烧释放价值的第一步，前文介绍了数据要素模型的价值评估路径。而数据要素登记作为数据要素价值释放的前提，《工业数据要素白皮书》创新提出工业数据要素登记体系框架，形成了一套完整的工业数据资源登记流程。

在其体系框架中，对于工业数据的权属首先按照工业数据来源、特点以及相关人等维度，以"分层分步分类分级"的方式进行划分，以便于定义一个可以明确数据要素权属的"系统框架"。

3. 登记权属划分

根据工业数据要素权属框架（见表5-1），工业数据的权属内容同样分为三类：数据资源持有权、数据加工使用权、数据产品经营权。

（1）数据资源持有权。大多数工业数据资源持有权可以比较明晰地进行界定。可以明确持有权的工业数据资源包括企业拥有物权的设备数据、产品数据及企业自身活动所产生的运营数据和物流数据等，也包括根据协议而获得的相应数据资源的持有权。

部分工业数据资源持有权可能由多方共有，单独一方无法主张数据资

表 5-1　工业数据要素权属框架

难度	案例	归属	备注
企业数据	设备数据	企业所有	1. 融资租赁设备数据权属需要依照协议确定
	产品数据		2. 产品在供应链中的不同环节其数据权属需要依照各方协议确定
	运营数据		
	物流数据		3. 企业拥有的个人隐私数据权属按照法律法规确权
	标识数据		
平台数据	企业数据	平台+企业	需要根据双方协议确定数据权属
	设备数据		
	标识数据		
	安全数据		
	产业链数		

源的独立持有权，其权属的划分、控制、使用、安全通过协议的方式进行确定。共有持有权的数据主要包括工业互联网平台数据以及消费者数据，其中平台数据的持有权由平台服务方与被服务方根据协议进行约定与确定；消费者数据中的个人基本数据，如姓名、身份证号、住址以及通信信息等属于人格权的范畴。因此其持有权归消费者所有，企业或平台服务方可以依照法律法规以及服务协议，在保护个人隐私的前提下合理使用数据；消费者的行为数据由平台服务方、企业、消费者共有，其使用、转移、保护在法律规制下通过协议方式进行确定。

（2）数据加工使用权。工业数据的加工使用权可以按照使用范围不同分为服务范围内加工使用权和服务范围外加工使用权。对于服务范围内的加工使用权可以由服务协议进行约定，超出服务范围的数据加工使用权应当获得被服务对象的二次授权同意，并可以协商报酬。

（3）数据产品经营权。工业数据资源可被加工成数据产品或数据服务的方式进行经营，产品经营权在不侵害个人隐私与企业商业秘密的情况下可以由产品提供方掌握。

4. 登记基本原则

在现有法律框架下，针对工业数据要素权属框架，采取"分层分步分级分类"的基本原则，有助于进行工业数据要素登记的探索与实践工作。

分层原则是指工业数据要素按照数据的全生命周期可以分原始数据、治理数据、脱敏脱密数据、加工数据、数据产品等不同层级，根据不同层级数据的特性进行权属划分。

分步原则是指针对权属清晰的工业设备数据、产品数据、运营数据与物流数据等可以率先进行登记的探索与实践；对于涉及多个主体共有持有权的平台数据和消费者数据可以依照合同约定的方式进行登记，同时探索通过公示方式进行数据登记的理论与实践。

分级原则是指工业数据要素具有重要的价值与作用，因此在登记过程中有必要进行分级，以便于后续的流通与利用。工业数据要素登记分级可参照《工业数据分类分级指南（试行）》。

分类原则是指工业数据要素可以按照权属特征进行分类，不同类别可以实行不同的权属划分与登记方式。按照是否具有独立的持有权，工业数据可以分为设备数据、产品数据、运营数据物流数据、平台数据、用户数据等类别。

同时，在登记实践工作中，也应在现有法律法规的规制下，统一标识、统一计量、统一语义、统一特征，明确数据特征、描述属性、数据权属主体、数据权属内容等关键信息，通过依法规、依合约、依公示等方式进行工业数据要素登记探索与实践工作。

5. 登记技术底座

在权属划分之后，搭建以数联网为核心的技术底座，将分散的数据通过数联网实现可信、可控、可管的数据互联互通操作，通过分布自治的软件基础设施，形成以数字对象为数据一阶实体表达，支撑数据空间的互通及大数据应用对数据的利用，形成一个互联互通的工业数据空间，为工业数据要素登记打下技术基础，以实现工业数据要素流通一体化（见图5-4）。

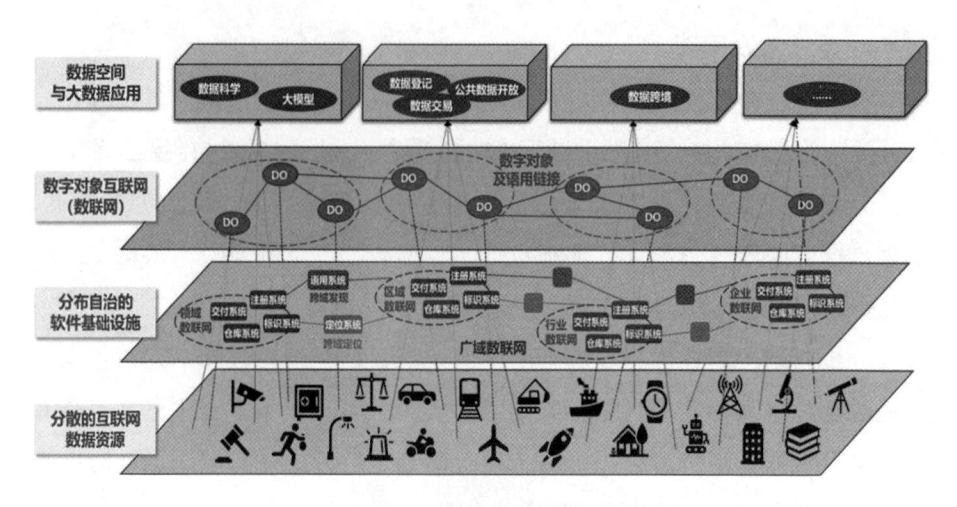

图5-4 数联网总体架构

6. 登记认证机制

在工业数据要素登记领域，统一、权威的认证机构对于登记的规范性、可信性具备深刻的影响力，当下，由国家机构牵头成立公共承认的认证机构及认证体制十分重要，形成一个工业数据要素流通的生态圈。

（二）数据确权安全审核模型

三权分置原则中的三项权利，可以通过安全审核模型的建立，实现在数据要素资源化过程中的权利确认，并分别对应企业是否具备三项权利。

例如，中国电子信息产业集团有限公司联合清华大学发布的《2021中国城市数据治理工程白皮书》创新提出了数据元件模型（如图5-5），将数据源加工成不可逆、不可泄露的数据元件，形成一套安全的数据到资源的加工模型，并在数据元件的基础上进行数据资源产品化。

同时，在形成数据元件的具体过程中，设立具体的安全审核模型，以对应三权分置中的三项权力。数据元件的安全审核采用以下模型：

$$S(X) = f(O, M, R) = \begin{cases} 1: 审核通过 \\ 0: 审核不通过 \end{cases}$$

其中，O 表示原始数据资源安全审核，M 表示数据元件模型安全审核，

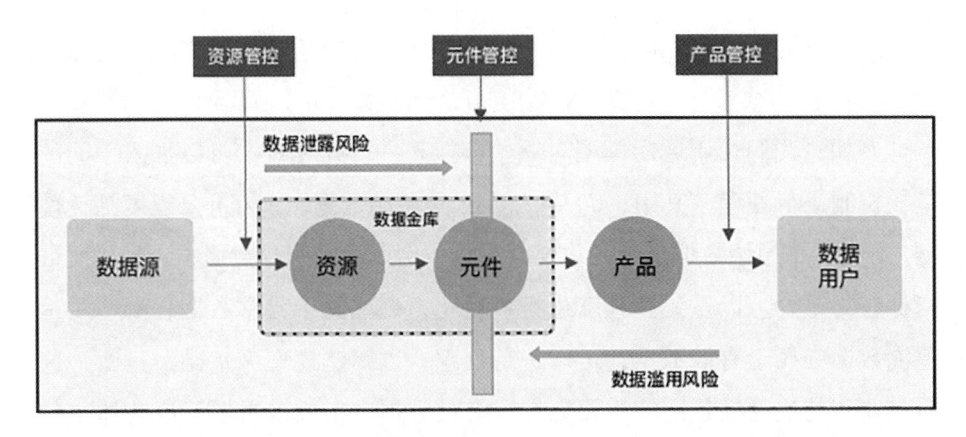

图5-5 数据元件模型

R表示数据元件安全审核。三者所对应的是三权分置中的数据资源持有权、加工使用权、数据产品经营权。

（三）工业数据资源化通用模型

从质量在线监测与追溯应用场景出发，建设工业数据资源化模型时，可以先按照不同的场景，设立以场景为出发点的数据资源化通用模型。

在安全审核模型的基础上，要秉持适用工业数据要素各类主要场景的原则，设立数据要素资源化通用模型，形成后续的原始数据处理模型，即形成一套数据元件模型，具体如下：

$$X = f(d_1, d_2, ..., d_n)$$

其中，$d = (d_1, d_2, ..., d_n)$是原始数据，f是模型函数，X是数据元件。一方面，f模型函数消除了原始数据中的隐私安全风险，使得数据元件作为安全流通对象，在数据元件市场进行交易流转，实现数据从生产资源向生产要素转变。另一方面，数据元件中保留了原始数据中的"信息"，具备消除数据应用中"不确定性"的价值，定义为E（x），成为数据元件定价的基础，从而能够形成可析权、可计量、可定价且风险可控的数据初级产品，为数据安全流通奠定基础。

在通用模型的基础之上，针对质量在线监测与追溯的具体应用场景，可以建立场景数据质量筛选模型，数据元件应该包括与质量相关的数据，过滤掉与质量场景无关的数据，以此来建立质量数据生命周期的管理基础。

$$Z=S(d_1, d_2,…, d_n)$$

例如，我们在用通用模型对原始数据 d 进行处理时，可以加入不同的审核机制进行处理，其中，$d_1, d_2, …, d_n$ 是原始数据，S 为重要程度筛选模型，Z 为各个原始数据指标的重要度系数。例如质量监测数据中，哪些质量指标较为重要，以重要性程度进行可视化，哪些属于异常数据，哪些质量追溯数据中属于有效数据，可以进行处理，以筛选模型为基础，过滤筛选质量监测与追溯场景中的重要数据、有效数据，形成以重要程度为体、各项指标为表的质量监测与追溯数据元件。

（四）工业数据资产价值评估通用模型

数据资产价值评估并非数据资产入表的前置条件，但却是数据资产化不可或缺的部分。数据资产价值评估成本法可作为数据资产入表的指导，可带来数据资产的创新产品，可彰显数据资产的价值几何。其作为企业所蕴含的数字化潜力，不仅是企业融资新路径，也为我国资产证券化市场带来新的活力，数据资产证券化是一种新型的创新金融产品。由此可见，数据资产价值评估模型弥足轻重。

在数据元件形成之后，又设立数据元件信息价值评估模型以及数据元件定价模型解决数据元件的价值评估问题，实现数据资源价值评估通用模型的建立。

（五）数据元件信息价值评估模型

数据元件的信息价值与数据体量、数据质量、信息密度具有紧密关系，数据元件信息价值评估模型可表示为：

$$I(X)=V(N)·Q(Z)·D(X)$$

其中，$V(N)$ 表示元件体量系数，$Q(Z)$ 表示元件质量系数，$D(X)$ 表示元件的信息密度。

针对质量监测与追溯场景形成一个数据元件，其元件质量系数的判断作为后续定价的基础，使用场景数据质量判断模型。

（六）数据元件定价模型

在数据元件流转过程中，以元件中的"信息"为价值基础，以成本法、收益法、市场法为依据形成数据元件定价体系，能够结合数据要素面向不同领域、行业、群体特点和属性，根据信息消除数据应用中"不确定性"的多少，形成差异化、层次化的定价体系。同时，通过对数据字段数量及其组合关系进行安全审查，规避数据元件交易中的隐私与安全风险，从而为数据高效流转提供市场和安全保障。

数据元件交易常采用两种交易方式：议价交易和竞价交易。

（1）议价交易的定价机制。

元件协议价即元件基础价乘以收益率，元件基础价的影响因子包括元件成本、元件信息价值和领域调节系数，元件成本包括相关字段的治理运维成本及模型开发成本。

$$P_y^1(X) = (1+\gamma) \cdot g(I_y(X), C_y(X))$$

其中，$P_y^1(X)$ 表示元件 X 的协议价，γ 是预期收益率，$C_y(X)$ 表示元件的成本，$I_y(X)$ 表示元件的信息价值，g 是成本价和价值反映价格的联合定价函数。

$$P_y'(X) = \sum_{i=1}^{n} C_{x[i]} + C_{xm}$$

$$C_y(X) = k_y P_y'(X)$$

（2）竞价交易的定价机制。

数据元件的市场指导价是指市场评估价乘以市场调节因子，市场评估价由数据元件的市场价格影响因子经过估价模型计算产生。

$$P_y^2(X) = \beta P_y''(X)$$

其中，$P_y^2(X)$ 是市场指导价，β 是市场调节因子，$P_y''(X)$ 是市场评估价。

$$P_y''(X) = f(S, T, N, W, C_0, P_y'(X))$$

其中，S 表示稀缺性，T 表示时效性，N 表示规模大小，W 表示完整性，C_0表示历史参考价。

针对质量监测与追溯场景赋予价值评估模型以数据重要程度系数 α，是其价值判断的基础，例如，质量监测中，生产用料指标对于产品质量的影响度属于重要程度较高的数据，直接影响产品质量，所以可以通过乘以其重要程度系数 α 来赋予其较高的价值。

三、数据要素推动工业互联网产业经济发展

数据要素作为工业互联网产业经济发展的核心驱动力，其对生产过程的优化作用体现在精准控制、智能化决策和资源高效配置等多个层面。

（一）制造业的智能化制造与定制化服务

《中国工业互联网产业经济发展白皮书（2021年）》指出，在制造业，数据要素作为工业互联网产业经济发展的重要驱动力，正深刻改变着行业的生产方式、管理模式以及服务模式。通过工业互联网平台收集和分析大量数据，企业能够实现生产过程的精细化管理，提高生产效率，降低能耗与成本，同时促进产品和服务的创新。

模型化设计：数据要素在制造业的设计阶段发挥着关键作用，通过构建和应用数字化模型，如建筑信息模型（BIM）、产品生命周期管理（PLM）等，使得设计过程能够基于精确的三维数据进行协同设计、模拟验证和性能优化。设计团队能够实时共享和更新设计数据，避免产生信息孤岛，提高设计准确性，减少设计变更和后续生产环节的浪费。此外，模型化设计还能实现虚拟仿真，通过模拟实际生产环境和工艺流程，预测产品性能和制造可行性，从而在设计阶段就对产品进行全面优化，缩短产品上市周期，降低成本，提升产品竞争力。

智能化制造：数据要素在制造环节的深度应用，推动了生产线的智能化升级。通过实时采集和分析生产过程中的海量数据，如设备状态、物料

消耗、工艺参数等，结合人工智能、机器学习等先进技术，实现对生产过程的精准控制和智能决策。例如，通过对设备数据的实时监测和预测性维护，可以提前识别设备故障，减少非计划停机时间，提升设备利用率。同时，智能化制造还体现在对生产资源的动态调度、工艺参数的实时优化及产品质量的在线监控等方面，显著提升生产效率，降低能耗和废品率，确保产品质量的一致性和可靠性。

网络化协同：数据要素通过工业互联网平台，打破了地域、组织、信息系统的界限，实现了产业链上下游企业、内部各部门、生产设备之间数据的实时共享和协同作业。这种网络化协同使得企业能够实时掌握供应链状态，快速响应市场需求变化，实现精准采购、敏捷制造和高效配送。同时，通过平台提供的协同设计、协同制造、协同服务等功能，企业能够与合作伙伴共同进行产品创新、工艺优化和市场开拓，形成共享资源、共享风险、共享利益的新型产业生态。

个性化定制：数据要素使得制造业能够更好地理解和满足消费者的个性化需求。通过收集和分析消费者的购买行为、偏好、反馈等数据，企业能够精准刻画消费者画像，提供个性化的产品设计和定制服务。在生产环节，通过柔性制造系统和模块化设计，企业能够快速响应订单变化，实现小批量、多品种的定制化生产，满足市场对个性化、差异化产品的需求。

服务化延伸：数据要素推动制造业从单纯的生产产品向提供产品全生命周期服务转变。通过工业互联网平台，企业能够实时监测产品的运行状态，提供远程诊断、预防性维护、性能优化等增值服务，延长产品的生命周期，提高客户满意度和忠诚度。同时，服务化延伸还体现在产品即服务（PaaS）、结果即服务（RaaS）等新型商业模式的创新，如设备租赁、按使用付费、性能保证等，为企业开辟了新的盈利增长点。

以浙江某工业操作系统为例，这一轻量化、一站式解决方案为制造业提供了全生命周期的数字化支持。该操作系统能够深度集成企业内部的设备、系统、数据，实现生产现场的全面数字化，实时监控和优化生产流程。在实际应用中，该操作系统助力石化类企业实现了生产运营的数字化转型，通过实时数据监控和优化，显著提升了运营效率和产品质量，为企业带来了实实在在的经济效益。

综上，数据要素在制造业中发挥着至关重要的作用，驱动着生产过程的模型化设计、智能化制造、网络化协同、个性化定制和服务化延伸，有力推动了工业互联网产业经济的发展，为制造业的高质量发展注入了强大动力。

（二）建筑业的模型化设计与数字化建造

工业互联网与建筑业的深度融合，无疑是一场深刻改变行业面貌的创造性革命，它为我国建筑业赋予了崭新的生命力，为其打造具有国际竞争力的"中国建造"品牌奠定了坚实基础。在这一过程中，数据要素作为工业互联网的核心驱动力，以其独特的价值创造与赋能作用，为建筑业的转型升级提供了源源不断的动力源泉。

首先，建筑业作为一个庞大的产业体系，其产业体量大、建设周期长的特点，决定了其对效率提升和成本控制的强烈需求。然而，传统的建造模式往往伴随着能耗高、成本超支、安全事故频发、科技含量相对较低等痛点问题。这些问题的存在，严重制约了建筑业的可持续发展和国际竞争力的提升。而工业互联网的介入，恰好凭借其强大的数据处理和分析能力，为破解这些难题提供了可行的解决方案。

一方面，工业互联网通过模型化、软件化、封装化的工业技术，实现了对建筑行业内包括人员、机器、物料、方法等全产业链要素的全面连接与深度融合。这种连接与融合，使得建筑业各个环节的数据得以实时、准确地采集、传输和分析，形成了一种全新的数据驱动决策模式。例如，在设计阶段，建筑信息模型（BIM）技术的应用使得设计师能够基于三维模型进行协同设计，实时共享和更新设计数据，避免了传统设计中因信息孤岛导致的错误和冲突。同时，BIM模型包含了丰富的建筑性能数据，如结构、能耗、环境影响等，可以进行虚拟建造和性能模拟，帮助设计师优化设计方案，提升建筑的绿色性能和经济效益。

另一方面，工业互联网在建筑业的应用，推动了模型化设计、装配式施工、数字化建造和智能化运维等层面的创新与实践。在模型化设计方面，通过 BIM 技术实现设计的可视化、参数化和协同化，极大地提升了设计质量和效率，减少了设计变更和施工错误。在装配式施工方面，通过预制构件的标准化生产和现场装配，减少了现场湿作业，降低了环境污染，提高了施工速度和质量稳定性。在数字化建造方面，通过物联网、云计算、人工智能等技术的应用，实现了施工现场的数字化管理，如物料追踪、质量监控、进度控制等，大大提高了施工效率和安全性。在智能化运维方面，通过建筑设备的远程监控、故障预警和智能调度，实现了建筑设施的高效运维和节能管理。

此外，工业互联网还为实现高效的城市治理提供了重要数据信息和技术支撑。通过对建筑项目的全过程数据进行采集、整合和分析，可以为城市规划、建设、管理等部门提供翔实、准确的数据支持，助力城市实现精细化、智能化管理。例如，通过对建筑能耗数据的实时监测和分析，可以为城市能源规划、节能减排政策制定提供科学依据；通过对建筑施工噪声、扬尘等环境数据的监测，可以及时发现并处理环境污染问题，改善城市环境质量。

综上，数据要素通过推动工业互联网与建筑业的深度融合，实现了从设计、施工到运维全生命周期的数字化、智能化，解决了传统建筑业存在的诸多痛点问题，提升了建筑行业的科技含量和国际竞争力，推动了"中国建造"品牌的塑造，同时也为全域空间数字化建设提供了强有力的技术支撑。这一过程充分展现了数据要素在推动工业互联网产业经济发展中的关键作用，彰显了数据驱动下建筑业转型升级的巨大潜力和广阔前景。

（三）创新商业模式

数据要素推动工业互联网产业经济发展，不仅体现在生产优化方面，还催生了众多创新商业模式。

1. 服务型制造与平台经济

工业互联网在推动制造业向服务型制造转型过程中，数据要素起到了至关重要的作用。它使得制造业企业能够充分利用实时、海量、多维度的数据资源，实现从单纯的产品制造向提供全方位服务的深层次转变，从而创造更大的经济价值。

首先，工业互联网促使制造业企业实现了产品全生命周期的精细化管理。通过实时采集、传输和分析产品从设计、生产、销售到使用、维护、报废等全过程的数据，企业能够获得对产品状态的全面洞察。这些数据不仅包括产品的基础信息、使用情况、故障记录，还包括用户需求、市场反馈等外部数据。通过对这些数据的深度挖掘和智能分析，企业能够精准把握产品在不同生命周期阶段的表现，进行有针对性地优化和改进，如设计阶段的定制化改进、生产阶段的质量控制、使用阶段的性能提升、维护阶段的预测性服务等。这种全生命周期的管理方式，不仅提升了产品的使用价值和客户满意度，也为企业的持续创新和服务升级提供了有力的数据支撑。

其次，工业互联网使得制造业企业能够提供远程运维、预测性维护等增值服务，实现从一次性销售产品向持续性提供服务的商业模式转变。数据要素在此过程中扮演了核心角色，通过实时监测设备运行状态，利用大数据分析和机器学习技术，企业能够提前预判设备可能出现的故障，及时进行预防性维护，避免设备非计划停机，保障生产连续性，降低运维成本。此外，远程运维服务允许企业通过云端平台对分散在各地的设备进行远程诊断、故障修复和软件升级，极大地提高了服务效率，降低了服务成本，同时也为用户提供了一种便捷、高效的维护体验。这种服务型制造模式不仅增加了企业的收入来源，也增强了用户黏性，为企业的长期发展奠定了坚实基础。

最后，工业互联网平台成为连接用户、设备、服务的关键枢纽，推动了平台经济的崛起。在这个平台上，用户可以实时查看设备状态，提交服务请求，获取定制化解决方案；设备可以实时上传运行数据，接受远程指令，实现自我优化；服务提供商则可以通过平台获取设备数据，提供远程运维、预测性维护、性能优化等服务。这种平台化的运作模式，打破了传统制造业的时空限制，实现了资源的高效配置和价值的最大化。装备制造企业通过工业互联网平台，成功实现了从销售单一设备向售卖"设备+服务"的转变，不仅销售产品，更提供与产品相关的各种增值服务，如设备租赁、按使用付费、性能保证等，实现了商业模式的创新和价值创造的升级。

以装备制造企业为例，它们利用工业互联网平台，实现了设备与服务的深度融合。过去，装备制造企业主要通过销售设备获取利润，设备一旦售出，与用户的联系往往仅限于售后服务。而现在，通过工业互联网平台，装备制造企业能够实时监控设备的运行状态，提前预警潜在故障，提供远程诊断和维护服务，甚至可以根据设备数据为用户提供定制化的生产优化方案。这种模式下，装备制造企业不再仅仅是设备的制造商，更成为用户生产过程中的长期合作伙伴，通过持续提供增值服务，实现了与用户的深度绑定，创造了更高的商业价值。

工业互联网通过数据要素的深度应用，推动制造业从单纯的产品制造转向服务型制造，实现了产品全生命周期管理、远程运维、预测性维护等增值服务的提供，以及平台经济的崛起。这不仅提升了制造业的生产效率和服务水平，也为企业创造了新的商业模式和盈利增长点，有力推动了工业互联网产业经济的发展。

2. 共享经济与个性化定制

工业互联网通过平台化汇聚资源，推动共享经济模式在设备共享、产能共享等领域迅速发展，实现了资源的高效利用和价值最大化。数据要素在这其中扮演了关键角色，它既是共享经济模式得以运行的"血液"，又是驱动个性化定制、满足消费者多样化需求的"燃料"。

首先，工业互联网平台通过实时、大规模的数据交互，实现了设备与设备、设备与平台、平台与用户的互联互通。设备数据、产能信息、需求预测等各类数据在平台上汇集，形成丰富的数据资源池。这种数据汇聚使得闲置设备、剩余产能得以高效匹配和调度，推动了设备共享和产能共享的普及。例如，企业可以将闲置设备接入平台，其他有需求的企业或个人通过平台搜索、预定和使用这些设备，实现设备资源的社会化共享，降低了设备购置和维护成本，提高了设备使用效率。同样，产能共享则通过平台实现生产资源的优化配置，企业可根据市场需求灵活调整生产计划，与其他企业共享过剩产能或获取额外生产能力，避免了产能过剩或短缺造成的损失，促进了产业链上下游的协同与优化。

其次，工业互联网平台通过对用户需求数据的深度挖掘和精准分析，赋能企业进行个性化定制，满足消费者日益增长的个性化、差异化需求。用户需求数据包括但不限于购买行为、使用反馈、偏好倾向、社交互动等多维度信息，这些数据通过平台实时收集、处理和分析，为企业提供了关于消费者需求的全方位视图。企业据此可以精准定位目标市场，快速响应消费者需求变化，进行个性化产品设计和定制化生产。例如，某家电巨头工业互联网平台，就是通过云端汇集和分析海量用户需求数据，洞察消费者对于家电产品在功能、样式、材质、价格等方面的个性化需求，以及使用过程中的习惯、偏好、痛点等信息。这些数据成为产品设计和生产决策的重要依据，使得企业能够快速推出符合消费者喜好的定制化产品，并通过柔性化生产系统实现小批量、多批次的快速响应，极大地提高了客户满意度和市场响应速度。

垂类的工业互联网平台成功实践，颠覆了传统的规模化、标准化生产逻辑，开创了以用户为中心的全流程、大规模定制模式。在这种模式下，消费者不再是被动接受标准化产品的接收者，而是成为产品设计和生产的积极参与者。用户可以直接通过平台下单，参与到产品的设计环节，将自己的个性化需求直接传达给企业。企业则根据用户需求数据进行产品设计、物料采购、生产排程等，直至最终交付符合用户个性化需求的产品。这种模式不仅缩短了产品从设计到上市的时间，提高了生产效率，还显著降低了库存风险，提升了企业的市场竞争力。

综上所述，工业互联网通过平台汇聚资源，推动了设备共享、产能共享等共享经济模式的发展，同时通过对用户需求数据的深度挖掘和应用，实现了个性化定制，满足了消费者多样化需求。以某工业互联网平台为例，其成功实践揭示了数据要素在推动工业互联网产业经济发展中的核心作用，展现了数据驱动的智能制造模式在全球范围内的广泛应用和快速发展，为其他企业提供了借鉴和启示。

3. 产业链协同效应

数据要素通过工业互联网平台的链接作用，强化了产业链上下游的信息共享与协同创新，提升了整个产业链的竞争力。

工业互联网平台通过数据采集、存储、处理和分析，实现了供应链上下游企业之间的信息共享，有助于企业及时了解市场动态、掌握竞争对手情况，为制定科学合理的经营策略提供有力支持。在信息共享的基础上，工业互联网平台促进了产业链上下游企业的协同创新。企业可以共同研发新产品、新技术，共同解决生产过程中的难题，从而推动整个产业链的技术进步和产业升级。数据要素通过工业互联网平台的链接作用，在生产优化和创新商业模式方面取得了显著成效，同时强化了产业链上下游的信息共享与协同创新，提升了整个产业链的竞争力。随着数字技术的不断发展和普及，数据要素将在工业互联网产业经济发展中发挥更加重要的作用。

首先，工业数据要素通过整合产业链上下游企业的各类数据，如生产、库存、销售、物流、财务等，打破了传统信息壁垒，实现了信息的透明化和共享化。这有助于产业链上的企业更准确地把握市场需求变化，及时调整生产和经营策略，提高整体响应速度和灵活性。通过对工业数据要素的深度挖掘和分析，企业可以更精确地预测市场需求，合理安排生产计划，优化资源配置。这不仅可以减少库存积压和浪费，还可以提高生产效率和产品质量，降低生产成本。同时，数据的实时共享和监控也有助于企业及时发现和解决生产过程中的问题，提高整体运营效率。

其次，工业数据要素的应用还催生了许多创新的商业模式和增值服务。例如，基于数据的个性化定制服务、远程运维服务、故障诊断服务等，为企业提供了更多元化的收入来源。此外，通过数据的共享和流通，产业链上下游企业可以形成更加紧密的合作关系，共同研发新产品、新技术，推动整个产业链的升级和发展。工业数据要素在风险管理方面也发挥了重要作用。通过对供应链各环节数据的实时监控和分析，企业可以更准确地评估潜在风险，及时采取措施加以应对。这有助于提升产业链的韧性和稳定性，减少因供应链中断或波动对企业经营的影响。

例如，四川长虹电子控股集团有限公司通过建立工业数据空间，打通测试、生产、库存、应付账款、供应商资信和历史交易记录等数据，既用来破除产业链上下游企业之间的信息壁垒，又用来助力中小微供应商提升授信，促进产业链供应链高质量协同发展。这一案例充分展示了工业数据要素在赋能产业链协同效应方面的实际效果和巨大潜力。

综上所述，工业数据要素在赋能产业链协同效应方面具有重要意义。它不仅打破了传统信息壁垒，促进了信息共享和资源优化配置；还创新了商业模式，拓展了增值服务；同时强化了风险管理，提升了产业链韧性和稳定性。随着数字技术的不断发展和普及，工业数据要素将在未来发挥更加重要的作用，推动产业链向更高水平、更高质量的方向发展。

4. 供应链优化与跨行业融通

工业互联网以其强大的数据处理和交换能力，对产业链各环节的透明化、智能化管理产生了深远影响，尤其在精准预测市场需求、动态调整生产计划以及降低库存成本、提升供应链响应速度等方面发挥了关键作用。同时，工业互联网跨越行业、领域边界，推动数据共享与业务协同，构建起跨行业融通发展的新生态。

首先，工业互联网通过实时数据交换，使供应链各环节的信息得以即时、准确传递，实现供应链的透明化管理。企业能够实时获取供应链上下游的生产、库存、物流、市场等关键数据，形成对供应链全貌的实时洞察。这种透明化不仅提升了供应链管理的精准度，还为决策者提供了实时决策依据，使企业能够快速响应市场变化，作出更科学、更及时的决策。例如，通过对市场需求数据的实时监测和分析，企业可以精准预测未来一段时间的市场需求趋势，进而调整生产计划，避免过度生产导致的库存积压，或因供不应求而错失市场机会。

例如，在国内某一线汽车主机厂的数字化转型过程中，借助由中电港推出的电子信息产业数据引擎——芯查查，通过海量的芯片参数基础数据和智能数据分析算法，为企业提供BOM优化、交叉选型、物料风险管控、行业趋势分析、供应链波动分析、行业舆情监控等服务，从而在提升企业生产效率、优化供应链管理以及促进创新方面发挥了关键作用。芯查查辅助汽车主机厂专门搭建了车规级芯片库，包含大量汽车芯片的技术参数、产品说明书、数据手册等数据，便于工程师在产品设计初期选择合适的芯片。通过芯查查平台，客户可以统一管理供应链上下游的企业信息，帮助汽车主机厂掌握上下游产地、产能、工艺、规模、企业风险、经营状况等信息，实现元器件供应链的全局管理，高效寻找合作伙伴。平台还能帮助主机厂根据产业链上下游企业的地理分布，选择更可靠、稳定且具有成本优势的供应商，优化库存管理和采购计划，降低库存成本，提高供应链效率。此外，芯查查平台提供智能BOM管理功能，利用大数据AI算法，为客户一键完成智能匹配，提供准确性分析，快速评估物料风险，提出替代建议，并进行合规风险管控。通过大数据分析和人工智能技术，分析市场数据和历史数据，预测未来的市场波动和供应链中断风险。

其次，工业互联网通过智能化的数据处理和分析技术，助力企业实现精细化的生产计划管理和库存控制。通过对历史销售数据、市场趋势、季节性因素、竞争态势等多元数据的深度挖掘和模型构建，企业可以精确预测市场需求，制订出贴近实际需求的生产计划，避免供需错配。同时，通过对库存数据的实时监控和智能分析，企业能够准确判断何时补货、补多少货，有效避免库存过高导致的资金占用和过期损耗，或库存过低导致的缺货风险。这种智能化的库存管理，大大降低了企业的库存成本，提高了资金周转效率，也提升了供应链的整体响应速度。

最后，工业互联网打破了行业壁垒，推动了跨行业、跨领域的数据共享与业务协同，催生了跨行业融通发展的新生态。工业互联网平台成为连接不同行业、企业的枢纽，使得医疗、教育、金融等行业的数据与工业数据深度融合，创造出全新的应用场景和商业模式。例如，工业互联网平台可以将医疗设备的运行数据、患者的健康数据与医疗资源数据相结合，实现远程诊疗、健康管理等医疗服务的智能化；可以将教育资源与工业生产数据相结合，为制造业提供定制化的技能培训服务；可以将金融数据与企业生产、销售数据相结合，为制造业提供精准的风险评估和融资服务。这种跨行业融通不仅提升了各行业的运营效率和服务水平，也为各行业带来了新的增长点和创新空间。

以航天云网为例，该平台利用工业互联网技术，实现了不同企业间的数据互联互通，构建了一个覆盖原材料供应商、制造商、物流服务商乃至终端客户的统一信息平台。在这个平台上，各方参与者可以实时获取所需的信息，进行资源的高效匹配和调度，实现从产品研发、生产计划、物料采购、库存管理到售后服务的全链条优化。这种数据共享模式极大地降低了企业间的沟通成本，提升了产业链的整体协同效率，使得企业能够以更低的成本、更高的效率提供更优质的产品和服务。同时，数据共享还促进了产业链上下游的资源整合和创新能力提升，为企业创造了更多的合作机会和创新空间，推动了整个产业链的转型升级。

综上，数据要素在工业互联网产业经济发展中起着至关重要的作用，它通过推动供应链透明化、智能化管理，实现精准预测、动态调整和库存优化，以及跨行业、跨领域的数据共享与业务协同，重塑产业链条间的协作关系，提升产业链的整体效率和经济效益，为工业互联网产业经济的繁荣发展提供了强大动力。

（四）中小企业数字化转型与区域协同发展

数据要素在推动工业互联网产业经济发展中扮演了至关重要的角色，尤其在降低中小企业数字化转型门槛、提升创新能力、助力区域协同发展等方面发挥了显著作用。

一方面，数据要素通过工业互联网平台，有力推动了中小企业数字化转型进程，显著降低了转型门槛。中小企业通常面临着资金有限、技术储备不足、人才短缺等挑战，数字化转型对他们而言是一项艰巨的任务。然而，工业互联网平台通过提供轻量化、低成本的数字化解决方案，使中小企业能够以较低的初始投入和运维成本接入工业互联网，实现生产、管理、服务等环节的数字化。平台上的各类工业 App、微服务、SaaS 应用等，为中小企业提供了定制化、模块化的服务，简化了复杂的系统集成工作，使企业能够快速构建适合自身业务特点的数字化体系。同时，工业互联网平台汇聚了丰富的行业知识、最佳实践、专家资源等智力支持，通过知识共享、在线培训、咨询服务等方式，帮助中小企业提升数字化素养，弥补其在专业知识和技能方面的短板。此外，平台还通过数据开放、API 接口等方式，实现数据资源的共享和整合，使中小企业能够便捷地获取、分析和利用产业链上下游数据，驱动业务创新和决策优化。这些都极大降低了中小企业数字化转型的技术门槛和认知门槛，使之能够更加平滑、高效地融入数字化浪潮，提升自身的竞争力。

另一方面，数据要素在工业互联网的助力下，有效促进了区域协同发展，构建了"产才融合"的人才生态系统，形成工业互联网发展的高地。以长三角地区为例，该地区依托工业互联网平台，积极构建覆盖人才招聘、培训、评价、激励等环节的全链条服务体系，推动人才与产业的深度融合。平台通过大数据分析技术，精准描绘区域人才供需状况，帮助企业精准匹配所需人才，同时为求职者提供个性化的职业发展建议和培训资源。此外，平台还通过举办线上线下相结合的产业人才交流活动，推动人才与企业的深度对接，促进知识、技能的流动和共享。这种"产才融合"的人才生态系统，不仅为长三角地区的工业互联网发展提供了源源不断的人才支撑，也促进了区域内的就业结构升级，使更多人才能够在数字经济领域找到发展机会，提高了区域整体的人力资本素质和创新能力。

（五）新兴业态模式创新

数据要素作为工业互联网的核心资源，不仅为传统产业升级提供了强大动力，更催生出一系列新兴业态，推动工业互联网产业经济实现高速增长。

数据要素的整合与共享，在工业互联网的推动下，正以前所未有的深度和广度渗透到医疗、教育、金融等传统行业，形成跨行业融通发展的新生态。这种生态打破了行业间原有的壁垒，实现了数据资源的跨界流动和价值共创，催生出一系列创新业务模式和应用场景，为各行业带来显著的效率提升和新增长动力。

在医疗领域，工业互联网平台通过整合医疗设备的运行数据、患者的健康数据以及医疗资源数据，构建起全面、实时的医疗大数据体系。这种数据融合极大地推动了医疗服务的智能化进程。一方面，远程诊疗、健康管理等服务得以实现，患者无须亲临医院即可获得专业医生的诊断和治疗建议，大大节省了就医时间和成本。另一方面，通过对海量医疗数据的深度挖掘和分析，医疗机构可以精准预测疾病发展趋势，优化诊疗方案，提升治疗效果，同时也为公共卫生决策提供了科学依据。例如《中国工业互联网产业经济发展白皮书（2022年）》指出，工业互联网平台通过集成医疗数据，能够支持远程诊疗和智能化健康管理，提升医疗服务质量和效率。

在教育领域，工业互联网平台将教育资源与工业生产数据相结合，为制造业提供定制化的技能培训服务。平台可以根据企业实际需求，精准匹配相应的教育资源，如课程内容、教学方式、师资力量等，确保培训内容与企业生产实践紧密结合，提升员工技能与企业竞争力。同时，平台还可以利用大数据分析，追踪学习进度，评估培训效果，持续优化教学方案，确保培训质量。工业互联网平台将教育资源与工业生产数据融合，为制造业提供定制化培训，助力企业人才培养。

在金融领域，工业互联网平台将金融数据与企业生产、销售数据深度整合，为企业提供精准的风险评估和融资服务。平台通过对企业的生产、销售、库存、供应链等多维度数据进行实时监测和深度分析，能够准确评估企业的经营状况和偿债能力，为金融机构提供风险定价依据，降低信贷风险。同时，基于数据的精准画像，金融机构可以快速响应企业融资需求，提供个性化的金融产品和服务，如供应链金融、应收账款融资等，有效解决中小企业融资难、融资贵的问题。工业互联网平台通过融合金融数据与企业运营数据，为企业提供精准风险评估和定制化融资服务，助力企业融资。

四、数据要素推动工业数字化绿色化融合发展

工业是立国之本、强国之基,同时也是能源资源消耗和碳排放重点领域,工业数字化绿色化融合发展是高质量发展的内在要求、必然趋势和必由之路。碳达峰碳中和"1+N"政策体系中明确提出要加快发展新一代信息技术等战略性新兴产业,推进工业领域数字化智能化绿色化融合发展。我国工业数字化绿色化融合发展已经取得了诸多发展成效,"十四五"时期,在碳达峰碳中和的背景之下,我国工业将迎来更加广阔的市场空间和新的发展机遇。

在工业数字化绿色化融合发展中,数据要素的运用起到了关键的链接和驱动作用。数据要素与数字化是相互依存、互为支撑的关系,它们在现代信息技术和数字经济体系中构成了密不可分的有机组成部分。

(一)数据要素是数字化的基础

数据要素是指在信息化过程中产生的各类数据资源,包括但不限于原始数据、清洗后的结构化数据、经过分析挖掘后的知识和洞察等。这些数据是数字化过程的"原材料",是构建数字世界、驱动数字化转型的核心资产。没有丰富的、高质量的数据,数字化就如同无源之水、无本之木,无法展开有效的信息处理、分析和决策支持。数据要素的采集、存储、处理、分析和应用能力,直接影响数字化的深度和广度。

(二)数字化是数据要素价值释放的途径

数字化是指将现实世界的实体、行为、规则等转化为可被计算机识别、处理和传输的数字形式,通过信息化技术手段实现数据的流动、交互和共享。这一过程将原本孤立、静态的数据转化为活跃、动态的信息资源,使其能够在各种信息系统、平台和应用程序中流动、整合、分析,形成有价值的

洞察和决策依据。数字化通过算法模型、人工智能、云计算等先进技术，对数据进行深度加工，揭示隐藏在海量数据背后的规律、趋势和关联，从而将数据要素潜在的价值转化为现实生产力，推动各行各业的创新和效率提升。

（三）数据要素与数字化相互促进，共同构建数字经济生态系统

数据要素与数字化相互依赖、相互促进，共同构成了数字经济的核心驱动力。一方面，数据要素的积累和丰富，为数字化提供了更加全面、精细的信息基础，推动数字化技术的应用边界不断拓宽，使数字化转型更具深度和广度。另一方面，数字化技术的发展和普及，又极大地提升了数据要素的采集、处理、分析和应用效率，降低了数据利用门槛，激发了数据要素的创新潜能，使得数据真正成为驱动经济社会发展的新要素。这种互动关系构建了一个以数据为核心、技术为支撑、创新为动力的数字经济生态系统，为各行各业的数字化转型和创新发展提供了强大的支撑。

（四）数据要素与数字化共同塑造新的生产方式、生活方式和治理方式

在数字化进程中，数据要素不仅作为技术工具被应用，更深层次地，它正在重塑社会经济的运行逻辑。数据要素与数字化技术的结合，推动了生产方式的智能化、网络化、个性化，如智能制造、精准农业、智慧医疗等，显著提升了生产效率，降低了资源消耗，优化了资源配置。在生活方式方面，数字化与数据要素的深度融合改变了人们的消费习惯、社交方式、学习方式等，如电子商务、社交媒体、在线教育等，极大地提升了生活便利性和体验感。在社会治理方面，数据要素与数字化技术的应用促进了公共服务的高效化、精准化，如智慧城市、数字政务、大数据监管等，提升了政府决策的科学性和公众服务的满意度。

数据要素与数字化是相互交织、相互作用的关系，它们共同构成了数字经济时代的核心要素，推动了经济社会的深刻变革。数据要素为数字化提供了必要的素材和能量，而数字化则为数据要素的价值发现和创造提供

了必要的工具和舞台。两者相互促进，共同推动了各行各业的数字化转型，构建了以数据为驱动的新型经济形态和社会生态。

| 案例一 |

工业数据要素资产化方法

（一）工业数据要素资产化战略意义

2023年8月21日，财政部正式发布了《企业数据资源相关会计处理暂行规定》（以下简称《暂行规定》），自2024年1月1日起施行，并强调采用未来适用法，不属于会计政策变更。《暂行规定》的实施将开启数据资产核算和入表理念，在指导我国企业核算"数据资源"上具有里程碑式的战略意义，这在国际上已经先行一步，得到了各方的高度肯定和关注。需指出的是《暂行规定》是对现行企业会计准则体系作出的有效补充和细化规范，既适用于按照准则规定确认为资产的数据资源，也适用于按照准则规定尚不能确认为资产的数据资源。

数据要素资产化或者说数据资产入表，影响维度不仅仅限于企业自身，其意义可以延伸到国家战略层面。以传统工业制造业为例，企业传统财务报表中包含的是传统生产要素，其财务报表情况反映的是企业的经营成果，侧面反映企业的经营能力，但站在核算与管理的角度讲，财务报表中要反映企业运用生产要素创造生产力的能力，也要为企业提供决策有用的信息，其直接关乎企业利润最大化，更关乎企业的融资效应。

换言之，传统财务报表已无法满足数字经济时代，更不能反映企业实际的经营情况。随着海量工业数据的采集、利用，为企业创造生产价值，一套新型的财务报表也将作为数字经济时代下的核算体系，数智财务也将积极赋能工业数字化，利用新型的数据资产财务报表，为工业企业提供更加完善、有效的决策信息。同时，也向社会公众，披露更加真实的经营状况，减少信息壁垒，为投资者作出指引。

（二）工业数据要素资产化企业意义

数据资产入表将作为工业数字化的机遇，为工业企业提供价值创造新途径，倒逼企业提高数据治理能力，也形成工业企业价值创造的闭环，让工业数字化转型成果"有数可循，有表可依"，同时，财务也应考虑数据资产的特性，如确权难、低成本、快速迭代、无限生产等，考虑如何能够更加具体地反映数据资产的使用情况，考虑数据资产的价值反映，避免数据资产的价值被埋没。

拿传统资产来比较，传统资产进入报表后，由企业经营生产产品得到利润，其价值释放是通过不断投入生产原料，产出可以进行交换的产品。而数据资产并不直接作为生产原料，其产生后不仅可以重复利用，还能够不断更新，拿工业企业数字化场景中质量监测与追溯场景来举例，产品质量数据指标，包含各项生产质量数据，利用这些数据可以产出质量更好的产品，同时可以精准监测到劣质产品的来源，追溯到由于哪项生产流程产生问题，不断降低产品的废品率，提高产品质量，同时此类数据一经创造，可使用生命周期长、成本低，且可不断更新。

可以说，工业数据资产入表要从工业场景出发，其将具体的工业数字化应用场景生产过程变得更加精准，企业生产失误率下降，企业生产投入产出比上升，企业创造利润能力提高。

而数据资产进入报表以后，计入存货价值，成本归集与分摊以及数据资产定价将是企业的难题，但可以进行交易处理为企业带来利润，也将此数据存货流通入市场当中，将数据要素带入工业产业链条之内；计入无形资产，则需考虑后续摊销减值问题，让数据资产报表完美反映数据资产价值。

（三）数据资产入表倒逼工业制造业业财融合

业财融合是一项长期存在的难题，业财融合要实现将业务产生的非标准化数据转化为财务标准化数据,这一业务到财务的数据流程很好解决,但是站在管理的角度讲,业财融合还有一个深刻的问题,就是为企业提供决策有用的信息。以工业企业为例,企业利润增速下滑,企业成本难以下降,是财务当中反映的信息,要想这一条信息发挥作用,还有一个过程是精准追溯原因,找到是因为生产哪一个环节出现问题,还是因为销售市场等因素。比如企业存货周转率下降,可以直接通过企业各类产品全生命周期图谱判断是哪项存货堆积,抑或企业退货率上升,可以通过质量监测与追溯场景中的数据监测原因,企业成本上升,通过供应链监测系统和能耗监测与优化场景追踪由于原料价格浮动还是设备老化等问题。

数据资产入表,将企业生产具体划分为各类细分的应用场景,并设立业务数据与财务数据的相关性分析,实现的是财务数据异常的追本溯源,打造工业企业的业财一体化。

(四)数据资产入表路径

企业数据资源入表是一个系统工程,需要遵循合规与确权、有效治理与管理、预期经济效益、成本可靠计量以及列报披露五个关键步骤,如图5-6所示。

数据资源入表基本路径-五步法

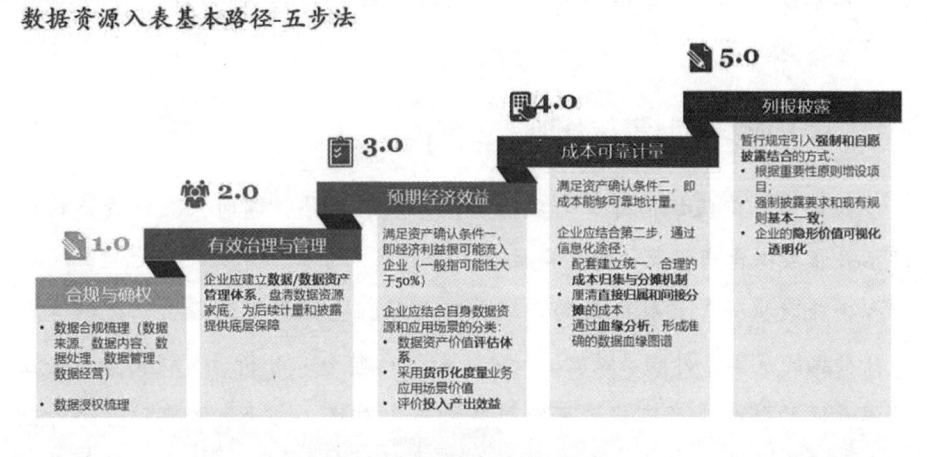

图5-6 数据资产入表5步法

数据资产入表之前的确权、合规、登记与有效治理与管理问题由上文提及，而入表的后续基于会计准则又可以分为判断数据资产是否为企业带来预期经济效益的流入、成本的归集与分摊问题以及披露与列报问题，同时，企业应对数据资产入表所带来的后果进行考虑。

（五）预期经济流入的可行性分析

企业数据资产预期经济利益的可行性分析数据价值链表征了企业实现数据价值创造的过程。数据资产具有场景依附性、非消耗性、时效性、共享性和非竞争性等特点，其中，最有实践意义的特点是数据资产的场景依附性。因此，企业需要结合具体的应用场景去发现数据资产，进而对数据资产预期经济利益进行可行性分析。例如，某企业通过新车经销商和旗下二手车平台获得挂牌、交易相关数据，在将数据脱敏后，通过接口向产险提供数据查询服务，从而通过直接收益获得经济利益的流入。又如，某银行将用户、业务等数据开发形成客户画像，应用于风险控制流程的改进，探测风险、降低损失，从而通过节约成本和降低风险获得经济利益的流入。数据资产预期经济利益可行性分析的方法基础是构建数据资产计量模型。企业可以利用历史经济收益数据，结合回归或AI模型，通过初始模型及其因子体系设计、特征工程与模型训练，构建出适应具体应用场景的数据资产计量模型。

（六）成本的归集与分摊

数据资产价值评估可作为数据资产入表的指导，同时，数据资产价值评估并非数据资产入表的前置条件。

企业数据资产相关成本的合理归集与分摊企业数据资源生产流程主要包括数据的采集、外购、脱敏、清洗、标注、整合、分析、可视化等，企业数据资源的整个生产流程均可能产生成本。因此，企业有必要对各个阶段的成本进行归集，并建立合理的成本分摊机制。企业数据资产相关成本的合理归集旨在通过数据资源分析，把当前数据产品开发涉及的所有数据资源的成本进行归集。企业数据资产相关成本的分摊则是通过管理会计分摊因子,把数据储存成本及数据安全管理成本等分摊到当前数据产品开发涉及的所有数据资源上。企业数据资产入表采用未来适用法,对《暂行规定》施行前已经费用化并计入损益的数据资源相关支出不再调整。

(七)企业数据资产的列报与披露

在现行企业会计准则框架下,企业数据资源可归属存货和无形资产两类资产类别。《暂行规定》对确认为无形资产和存货的数据资源,结合数据资源的特点和业务流程等,在初始计量、后续计量处置等方面作出了指引。事实上,企业数据资源入表或列报不是显示企业数据资源价值的唯一途径,合理披露能让企业更充分地展示其数据价值。企业应当强制披露对数据资源进行评估且评估结果对企业重要的信息,尤其是涉及重大数据资源价值评估场景、企业合并对价分摊、数据产品定价、减值测试等信息。企业也可以根据实际情况,自愿披露已确认和未确认的数据资源相关信息。企业应充分平衡考虑成本效益原则对数据资产进行列报与披露(见图5-7),这不仅有助于倒逼自身建立数据资产管理和价值评估体系,也能让企业更充分地展示其数据价值。

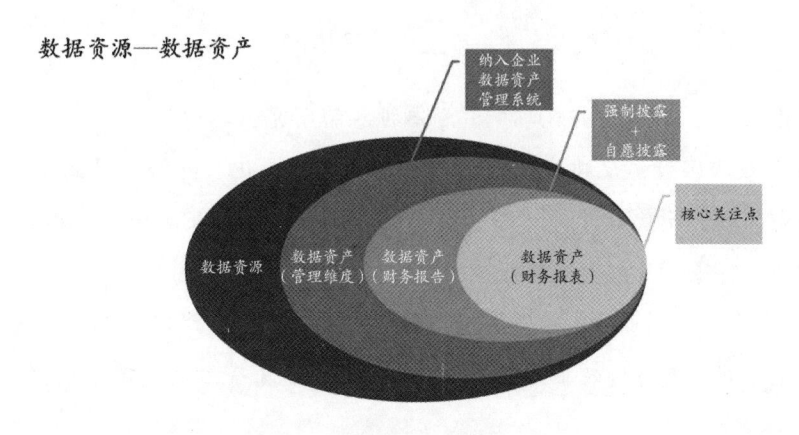

图5-7 数据资产披露形态

无论是数据资产的财务报告还是财务报表,其共有的价值影响当属于更加贴切地反映企业市值，并为企业带来融资效应，同时也是数据资产走入市场必不可少的一步。所以，对于数据资产的考虑，不能仅仅考虑其作为经营资本，还要考虑其金融属性。

（八）工业数据资产证券化

工业数据资产证券化作为数据资产的金融创新产品，其目的是盘活存量资产，其中要站在金融的角度去考虑数据资产的价值，以数据资产为底层资产的证券化对公众的吸引力如何，其价值增长逻辑是什么，是否能够作为新的证券产品，一方面为企业带来融资，另一方面为投资者带来收益。

目前，对于工业数据资产证券化的首要考虑应当是测算与数据资产相关的资本存量，以资本存量为基础，去思考如何盘活存量资产，发行相关的金融产品。

与工业数据相关的资本投入直接相关的是工业互联网，测算工业数据资产资本存量可以转换为对于工业互联网资本存量的测算，在"永续存盘法"的基础上，考虑时间—效率模式，即投入的生产能力随时间而损耗，相对生产效率的衰减不同于市场价值的损失，在此条件下即可测算出生产性资本存量。

$$K_{i,t} = \sum_{x=0}^{T} h_{i,x} F_i(x) I_{i,t-x}$$

根据 Schreyer（2024）对 IT 资本投入的研究，其中，$h_{i,x}$ 为双曲线型的时间—效率函数，反映 ICT 资本的相对生产率变化，$F_i(x)$ 是正态分布概率分布函数，反映 ICT 资本退出服务的状况。工业互联网资本与 IT 资本具有相似的特性，所以也适用于此模型。

$$h_i = (T-x)/(T-\beta x)$$

上式中，T 为投入资本的最大使用年限，x 为资本的使用年限，β 值规定为 0.8。

$$F_i(x) = \int_0^x \frac{1}{\sqrt{2\pi \times 0.5}} e^{\frac{(x-\mu i)^2}{0.5}} dx$$

其中，μ为资本品的期望服务年限，其最大服务年限规定为期望年限的1.5倍，该分布的方差为0.25。其中，i表示各类不同投资，在本研究中分别为计算机硬件、软件和通信设备。关于基年 ICT 资本存量，本研究采用如下公式进行估算：

$$K_t = \frac{I_{t+1}}{g+\delta}$$

其中，K_t为初始年份资本存量，I_{t+1}为其后年份的投资额，g为观察期投资平均增长率，δ为折旧率。

通过以上模型测算出工业数据领域资本存量，可以推动后续资产证券化的产品发行，并判断工业互联网领域存在多少的价值增加动能，为工业数据资产证券化奠定基础，并为工业领域数字化发展带来融资，加速工业数字化转型，也为国家经济增长带来新动能。

案例二

航天云网的工业互联网建设

（一）案例概述

航天云网公司是中国航天科工集团有限公司控股的高科技工业互联网平台企业，成立于2015年6月。依托航天复杂的大系统工程优势，打造了世界首批、中国首个以云制造为特色、自主可控的工业互联网平台 INDICS，成功入选《人民日报》改革开放40年40个"第一"系列（第一个工业互联网），支撑数字航天战略实施，服务国家战略，赋能政府数字化治理与企业数字化转型。

（二）以数据驱动业务发展的工业互联网平台

INDICS 平台不断强化科技创新，持续引入新兴技术，加快工业智能技术、工业大数据技术、边缘智能技术、数字孪生技术、工业应用快速构建技术、区块链+标识解析技术、VR/AR技术、知识图谱技术等新兴技术与平台融合，形成服务制造业转型升级的新能力，不断完善产品质量、生产工艺及设备运行优化，推动以新技术引领的工业互联网发展与应用。

1. 使用微服务技术打造数据支撑底座

INDICS-OS开放分布式工业操作系统面向工业全要素、全价值链、全产业链，提供数据采集微服务集（下行API）、异构大数据湖、核心工业组件、数据支撑微服务集（上行API）4项核心功能。通过INDICS-OS操作系统的数据支撑和开放数据采集两类微服务集提供。其中INDICS-OS数据支撑服务提供服务注册、发布、管理、监控和运维的全生命周期管理的托管服务；INDICS-OS开放数据采集微服务集（下行API），涵盖了设备连接、系统接入、标识服务、边缘管理4类，共100余个开放服务接口，支持使用者进行设备组、单一设备、设备采集点、设备网关标准化管理，方便其灵活适配各类工业设备、边缘网关协议，深度集成设备接入工具，实现典型高价值工业设备模板化连接。

2. 强大的IoT接入能力打造平台感知中枢

IoT开发服务提供一站式设备接入和产线接入服务，将设备数据高效传输至平台，实现设备数据上云、实时数据监控、设备反向控制等全设备生命周期管理服务能力。IoT开发服务为开发者提供17大类80余种设备模板，400余种工业协议，丰富的可视化组件，支持百万级设备接入，具备百万级设备数据并发能力，支持TB/PB级别数据存储。满足毫秒级设备数据采集与转发，实现分钟级线下部署实施能力。

3. 大数据促进产业链创新链融合

平台应用大数据技术，以线上与线下相结合、创新与创业相结合、制造与服务相结合的模式整合行业资源，建立覆盖设备互联、资产管理、数据分析、数据服务、应用开发等全产业链的融合创新，具备链接海量工业设备、管理高价值工业资产、沉淀大量工业数据的能力，产生大量设备数据和交易信息。同时，对外开放平台接口，建设开发者社区，吸引工业设备生产商、运营商及工业应用开发者入驻，形成以关键设备工业大数据平台为依托的工业大数据创新链条，打造一个开放共享的工业大数据产业生态。

基于工业大数据处理通用技术，将工业大数据领域的数据全生命周期处理的核心能力进行抽象并以"云化方式"向工业领域开放，打造工业大数据基础开放能力，实现数据管理、基础分析算法、数据展现、开放接口、开发环境等多个层面能力开放，基于特定行业各个领域业务特性，整合业务流程或管理特色，协助工业企业、第三方开发者快速、低成本构建自己的工业大数据应用。实现基于数据的建模与智能分析、基于数据的生产控制、基于数据的智能服务；在平台上通过拖拉拽等操作轻松建立企业设备资产组织结构，实现企业数字化管理和工厂设备资产的便捷管理；为企业机器、设备组、零件、设施等提供设备/固件实时设备监控报警与故障诊断；通过机器学习实现智能故障预测和设备预测性维护，降低企业非计划性停机；把大数据技术赋能工业制造生产、销售、研发过程，帮助企业信息化升级，为生产决策提供可靠的数据支撑；解决工业设备远程状态监控、设备维护、生命周期管理问题，实现企业在线远程运维及生产托管，实现透明化生产；通过动态报表及大屏展示进行数据可视化快速发现运营与产品问题。

4. 知识图谱服务促进工业数据融合发展

面向工业领域全生命周期多场景的知识服务需求，瞄准工业要素类型繁杂、要素知识提取组织困难、多种模态要素信息难以打通等问题，研发具有自主知识产权、技术先进的多模态工业知识服务平台，形成涵盖知识加工与构建、知识管理与存储、知识搜索与应用的能力，依托INDICS平台在智能制造等领域进行示范应用。

知识图谱服务平台可为开发者提供百亿条边的图处理能力，支持最短路径、图的遍历等多种图计算模式，帮助开发者构建知识模型，以解决遇到的复杂性、不确定性、经验性和预测性问题。

5. AI技术释放数据潜力

INDICS平台提供人工智能训练平台，面向专业算法工程师和非专业算法开发者，为基于机器学习和深度学习的模型训练提供开发和运行环境，满足业务数据快速建模分析和模型应用，支撑从数据处理、模型构建、模型训练、部署发布、服务预测、版本管理等场景需求。

为开发者提供统一人工智能算法运行环境，兼容主流计算框架，支持多种计算运行库，为开发者提供容器化与虚拟化计算资源，利用分布式计算的优势，提高模型训练效率。面向专业算法人员和零算法基础人员开放集合代码环境、算法算力和数据集管理的一站式人工智能训练平台。为开发者提供图像识别、文本处理等通用算法技术。同时，孵化安全监测、故障预警、质量检测、缺陷识别、工艺优化等行业模型服务。

6. 数字孪生技术推动企业提质增效

INDICS平台通过INDICS-Twin数字孪生建模工具，为各类开发者提供强大、灵活、快捷的数字孪生开发服务能力，支持开发者从多角度，形成基于MBSE的多行业、多层级数字孪生，实现数字孪生开发全过程的降本增效。基于数字孪生应用，提高企业竞争力，促进制造过程数字化、智能化和精准化。开发者可利用INDICS平台资源，快速接入各类工业设备/产品/系统的数据，以实时数据驱动各类模型运行，打通虚实连接通路。平台提供孪生体资源和可视化资源两类资源库。

孪生体资源库：模型库中一共提供了17类160种封装的模型图元，支持开发者对应用于不同场景的复杂数字孪生系统进行图形化建模，提升支持开发者自定义扩展模型或上传外部模型资源。

可视化资源库：为开发者提供覆盖13个行业的各类几何模型资源，附带纹理材质，支持"积木式"的数字孪生场景搭建；提供11类百余个可复用、可编辑UI组件，支持开发者构建所见即所得的数字孪生看板。

（三）推动企业数字化转型

1. 基于"5G+VR+数字孪生"的热处理远程运维系统

热处理是机械制造领域广泛应用的重要基础工艺之一，为汽车、石化、航天航空、港机、船舶、电力、电子、纺织机械、轻工机械、矿山机械、工程机械、冶金机械、轨道交通等行业的发展提供了重要支撑。

据统计，我国约有各类热处理加工企业和车间一万多家，全行业热处理生产设备约20多万台（套），每年的热处理加工量约5000多万吨。虽然热处理装备和工艺材料制造达到或接近国际先进水平，但仍存在一些生产问题制约着企业的发展，具体包括以下三个方面。

（1）工艺参数不能精确掌控和智能调整，工艺稳定性差。热处理过程中感知能力不足，在渗碳过程中，碳势和温度控制密切相关，温度和碳势分布控制性差导致工艺参数无法准确实现。

（2）炉内循环程度低、均匀性差，产品报废率高。加热设备可靠性差、温度均匀性差，无用的热消耗多，炉内循环程度低，缺少对加热炉温度场、炉气循环的数字化模拟。

（3）人工巡检不及时，存在安全生产隐患。设备自动化、智能化程度低、可靠性差，加工过程需在深度真空的热处理炉内通入可燃性气体，依靠人工巡检易导致安全事故发生，存在重大安全生产隐患。

航天云网搭建了一套云、边、端一体化的远程运维系统架构，生产现场数据传输至边缘服务器进行数据筛选、数据清洗、模型加载、质量预测、远程运维；数字孪生体、行业专家知识系统、机理模型存储在云端，基于海量数据进行机理模型计算、分析，生成生产优化调节建议，并将计算结果返回至终端；在终端，生产人员可通过VR眼镜查看车间3D模型，并进行人机交互操作，实现远程运维目标。

通过对热处理炉进行升级改造，增强了对炉内环境的感知能力，提高了对炉膛温度、碳势的精确控制，提升了工艺稳定性；更加立体化地观察炉内生产环境；构建实时数据驱动的数字孪生体，炉内温度场分布及产品渗碳过程可视化，有效预测碳势分布，降低产品报废率，提升产品质量，积累过程数据，形成行业专家知识库；借助"5G+VR"实现远程巡检，及时调整炉内参数设定，在保证产品质量的同时，降低安全事故发生率。

该系统已在我国西南地区最大的热处理工厂落地应用，通过对工艺数据的可视化和对产品质量的实时分析与监测预警，让作业人员能够精准控制热处理加工过程，产品一次检验合格率提升至98%；作业人员能远程、实时地对设备进行点检及维护，有效地缩短了人员作业时间，提高设备运维效率25%，降低安全事故发生率95%，为传统制造业数字化转型提速，助力热处理行业高质量发展。

2. 基于数字孪生仿真技术的建陶智慧工厂

建筑陶瓷是陶瓷制造业中最主要的组成部分，中国是建筑陶瓷的最大生产国，全球过半的建筑陶瓷产自我国，但是建筑陶瓷产业集中度低、行业产能过剩、低质量重复发展、创新动力不足等多种问题制约了行业的高质量发展。

近年来，中国建筑陶瓷行业的发展经历了从快速增长到逐渐放缓的过程。在供给侧结构性改革的影响下，建筑陶瓷行业的产业结构不断优化，新型材料、高附加值产品逐渐成为市场主流。这要求企业快速反应，寻求新的盈利增长点，如发热瓷砖、易洁抗菌瓷砖、发泡陶瓷等功能性陶瓷砖和岩板等尺寸较大的陶瓷砖将是行业发展的方向。

面对诸多困难和挑战，实施产业数字化转型，以数字化驱动打通陶瓷产业上下游的难点、堵点、痛点是解决当前困难和问题的重要方法，也是持续推动产业高质量发展的必由之路。具体来说，陶瓷行业目前普遍存在以下几个需求和痛点。

（1）设备数据采集难。陶瓷生产已经高度机械化自动化，但行业整体数字化水平相对落后。生产设备的数据接口缺乏统一标准，无法实现互联互通。

（2）"四转难题"。在"转产、转料、转速和转入"过程中，由于泥沙料等原材料的成分不稳定，以及设备运行参数的频繁调整，容易造成工艺的不稳定和产品质量的波动。

（3）生产协同难。瓷砖生产区域广、产线长，生产异常定位难、响应慢，易出现"空窑"现象，造成产能与能源浪费。

针对以上问题，航天云网提出基于数字孪生技术的建陶行业数字化转型整体解决方案，以数字孪生技术为底座，管控5个领域（研发、生产、设备、质量、能源），搭建4类模型，通过数字孪生体构建、物理全面感知下的虚实映射呈现、特定业务场景分析应用与预测仿真、工艺优化辅助决策及自适应控制等手段，支撑业务应用系统，实现建陶工厂全流程业务优化。

建设运行SCADA、PLM、MES、WMS等八大系统控制中心的数字化工厂，实现了产品研发、计划、转产、生产、质检、仓储、物流的生产链条，以及能源、设备运维、产供销、成本管控的运营链条的全面数字化管理、智能化运营，各应用系统的数据融通，解决了生产、运营、质量管理、产业链上下游协同等环节，数据不同步、数据孤岛的问题，提升了数据的协同效率及价值。

通过数字孪生三维全景建模，实时重现生产现场，利用数字化解决方案将现实设备与三维全景模型进行虚实映射，实现数据感知、实时分析、智能决策和精准执行，同时实现生产数据的透明化、可视化呈现；以生产、管理为主视角所需要的各项数据，实现生产数据透明化、三维全景可视化、设备预警智能化、资产管理数字化。

通过构建数字化"端—网—云—用"体系，在边缘侧构建直驱设备的工艺优化辅助决策及自适应控制，实现了数据的实时采集和全面贯通，实现经营管理的可视化和透明化，极大地提升了精益制造能力，为管理决策提供了重要的数据化支持。

依托数字孪生技术，管控研发、工艺、生产、仓储、能耗、设备等环节，建立基于数据驱动的智能工厂管理模式，通过工艺流程仿真、实时生产调度，大幅提升了各工序之间的协同效率、降低了生产异常响应速度，提高了产品优等率。

实现试版数字化，改变了以往试版全靠工艺员经验的局面，通过各类工艺机理模型，监控试版过程中的各项工艺参数，大大提高试版首试通过率，原来试制需要4~5次才能成功，现在通过数字孪生监控，综合提高试版成功率近20%，降低了工艺试制人员的工作强度，减少了试版带来的损耗。

通过"原料－釉料－半成品－成品"的全线质量监管和工艺监控，及时发现工艺问题和质量风险，以往只能在分选环节进行的质量评定，现在可以将质量管理分布在生产的各个环节，经测算，各类工艺缺陷、原料及釉料质量波动和各环节砖损有效降低，综合提高产品优等率1.5%，降低砖损5%。

通过不断探索改进管理方法，将全面开展设备数据采集，设备告警、生产调度指令实时推送至生产一线，研发空窑预警模型、设备故障模型，重点监控窑炉、压机、喷墨机等核心设备，有效防止窑炉空窑，预防压机、喷墨机等设备故障导致的停产、停线、停窑。据测算，企业设备故障率降低约40%，生产异常问题响应速度提升约80%，人均月产值提升约111%，单位产值综合能耗降低约58%。

3. 面向食品饮料行业的透明工厂解决方案

作为数字经济发展的重要着力点，数字化转型已上升为国家战略，是饮料行业谋求生存发展的必由之路，是提升行业竞争力、创新能力和经济效益的重要手段。饮料行业的数字化转型是涉及全行业的一次彻底革命，是供应链、产业链、价值链的全流程优化。通过数字化转型，可实现全流程透明可追溯、确保食品安全、提高生产效率、提升产品质量，从材料、能源、人工、物流等方面降低生产成本，节能减排、绿色低碳，显著提升行业整体的经济效益与社会效益，实现高质量发展。

随着食品行业的快速发展，大众对食品质量安全要求明显提升，食品行业的绿色发展普遍存在以下几点亟待解决的问题。

（1）食品工业生产工艺通过DCS（分散控制系统）进行管理，但是DCS系统是以工艺角度进行参数管控，无法为产品质量优化提供支撑。

（2）大多数企业的设备管理依赖人工填报，工作效率低，容易造成设备故障，甚至引发产品质量问题。

（3）生产企业的供应链、生产、仓储、品控等环节缺少信息化手段或存在数据孤岛，产品全生命周期质量追溯效率低，数据不透明，难以快速响应管理需求。

航天云网基于INDICS工业互联网平台，结合"质量问题归零"理念，利用云原生技术、制造中台技术，打造面向食品质量安全的透明工厂解决方案。从两个维度实现工厂透明化：一是对内实现管理数据透明化，提供基于工业互联网的 SaaS 化供应链管理、生产管理、设备管理、仓储管理、质量管理等应用系统，通过信息化手段实现从原材料进场、投料生产、质量管控、产品入库到发货等各环节的数据实时采集，使管理层能够及时了解生产状况，快速发现并解决问题；二是基于工业互联网数据安全体系，对数据进行脱敏处理，通过赋予每个产品一个"质量码"，使终端消费者通过微信扫码即可查看该产品所有的质量数据，实现对外质量数据透明化。通过打造"1+1+1"的行业转型最佳实践路线，利用一图、一码、一链赋能生产、质量、供应链行业三大核心领域。

一图看全厂：将生产、设备、质量、供应链、仓储等数据进行汇聚和分析，通过一张图实时展示企业生产、经营的实际情况，实现企业内部管理数据透明化。

一码查质量：利用标识解析和区块链技术，为每个产品赋予唯一标识码，将生产管控、质量管理、供应链各环节与质量管控相关的数据集成到标识码中，通过一个码即可查询产品的原材料、生产、质量检测等全生命周期的质量数据，实现对外质量数据透明化。

一链聚行业：通过工业互联网平台承载作用，聚合食品饮料行业上下游产业链各环节资源，实现产业链、供应链、价值链融合，助力食品饮料行业高质量发展。

该解决方案可为食品饮料企业总体降低信息化成本 30% 以上，能耗成本下降约 11% 左右，检测效率提升约 10%。

第六章

数据要素 × 数字化流程管理

现代化企业是一个专业分工和协作运营相结合的组织，而一个分工协作的体系运作起来就需要流程，企业绩效改进最大的机会点就在职能接口处，即接力棒从一个部门交到另一个部门的交接点，因此本章聚焦企业效能提升的主要路径之一——流程管理。

随着国有企业数字化转型工作的推进，企业的流程被部分或者完全数字化了，基于流程的数据要素越来越实时和完善，数字化流程管理的效能提升通过实践，从技术、方法和路径上取得了质的飞跃。按照马克思主义经济学理论，生产力决定生产关系，生产关系反作用于生产力，那么，随着新质生产力的发展，生产关系会随之而变，在企业发展中，流程管理将是理顺生产关系的重要工作内容之一，数字化流程管理必定会扮演越来越重要的角色，成为支撑国企数字化成功转型的利器。

一、数字化流程管理概述

（一）流程的相关概念

1.APQC 流程架构

APQC 是美国的一个非营利组织，全称为"美国生产力与质量中心"

（American Productivity & Quality Center，APQC），致力于帮助组织改善绩效、提升效率和实施最佳实践。它起源于20世纪80年代，当时美国的一些组织意识到需要一个通用的流程框架来帮助管理和改进业务流程，于是，APQC组织成立并开始开发和推广这个流程框架。经过多年的发展和实践，APQC流程架构逐渐成为一个被广泛接受和使用的流程管理工具，为组织提供了有价值的业务流程管理方法和实践。APQC流程架构的提出主要有如下考虑。

提供统一的语言和结构：APQC流程架构为组织提供了一个通用的语言和结构，使不同组织之间能够进行流程对比和学习。它为组织提供了一个共同的术语和标准，有助于更好地沟通和理解各个业务流程。

促进流程优化和改进：通过使用APQC流程架构，组织可以全面理解和分析其业务流程，识别潜在的改进机会和瓶颈，并采取相应的措施来优化和改进流程。这有助于提高效率、降低成本和提升组织绩效。

共享最佳实践：APQC流程架构提供了一个广泛的流程分类，包括各个行业和领域的最佳实践。通过与其他组织进行对比和学习，组织可以获取来自不同行业的实践经验，并应用于自身的流程优化和改进。

评估组织能力：APQC流程架构可以用作组织能力评估的基础，帮助组织确定其在各个业务流程方面的成熟度和改进需求。通过对照流程架构，组织可以发现自身的短板，并制订相应的发展计划。

下面是对APQC流程架构各个层级的详细介绍：

Level 1（一级）：这是最高层级，分为4个主要类别，即组织层面、战略规划、管理和支持流程、实施流程。

Level 2（二级）：在每个主要类别下，进一步细分为具体的流程群组。例如，在组织层面，可以包括战略管理、人力资源管理和财务管理等流程群组。

Level 3（三级）：在每个流程群组下，进一步细分为具体的流程类别。例如，在人力资源管理中，可以包括员工招聘、绩效管理和培训开发等流程类别。

Level 4（四级）：在每个流程类别下，提供更详细的流程定义和描述。这些流程定义包括具体的活动、输入、输出、角色和控制点等。

APQC 流程架构是一个通用框架，可以根据组织的具体需求进行定制和适应。组织可以根据自身的业务模型和流程特点，进行调整和补充，以建立适合自己的流程架构。

2. 业务流程再造（BPR）与业务流程管理（BPM）

20 世纪 90 年代初，美国学者迈克尔·哈默（Michael Hammer）和钱皮（James Champy）提出了 BPR 的概念。当时，哈默观察到许多组织的业务流程陷入僵化、低效和烦琐的状态，无法适应快速变化的商业环境。他主张通过对业务流程进行彻底的重新设计，以实现显著的改进和效率提升。

BPR 的理念得到了广泛传播，引发了一场全球性的流程改革浪潮。福特、摩托罗拉都是这个理念和方法的受益者。在 20 世纪 80 年代，福特汽车公司面临着严重的竞争压力和生产效率低下的问题。为了应对这些挑战，福特采取了 BPR 的方法，彻底重新设计了其生产流程。他们摒弃了传统的流水线模式，而是引入了一种称为"精益生产"的新模式。这个新模式强调团队合作、去除浪费和持续改进。福特通过这种方式实现了生产效率的显著提升，重新夺回了市场份额。在 20 世纪 90 年代初，摩托罗拉面临着来自日本和韩国等亚洲竞争对手的压力，为了提高竞争力，采取了 BPR 方法，重新设计了其生产和供应链管理流程，通过这些改革，摩托罗拉大幅度降低了生产成本、缩短了产品上市时间，并提高了产品质量。

在这种大背景下，正好碰上企业信息化管理系统逐步进入大规模实时阶段，BPR 理念中"根本的再思考和彻底的再设计"被企业信息化建设落实成为"要推倒重来而不是逐步改进，要革命不要改良；要么换脑子要么换人"，BPR 被理解成了"砸烂旧世界重建新世界"的代名词。在那段时间里，只要提到流程管理，大家就认为是 BPR，当时很多 BPR 项目与信息化系统建设项目同步展开，有的管理者甚至要求管理流程照搬软件套装中的流程，那么企业所谓的 BPR 完成之后，结果可想而知，因此很多人会对 BPR 持负面态度，逐渐地 BPR 这个词重归平静，BPM 逐步被重视起来。

BPM 的概念相对于 BPR 来说较晚，它在 21 世纪初开始受到广泛关注。BPR 通常是一次性的、革命性的变革，旨在解决严重的业务问题和瓶颈。而 BPM 则强调对业务流程的管理和持续优化，以实现组织的灵活性、可持续性和创新能力持续改善。

不同于 BPR，BPM 是作为一套管理方法被引入企业的，是一个包含流程设计、流程实施、流程监控、流程梳理、流程分析的循环。

3. 流程和企业成熟度模型（PEMM）

企业的流程不是一夜之间建立的，而是耗时良久。随着企业的发展，往往需要优化或调整流程，大多数企业无法同时重新设计所有流程，因为实现一个新流程通常是一项复杂且代价高昂的工作，而且大多数公司也没有足够的人力和财力来进行多个项目。流程的优化给企业高管提供了一个巨大的挑战，他们必须思考：从哪里开始，以多快的速度进行，如何保持势头，流程目标如何支持整体业务战略和资源分配等。为了帮助企业按照正确的路径进行流程优化，美国学者迈克尔·哈默（Michael Hammer）提出了流程和企业成熟度模型（PEMM），来帮助企业解决以上问题。

流程和企业成熟度模型（PEMM）包含两个方面，一方面是流程能动因素，另一方面是企业能力。P-1 级的流程既可靠又可预测，很稳定；P-2 级流程表示一个流程达成了良好的绩效，公司实现了端到端设计；P-3 级的流程中，流程实现了最佳绩效，管理人员在必要时将其与其他内部流程整合，以最大化流程对公司绩效的贡献；在 P-4 级的精细化领域中，流程处于同类一流水平，它超越了公司的界限，惠及供应商和客户。类似地，企业能力可以被划分为 4 个类似的成熟度层级。下面我们详细描述流程能动因素的具体衡量指标。

流程能动因素包含流程设计、流程员工、流程所有者、基础设施和指标。针对每一个流程能动因素，都有 4 个以数值量化的成熟度层级，从 P-1 到 P-4。

流程设计包含流程设计的目的、流程运营的环境和流程管理的文档三个方面，从 P-1 到 P-4 的评估标准见表 6-1。

表6-1 企业流程设计工作成熟度评估标准

流程设计	P-1	P-2	P-3	P-4
目的	流程未基于端到端设计,智能经历主要将传统设计用作业绩改进的环境	为了优化企业绩效,对流程进行了端到端设计	为优化企业绩效,流程设计已适配其他企业流程和IT系统	为优化企业绩效,流程设计已适配客户和供应商的流程
环境	已经确认流程的输入、输出、供应商和客户	流程的客户需求已知,而且设计者经过讨论对此达成一致	流程所有者与对接的其他流程所有者建立了共同的业绩预期	流程所有者与客户和供应商的对接流程所有者建立了共同的绩效预期
文档	流程文档主要是职能性的,但标明了执行流程所涉及的部门之间的相互关系	已经有端到端设计文档	流程文档描述了流程与其他流程的接口,以及流程与企业系统和数据体系结构的连接	流程设计的电子形式支持着流程业绩和管理,能够进行环境改变和流程重构分析

企业可以按照表6-1去对自己的流程设计状况进行评估,根据评估情况去规划和演进自己的流程设计工作。

流程员工包含员工的知识、员工的技能和员工的行为,具体评价标准见表6-2。流程员工是影响流程绩效的核心因素,在企业需要引入或者持续改进流程过程中,需要加大对于参与流程员工的宣传培训和培训反馈的管理,由于企业员工的流动性,这项工作需要持续推进,而不仅仅是一个口头通知或者一纸公文。

表6-2 企业流程员工成熟度评估标准

流程员工	P-1	P-2	P-3	P-4
知识	员工知道他们所执行的流程名称,了解评估流程绩效的关键指标	员工可以描述整个流程的步骤,知道自身工作如何影响客户、流程中的其他员工及流程绩效,能说出绩效的目标和实际水平	员工既熟悉业务的基本概念,也熟悉企业的业绩驱动因素,并且能够描述自己的工作如何影响其他流程和企业绩效	员工熟悉企业所在的行业及趋势,并能描述他们的工作如何影响企业绩效

续表

流程员工	P-1	P-2	P-3	P-4
技能	员工能解决问题，具有改善流程的技术能力	员工善于团队合作和自我管理	员工擅长制定商业决策	员工擅长改革的管理和实施
行为	员工对流程有一定的忠诚度，但主要忠诚于职能部门	员工努力遵循流程设计，正确执行流程，并以能促进流程中其他员工有效完成工作的方式工作	员工努力确保流程可以产出实现企业目标所需的结果	员工寻找流程应该被改变的迹象，并对流程改进提出建议

流程所有者包含流程所有者的身份、日常的工作和他（她）的权利。很多国有企业对流程所有者没有一个定义明确的岗位或者部门，或者有这个岗位、部门，但是并没有给他们赋予足够的权利和资源，因此造成企业协调工作量大，企业的效率不高。设立这种岗位或者部门的企业，其企业管理层往往对于公司管理有更加深入的理解，他们更能理解流程和职能的关系。流程所有者成熟度评估指标及标准见表6-3。

表6-3 流程所有者成熟度评估指标及标准

流程所有者	P-1	P-2	P-3	P-4
身份	流程所有者是被非正式委派的负责改进流程绩效的个人和团队	企业领导创建了一个正式的流程所有者岗位，并任命了一位具有影响力和信誉的高级经理	在时间分配、思想分享和个人目标方面，流程对所有者来说是最重要的	流程所有者是企业最高决策机构成员
工作	流程所有者识别并记录流程，与流程中的员工沟通，并发起小型改革项目	流程所有者阐明流程绩效目标和对其未来的展望，发起流程重新设计和改革工作，制定并实施计划，保证全员遵照执行	流程所有者与其他流程所有者合作，集成流程来实现企业的目标	流程所有者为流程开发滚动战略计划，参与企业级战略规划，并与同事合作，为客户和供应商提出企业间流程改造项目

续表

流程所有者	P-1	P-2	P-3	P-4
权力	流程所有者宣传推广流程，但只有职能经理进行改变	流程所有者可以召集流程重新设计团队并实现新的设计，同时对流程的技术预算有一定的控制	流程所有者控制支持流程的IT系统和认可可以更改流程的项目，并且在人员分配和评估以及确定流程预算方面具有一定的影响力	流程能主导

流程基础设施包含信息系统和人力系统，流程指标包含指标定义和指标应用。随着数字化时代的到来，流程基本上是一种人机协同的状态，信息系统与人一起决定着流程的效率，建立基于流程的考核指标，并进行考核能够激励团队更好地发挥主观能动性，基础设施和指标成熟度的衡量标准见表6-4。

表6-4 基础设施和指标的成熟度指标及标准

基础设施		P-1	P-2	P-3	P-4
	信息系统	流程由支离破碎的遗留IT系统支持	专门搭建的IT系统支持流程	有一个集成的IT系统支持流程，在设计系统时设计者就考虑到流程并遵循企业标准	具有模块化体系结构的IT系统支持流程，它满足了行业中的企业间沟通标准
	人力系统	在流程环境下实现职能目标和解决职能问题会受到职能经理的奖励	流程设计营销职位定义，职位描述和能力配置需求，工作培训以流程文件为基础	招聘、开发、奖励和识别系统强调流程的需求和结果，并将它们与企业的需求进行平衡	招聘、开发、奖励和识别系统加强了企业内部和企业间协作，个人学习，促进了企业改革

续表

基础设施		P-1	P-2	P-3	P-4
指标	定义	流程有一些基本的成本和质量指标	流程具有来自客户需求的端到端指标	流程的考核指标和跨流程的考核指标都源自企业的战略目标	有源自企业间目标的流程目标
	运用	管理人员运用流程指标跟踪流程绩效，确定绩效不佳的原因并推动职能改进	管理人员应用流程指标将流程绩效和标杆基准、同类最好业绩以及客户需求进行比较，并设置业绩目标	管理人员向流程员工介绍指标，以提高员工的流程意识和积极性。他们使用基于流程的日常管理指标的仪表板	管理人员定期审查和更新流程的指标和目标，并将它们应用于战略规划

企业若想流程优化成功，应该综合考虑以上因素，例如在没有适当的流程考核方式的情况下，就不能设计流程、不能指定流程所有者及培训执行者，如果企业按照一以贯之的方式来考核绩效，那么它将奖励那些专注于狭隘的职能目标而非结果的人，而流程也无法实现其目标。

企业数字化改变商业模式、影响了企业的战略节奏，企业的产品、服务、渠道等都在进行数字化转型，但是数字化改变不了企业基本的商业逻辑——为客户创造价值，因此企业的考核指标应该是面向客户的，而流程的目标往往是面向客户的。对于一个基于流程的考核目标要比基于职能的考核目标更加贴近企业的商业本质，这也从另一个角度说明了企业设立流程目标的重要性。

总体来说，处于不同流程成熟度水平的公司在业务的效率和质量、发现流程问题和瓶颈，以及适应业务环境变化的能力上存在很大差异。成熟度反映了公司面对不同市场环境能否及时作出流程调整的敏捷性和公司面对市场冲击的韧性。

（二）流程数字化概述

20世纪90年代以来，国家的信息化战略经历了四个阶段：财务电算化、十二金工程、两化融合、"互联网+"。企业也在经济全球化的多元化发展大背景下，为适应快速变化的业务环境，逐步建立起了不同数字化程度的业务流程支持与管控体系，如MIS（管理信息系统）软件、ERP（企业资源规划），特别是国有企业，在企业信息化上的投入可以说是不遗余力，那么企业信息化管理系统中跑的是什么呢？是流程和数据。

只要有协同，就会有流程，不管数字化程度如何，流程都在那里。流程数字化之后，转向以集成的信息化系统为平台的工作方式，对企业管理水平的提升效果在一段时间内非常显著，在流程支持系统的帮助下，一线的业务人员可以依照流程支持系统的提示按部就班地开展工作，减少了大量的面对面沟通时间，工作人员的工作被大大简化。

（三）数字化流程管理存在的问题

我们大多数企业对于流程管理的现状是：在流程上线前，流程的设计者或者业务管理人员组织参与流程运营和执行的部门对流程的可行性、科学性等进行详尽的讨论。之后，交给公司内部的信息化部门去实施开发，开发完成后进行测试，测试无误后，通过文件的形式通知各个组织或岗位上线测试使用，经过一段时间的磨合，正式开始使用，后续会根据业务部门的通知不断地进行系统升级。那么这种流程管理方式有什么问题呢？

首先，数字化流程起底困难。数字化的流程是经过多个业务人员、多个系统开发人员长期迭代而来，时间长了，没有人能说得清楚数字化流程的全貌，特别是对于有很多分支机构、业务相对复杂的国企。

其次，业务管理人员或者流程设计人员对数字化流程运营过程中存在的问题不清楚，因为流程运行在多个系统和平台中，系统和平台的维护人员不清楚业务流程，他们往往只是按照业务部门的需求实现功能，业务部门看不懂系统和平台的运行情况，因此，对于流程设计者来说，发现流程问题主要依赖一线反馈或者客户投诉。这种发现问题的方式存在滞后性，而且很难还原业务流程的问题，更重要的是一线或者客户不能很准确地描述问题，导致很多问题不了了之。

再次，过度依赖数字化平台，缺乏对流程的完善管理。很多国有企业的流程制度都是在发展壮大的过程中不断补充。如同创可贴，少了就加，不完善就修改，因为问题的出现大多是局部的，相应的流程修补方案也多从微观的角度出发，于是在现有的流程框架中加入了许多"救火"流程。就这样，日复一日，年复一年，业务系统中的流程规范可能早就变得零碎而杂乱。

最后，企业的流程思维问题。例如，一家大型消费品公司的销售代表从新客户那收到一笔小订单，客户明确指出本次仅是尝试，若干得好，后续将与贵公司开展大范围的合作。销售代表明白这次表现的重要性，于是按照"紧急"和"加速"标签来标记订单，将其交给下一个流程，员工将订单从一个部门转到另一个部门，直到发货阶段。负责发货的工作人员查看订单后，发现这个订单的发货量不能将一辆卡车装满。未装满就发货意味着昂贵的成本，而发货人员知道自己的奖金跟运输成本的高低相关，他必须尽可能地降低运输成本，因此下令搁置这批货物，等待发往同一目的地的货物卡车装满之后才发货。对于运输部门来说，这样做是没有错的，因为公司考核运输部门的指标就是降低运输成本，他的行为是理性的，最终因延迟发货导致客户流失不是他的错误。类似的问题在企业中很多。

现代企业拥有许多专职职能部门，如市场、销售、工程、制造、运营和维护、财务、人力，每个部门都致力于自己的部门目标，而企业是为客户服务的，客户的诉求是在预期的时间和地点，以合理的价格购买优质产品，那么如何制定各个部门的目标呢？这就需要流程思维。

二、数据要素在流程数字化管理中的定位和特点

（一）数据要素的相关概念

数字经济是继农业经济、工业经济之后的主要经济形态。在数字经济

时代，数据已经成为与农业经济时代的土地和工业经济时代的资本、技术相类比的重要生产要素，其对于生产的贡献度明显提升，这是现代经济发展的一个重要趋势，分配关系必须与时俱进地体现这个趋势性变化。党的十九届四中全会首次增列数据作为生产要素，要求建立由市场评价贡献、按贡献决定报酬的机制，"反映了随着经济活动数字化转型加快，数据对提高生产效率的乘数作用凸显，成为最具时代特征新生产要素的重要变化"。

企业全要素生产率的提升，核心是促进信息和数据要素与技术、人才、管理等要素的深度融合，实现企业组织能力充分开发，进而基于业务流程优化、服务水平改善、信息系统质量提升等间接途径影响生产率水平。其中，数据要素对于提升改进全要素生产率的贡献度得到了高度共识。数据要素具有"使能性"（enabling technologies）和通用目的性（general purpose technologies）特点，其无法独立地创造价值，通过数据要素与传统生产要素的结合，实现"全要素数字化"是数字经济创造价值的根本来源。因此，企业要注重数据要素对人才、技术、资本、管理等要素流转的数字化智能化改造，才能推动企业的数字化转型。

数字化的企业每天都会产生大量数据，但是这些数据只有经过数据采集、数据准备、数据可视化、数据分析、了解沟通、最终采取行动才能发挥其价值，如图6-1所示。

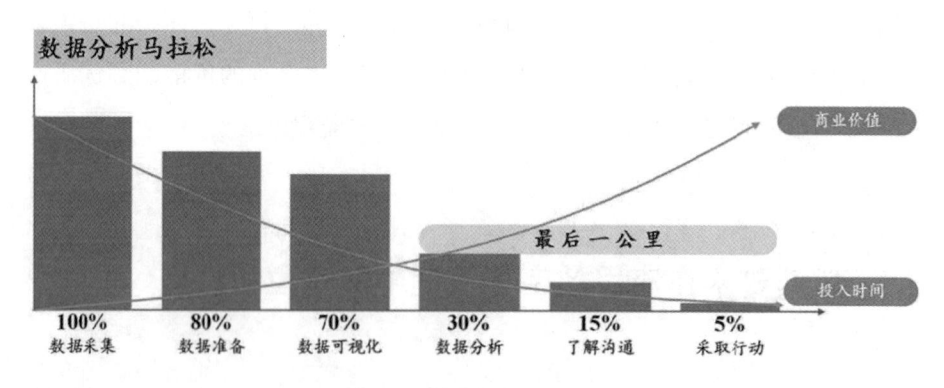

图6-1 数据分析马拉松

从中可以看出，在整个数据的使用过程中，数据采集、数据准备和数据可视化消耗了大量的时间，这些细致而烦琐的工作会消耗大量的数据工程师，他们的工作量往往被忽视了。

虽然众多企业都意识到了业务数据的价值，也尝试在企业内部进行数据分析，试图指导业务改进，然而很多企业在数据分析实践中，忽略了让数据与业务产生关联进而产生商业价值的分析工作。数据分析实际是一场马拉松，既需要在产生业务价值前，投入大量人力物力资源，还需要在呈现精准的业务信息后，进行体系化分析才能在最后环节"冲线"。这些投入的目标包括但不限于以下几个方面：确保采集到了精准的数据；确保与业务人员对接良好；确保内化了体系的分析方法。唯有做好这些数据分析中的基础性工作，数据才能真正转化为业务价值。

（二）数据要素在数字化流程管理中的定位和作用

在数字化流程管理过程中，数据要素扮演着重要角色，如记录所有流程事件的起止时间、记录流程事件的各种属性等，这些数据要素是实现数字化流程管理的基础。

首先，可以发现真实的流程运营情况。利用数据要素，使用不包括任何先验信息的事件日志生成模型。比如若有足量的事件日志表，利用 α 算法，可以自动生成一个 Petri 网（一种流程的抽象模型），这个 Petri 网能够解释该日志记录的行为。举个例子，我们可以从组织的视角去关注隐藏在日志中的资源信息，比如，人员、系统、角色和机构，以及它们之间的联系，在此基础上可以按照组织职责、角色岗位把相关的事件进行分类对应，可以设置一些预警，或者把这些事件的结果作为组织和角色的评价依据。从实践的角度来讲，数据要素帮助管理者或者流程拥有者更好地把控企业流程的端到端运作情况，将流程运营情况实时、全量展示出来，实现流程运营可视化。

其次，可以自动进行合规性检查。利用数据要素将一个已知的过程模型与它产生的事件日志相比较，可以被用来检查记录在日志中的实际情况是否和模型吻合。例如有一个流程模型，模型中说明大于 50 万元的支付订单需要进行两次检查,通过算法,可以快速地对事件日志进行分析,发现这条规则是否被正确地执行。通过这种方法,不仅能作出事后的检查,还能在有条件接入实时日志数据的情况下,为管理者敏捷决策奠定基础。

最后,可以用来进行流程改进。利用实际流程运行过程中产生的事件日志来扩展或改进一个已经存在的流程。改进的应用非常广泛,比如流程仿真,可以回答"如果删除这个事件那么流程会发生什么变化""如果将这两个事件调换顺序会对流程整体产生什么样的影响""如果为一个子流程拓展一条生产线将对整体流程产生何种影响"等一系列问题。一些流程的瓶颈、服务水平、生产周期和频率都可以通过仿真结果给出一个较为精确的估计。这让企业可以轻松比较几项可选改进方案的优劣性,给出精细化的决策指导。另外,对发现的流程进行分析,将辅助管理者科学地识别流程中不经济的运作路径,并评估这些低效路径对业务关键表现指标产生的影响。根据不同的管理诉求可以针对任意端到端流程呈现多样可选的业务指标,一面是数字孪生,另一面是实时的业务表现。

总之,利用数据要素,通过从多个视角,反复执行"发现、合规检查、改进"的工作流程,能为企业带来不菲的增效收益。

三、数据要素在数字化流程管理中的价值释放

(一)流程分析与优化

流程分析是企业生产与运营分析的重要环节,传统的方式是采用现场调研和访谈的模式开展,耗时长、效率低、主观性因素多,有了数据要素作为基础,流程分析的可靠性得到了保证,流程分析的时效性、范围和价值大大提升了,可以立即识别现有流程的问题与机会,也可以发掘组织内已有的最佳实践,还可以对流程运作进行控制与改善,最终将流程引导向更低成本,更高效、更好地服务于顾客需求的目标。

流程分析首先需要确立的是分析的标的（对象）与目标，之后选取合适的分析方法进行分析。对于不同的分析对象和背景公司可以设定不同的分析目标。例如在业务的增长期，占据市场是公司的首要目标时，流程分析的目标可以被设定为发现公司内最好的市场扩张实践，而发现成本浪费的分析性工作可以在此稍作搁置。当公司的业务稳定后，找到流程中的低效、风险问题，从而降低成本，进一步提高服务质量便上升为主要的分析目标。综上所述，流程分析的目标是随着企业目标调整而动态变化的，需要管理者对公司的发展情况有一个恰当把握后作出决断。服务于分析目标的分析方法也应该是具有一定针对性和保持动态变化的，我们根据其服务的目标不同将传统的流程分析方法与工具陈列于图6-2流程分析工具中。

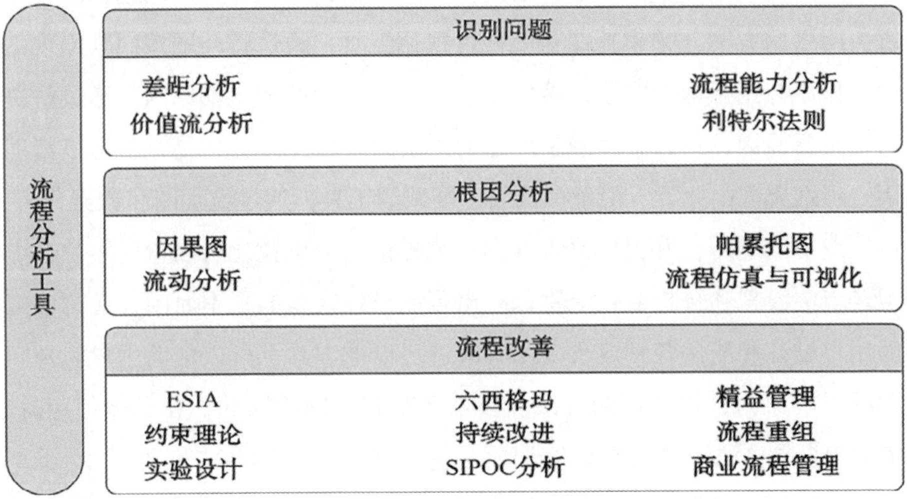

流程分析工具	识别问题	
	差距分析 价值流分析	流程能力分析 利特尔法则
	根因分析	
	因果图 流动分析	帕累托图 流程仿真与可视化
	流程改善	
	ESIA 约束理论 实验设计	六西格玛　　精益管理 持续改进　　流程重组 SIPOC分析　商业流程管理

图6-2　流程分析工具

常见的识别问题的工具包括差距分析、流程能力分析、价值流分析和利特尔法则。这些工具都用于识别和分析业务流程中存在的问题，从而帮助管理者寻找解决方案。差距分析是将当前业务流程的实际情况与预期或横向情况进行比较，识别业务流程中存在的差距。该工具的优点是易于操作，能够帮助管理者快速定位问题。流程能力分析是评估业务流程的能力及可靠性，以确定哪些因素在业务流程中发挥作用。该工具能够帮助管理者了解业务流程的优点和弱点，以便进行进一步的改进。价值流分析是识别业务流程中存在的浪费和不必要的活动，并采取措施消除它们。该工具能够帮助管理者优化业务流程，提高效率和质量。利特尔法则是分析业务流程中的瓶颈和制约因素，以确定哪些因素对整个流程具有最大的影响。该工具能够帮助管理者确定优先解决的问题，以实现最大的效益。这些工具在不同的情况下都能发挥作用，有各自的特点和优势。管理者需要根据实际情况选择合适的工具，以便更好地识别问题并制定解决方案。

根因分析工具可以帮助分析流程中出现问题的原因，并确定可行的解决方案。因果图是一种直观的工具，通过图形化的表示方式可以展现各种因素之间的因果关系，分析问题的根本原因，帮助用户识别问题，并找出解决问题的方案。帕累托图是一种可视化工具，通过将问题按照其出现的频率排序并用条形图表示，帮助用户识别导致问题的主要原因，通过解决这些主要原因，可以显著减少问题的出现频率。流动分析是一种可以帮助用户识别流程中瓶颈、浪费和低效率区域的工具，通过流程图和数据分析，可以发现问题所在并提供改进方案。流程仿真与可视化可以帮助用户在虚拟环境中模拟和分析业务流程，找出可能导致问题的根本原因，还可以帮助用户设计和测试各种流程变化和改进。以上工具都可以帮助用户识别问题的根本原因，但使用的方法和侧重点略有不同。因此，在具体使用时，需要根据具体的问题和情况来选择合适的工具。

流程改善工具，根据不同的应用场景也有丰富的选择。企业系统集成架构（Enterprise System Integration Architecture，ESIA）是一种系统级的方法论，包含企业战略规划、业务流程重组、组织架构设计和信息技术基础设施等方面。ESIA的主要目标是优化企业系统集成，提高业务流程的效率和质量，以降低成本。六西格玛（Six Sigma）是一种通过精细的流程管理来改进业务绩效和减少缺陷的方法。它利用数据和统计分析来识别和消除业务过程中的变异和浪费，从而提高产品和服务的质量和可靠性。精益管理

（Lean Management）是一种通过优化价值流和消除浪费来提高企业绩效的方法。它强调通过对业务流程进行不断改进，实现业务流程的流畅性和高效性，减少不必要的工作和资源浪费，提高客户满意度和企业竞争力。约束理论（Theory of Constraints）是一种通过识别并消除制约因素来提高业务流程效率和绩效的方法。它认为企业流程的瓶颈或制约因素是影响业务流程效率和绩效的主要因素，通过集中精力解决瓶颈问题来实现流程改善和绩效提升。

在实际工作中，企业管理者可以根据自己的具体情况，灵活选用工具进行流程分析。

（二）流程监控与预警

流程分析是面向流程运营结果的分析，也是一种事后分析手段，那么，我们如何去保证流程的稳定高效呢，为此，我们需要对一个正在进行中的流程进行监控和预警，对流程执行过程中的偏差给予快速修正，以确保每一个流程都按照我们的目标去运行。有了数据要素作为基础，可以通过流程监控系统，对业务流程进行实时监控和分析，及时发现流程中的瓶颈和问题，并进行预警。管理者可以根据预警信息进行及时调整和优化，提高流程执行效率，减少资源浪费，提高工作效率；也可以通过流程监控系统，对业务流程进行全面的监控和控制，及时发现潜在的风险和问题，并进行预警；最后，管理者可以根据预警信息进行风险评估和控制，减少潜在风险的发生，提高流程的可控性和风险控制能力。

（三）流程仿真与预测

流程仿真（Business Process Simulation，BPS）是指使用计算机技术对实际流程进行模拟和分析的过程。有了数据要素基础，通过将真实的流程转换为计算机程序，并在程序中对流程进行模拟，以观察流程在不同条件下的表现和效果。在流程仿真中，可以通过调整模型的各种参数来模拟不同的情况，比如调整处理时间、资源分配和人员配置等，这样可以更好地了解流程的特点和影响，从而优化流程设计，提高流程效率和质量。

（四）流程导航与驾驶

有了数据要素作为基础，让流程的导航和自动驾驶成为可能。我们可以对系统中正在进行的案例展开分析，识别需要进行特殊处理的案例。将进行中的事件数据与模型结合用于探索运行时的业务流程改进。这些案例常常经过可视化、数字化与之前处理过的相似案例进行比较，结合公司现在所能调动的业务资源一并分析，识别案例是否有过去的经验可以参照、公司是否有相应的资源可以进行分配。这既是对对应的订单案例负责，也是对公司负责。在识别到可进行优化的订单时，紧接着就是预测（predict）的工作。通过结合运行中的案例信息与系统中的流程模型，可以预测订单经过特定处理的未来，包括成本、收益、剩余处理时间等。基于预测未来的信息，我们往往可以推荐（recommend）应对案例采取的合适行动，实现流程的智能导航功能。

四、数字化流程管理过程中的核心技术及方法论

（一）流程挖掘技术

1. 数据要素基础

在人机协同的流程中，业务员的每次操作都是在业务系统的框架中进行的，因此也将留下它们宝贵的信息——事件日志。它包含了事件的名称、内容摘要、反馈结果和时间等信息。规范地来讲，每一个订单或业务诉求单元都可以被称为一项案例（case），这个案例在企业各项流程中完成业务诉求的过程会在 IT 系统里留下很多记录（数据），每一条记录都由一个活动（activity）和一个时间戳（time stamp）组成，也被称作一个事件（event）。案例编号、活动和时间戳合并起来就可以称作一个简单的事件日

志（event log）。事件日志形成数字化流程管理的基础。

2. 过程模型

Petri 网是研究最为深入，且支持并发语义的过程建模语言。在本文中主要介绍 Petri 网，其主要的构成元素如下：描述业务是否被激活可向前进行的"托肯"（Token），描述托肯所处业务阶段的"库所"，以及刻画托肯在业务阶段间转化的元素"变迁"。当一个变迁的前置库所中都有"托肯"时，该变迁则可以被激活，即业务可以继续流转下去，此时我们称该变迁为"使能"的（enabled），可以发生（fire），当变迁发生后，旧的"托肯"将被消除，新的"托肯"将被生成，保证流程在完成必需的业务后再进行到下一个阶段。Petri 网在描述并发的业务流程时有较好的描述表现，不至于生成过多可能的业务状态模式，且已经存在大量有效的分析技术与手段；然而却在捕获数据相关与时间相关的内容上存在不足，因此学者提出了有色 Petri 网（Colored Petri Nets，CPNs），可以较好地描述流程在数据与时间维度上的特征，如图6-3所示。

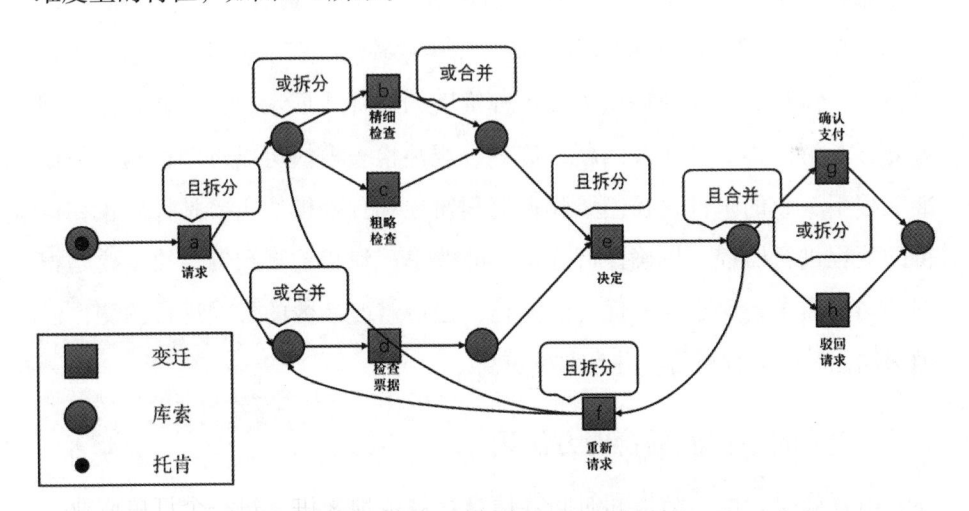

图6-3 一个拥有单一初始状态和终结状态的 Petri 网示意图

（二）流程智能中台

在流程挖掘技术的基础上开发了流程智能中台，在数据要素实时和完整的基础上，开始了数字化流程管理的新篇章。数字化流程智能中台的功能如图6-4所示。

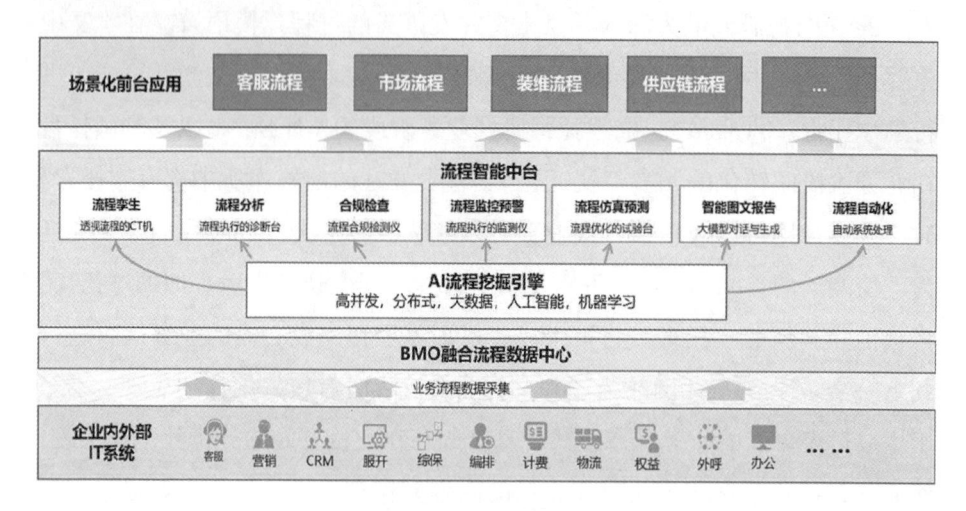

图6-4 流程智能中台

流程智能中台包含流程孪生、流程分析、合规检查、流程监控预警、流程仿真预测5个核心功能模块。流程孪生模块将流程实时的运营状况进行可视化；流程分析模块提供流程各种维度的切片式展示，让企业各类管理者充分了解流程的现状及问题；流程合规性检查模块可以自动检测出与标准流程不一致的事件，控制风险；流程监控和预警模块主要是针对正在运行的流程进行监控，以确保流程执行的效率；流程仿真预测模块主要是根据公司的需求，对于需要优化的流程，通过修改参数的形式进行预测，以确保优化后的流程可行，并且效率更高。

（三）数字化流程管理方法论

流程数字化后，对数字化后的流程管理仍然处于原始阶段，前序章节有详细描述，在此不再赘述。为了提高数字化流程的效率，让流程更好地服务于企业，我们针对数字化流程，归纳提炼出流程数智化管理方法论，该方法论如图6-5所示。

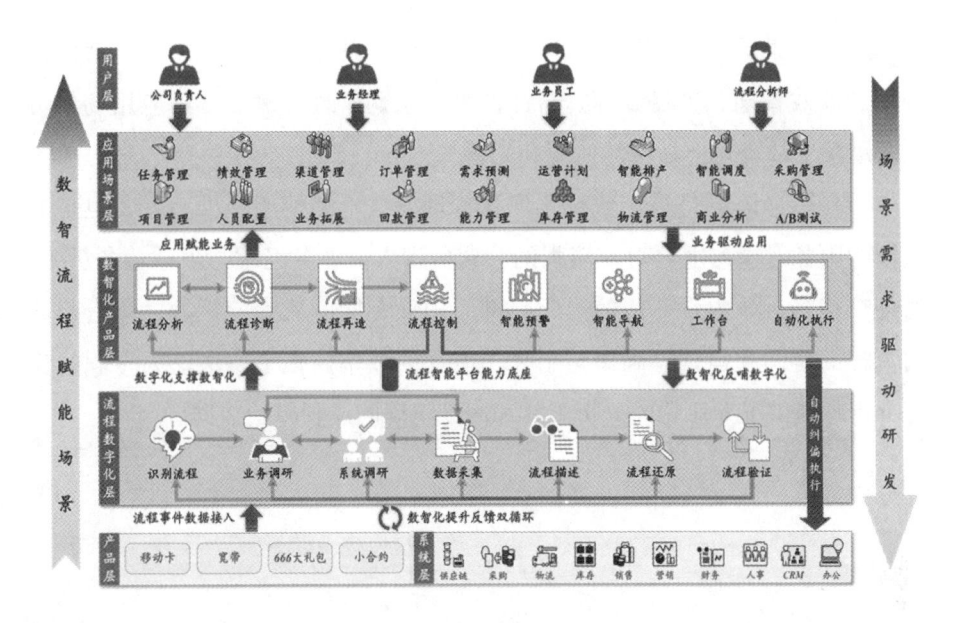

图6-5 流程数智化管理框架

该方法论分为五层，自下至上为产品层/系统层、流程数字化层、数智化产品层、应用场景层、用户层。

产品层/系统层：这一层是企业数字化转型的结果，企业的产品、服务、管理和支撑工作都已经被固化在系统中，也就是说，用户层的组织和岗位人员通过在系统或平台来完成自己的工作，并通过多个系统、多个平台协同自动转至下一步，形成流程在系统中自动流转。这一层是流程数智化管理的基础，若没有企业的数字化，就不可能有流程的数智化。

流程数字化层：在这一层实现将隐藏在系统和平台中的流程真实还原出来。企业的流程很多，而且相互交织，互相关联，那么我们对企业的流程进行梳理，按照重要程度、紧急程度、数据可用度等维度进行评估后，次第进行还原，并且可以按照控制流、组织、案例、时间等视角进行准实时可视。

数智化产品层：在流程数字化层将流程以数字化、图形化方式可视化的基础上，进行流程分析、流程诊断、流程再造、流程控制、智能预警、智能导航等流程数智化工作，为各种业务场景提供产品能力。

应用场景层：通过数智化产品层可以向多种业务场景赋能，包括任务管理、绩效管理、项目管理、智能调度、采购管理等赋能，而应用场景可以驱动整个数智化产品层的使用和完善。

用户层：该层是整个数智化流程管理方法论的使用和推动者，也是方法论的服务对象，上至对应流程的公司负责人、业务经理，下达业务员工。另外，很多企业内设专门的部门，部门内设专职的流程分析师，负责跨部门流程的协调和运营，确保整个公司流程的效率，整个方法论为专职的流程分析师提供了专业化的分析工具和高度精确的流程原始数据。

案例

FTTR数字化业务受理和装机流程管理

中国电信是传承红色电信基因和"人民邮电为人民"光荣传统的通信央企，根据中国电信2024年第一季度财报，报告期内，中国电信主营业务之一移动通信服务收入达522.26亿元，同比增长3.2%；移动用户和5G套餐用户分别净增388万户和1006万户，截至3月31日，移动用户约4.12亿户，5G套餐用户约3.29亿户。中国电信的固网及智慧家庭服务业务和产业数字化业务收入分别达318.24亿元和386.79亿元，同比增长率分别为2.2%和10.6%。近年来，中国电信全面实施云改数转战略，系统谋划了业务、科创、云网、安全、绿色、数字化平台等九大战略布局，大力推进科技创新，持续深化企业改革，全力打造服务型、科技型、安全型企业，乘势而上，真抓实干，推进企业高质量发展。

2019年12月，湖北武汉受到新冠疫情的严重冲击，湖北公司为了更好地为人民服务，在集团公司的指导下，积极推进企业的数字化转型，特别是在数字化流程的管理上，取得了实质性成果，大大提升了企业的核心竞争力。下面我们通过两个案例来展示湖北电信利用数据要素提升数字化流程的管理成效。

（一）业务背景

FTTR 业务是一种创新的光纤到房间（Fiber to The Room）解决方案，专为现代家庭打造高速、全域覆盖的网络环境。中国电信湖北公司将 FTTR 业务服务流程作为数据要素促进数字化流程管理提升的重点推广业务场景，对该业务工单服务效率、交付能力、交付质量进行提升，要求确保全员具备安装交付能力，在交付质量上，新装用户主从网关光迁连接率 >=80%，无线测速达标率 >=97%。

（二）FTTR 涉及系统及流程描述

FTTR 业务服务流程涉及销售门户、CRM、服务开通、综合保障等多个系统，主要系统架构及系统间交互关系如图6-6所示。

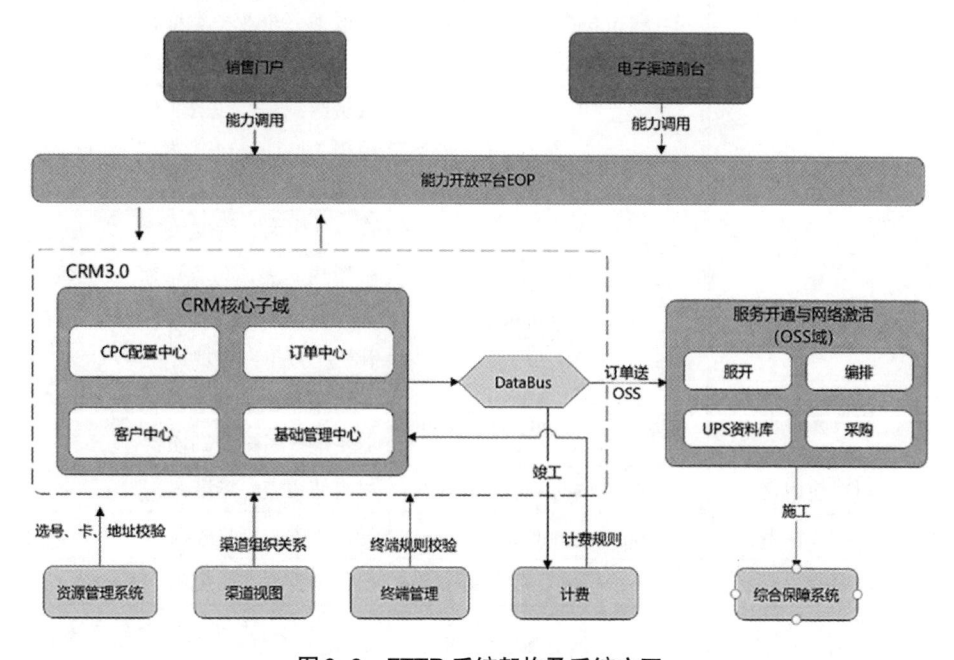

图6-6　FTTR 系统架构及系统交互

主要业务流程为：

（1）线下厅店通过销售门户系统录入客户订单。

（2）已录入订单甩单至集中受理中心。

（3）集中受理中心通过CRM系统受理客户订单。

（4）订单受理完成之后信息送服务开通系统，开通网络服务资源。

（5）服开系统开通客户网络资源成功后，将订单派发至综合保障系统。

（6）综合保障系统依据订单所属区域，将工单派发至装维师傅。

（三）数据要素情况

由于FTTR业务涉及的业务系统较多，因此涉及的数据表较多，具体见表6-5。

表6-5 原始业务系统相关数据表

表描述	表名	描述
业务表	T5:baf.baf_pub_business	业务表，系统中有多少种工单，只取了一个业务类型，is_valid = 1，有效，启用状态，维度表
装维人员信息表	T4:baf_org_tree	人员组织表，包含了所有人员和组织，object_id作为唯一，人员和部门都是用的object_id但是存在一人多岗，维度表
资源局向表	T7:baf_pub_bureau	资源局向表，包含了所有的区域和局向，bureau_id作为唯一，存在一个订单多个地址，维度表
字典条目表	T3:baf_sys_dictionary_item	字典条目表，枚举值的翻译，只取了事件名称，翻译表
材料使用表	T9:mat.bs_mat_usecircs	材料使用表，维度表，T10
操作步骤表	T1:pub.svr_pub_bill_action	操作步骤表，日志表
操作步骤表（历史）	T1:pub.svr_pub_bill_action_his	操作步骤表（历史），日志表
工单主表	T2:pub.svr_pub_bill	工单主表，不同的业务都有这个表，障碍、投诉、质差都有。订单的状态表

续表

表描述	表名	描述
工单主表（历史）	T2:pub.svr_pub_bill_his	工单主表，不同的业务都有这个表，障碍、投诉、质差都有。订单的状态表
业务信息表（开通）	T6:wo.svr_wo_bill	业务信息表，（开通类工单）主要记录服开送过来的订单信息
业务信息表（历史开通）	T6:wo.svr_wo_bill_his	业务信息表，（开通类工单）主要记录服开送过来的订单信息
线路信息表（障碍、质差修复）	T8:wo.svr_wo_lineinfo	线路信息表，（服开送过来的，资源中心的信息），资源、网格、OBD编码
线路信息表（历史障碍、质差修复）	T8:wo.svr_wo_lineinfo_his	线路信息表，（服开送过来的，资源中心的信息），资源、网格、OBD编码
材料名称翻译表	T10:bs_mat_material	材料名称翻译表
业务信息表（障碍、质差修复）	T11:sa.svr_sa_bill	业务信息表，（障碍和质差修复类工单），综保在CRM和资源查询了障碍的相关信息后写入该表存档，障碍和质差修复满意度
业务信息表（历史障碍、质差修复）	T11:sa.svr_sa_bill_his	业务信息表，（障碍和质差修复类工单），综保在CRM和资源查询了障碍的相关信息后写入该表存档，障碍和质差修复满意度
障碍申告现象翻译表	T12:data.svr_pub_code_complaintcause	障碍申告现象翻译表，（障碍和质差修复类工单）（申告原因，修复原因，验证）
开通工单满意度记录表	T13:auxiliary.svr_internet_visit_result	开通工单满意度记录表
退单原因、修复原因翻译表	T14:data.svr_pub_code_faultcause	退单原因、修复原因翻译表

通过对业务的了解，结合数据情况厘清数据表实体关系，得到上述原始系统数据表间关系模型图如图6-7所示。

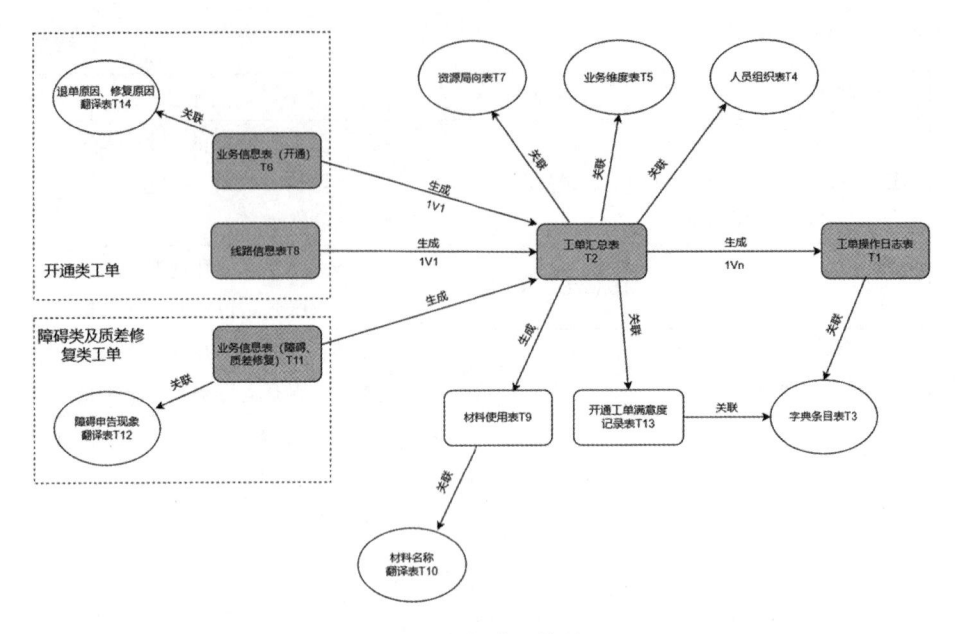

图6-7　数据表实体关系

（四）流程日志数据模型构建

根据原始数据表以及表间实体关系，围绕 FTTR 业务流程挖掘目标，进行 ODS\DWD\DWS\ADS 数据分层设计，数据分层框架如图6-8所示。

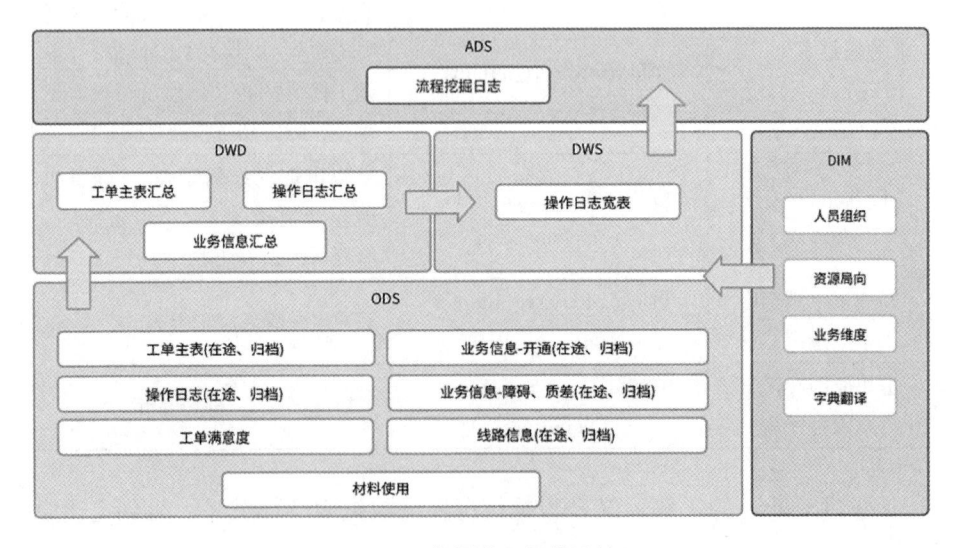

图6-8　数据分层架构设计

其中，经过各层数据采集、清洗、整合后，形成 ADS 层流程挖掘关键数据表"流程挖掘日志"，表结构如表6-6所示。

表6-6　流程挖掘日志表结构

字段编码定义	字段来源	字段类型	字段描述
case_id	操作日志	String	工单编号
event_name	操作日志、字典	String	事件名称
event_time	操作日志	DateTime（6）	事件时间
action_id	操作日志	String	动作编号 操作日志 id
business_id	操作日志	String	工单类型
task_id	操作日志	String	任务单编号
bill_status	操作日志	String	任务状态
action_type	操作日志	String	处理动作
pre_action_id	操作日志	String	上一步动作编号
target_action_id	操作日志	String	目标动作编码
operate_mode	操作日志	String	操作模式
agentor_group	操作日志	String	代理人组
agentor	操作日志	String	代理人：当前操作人
operator_dept	操作日志 人员组织字典	String	处理部门
operator_group	操作日志 人员组织字典	String	处理人组
operator	操作日志 人员组织字典	String	处理人
operate_begin_time	操作日志	DateTime	上一步完成时间
step_limit_times	操作日志	String	步骤时限
action_duration	操作日志	Int64	处理历时
action_overtimes	操作日志	String	超时时间（分）
action_is_over_time	操作日志	String	超时标志
link_info	操作日志	String	联系信息
deal_info	操作日志	String	报文，以 json 格式存储
remark	操作日志	String	备注

续表

字段编码定义	字段来源	字段类型	字段描述
operate_machine_ip	操作日志	String	操作机器 IP
operate_way	操作日志	String	操作途径
operate_source	操作日志	String	操作来源
operate_direction	操作日志	String	操作方向
location_info	操作日志	String	定位信息
update_time	操作日志	DateTime	更新时间
arch_time	操作日志	DateTime	归档时间
specialty_id	工单表	Int64	产品类型 ID
business_name	工单表 工单维度表翻译	String	产品类型 固话、ITV、宽带等
bill_sn	工单表		工单编号
asset_integration_id	业务信息表 – 开通		工作项号
sps_apply_id	业务信息表 – 开通		申请编号
sps_order_id	业务信息表 – 开通		订单编号
work_type_desc	业务信息表 – 开通		施工类型
nativenet_name	工单表 局向表翻译		城市
region_name	工单表 局向表翻译		区域
bureau_name	工单表 局向表翻译		局向
new_res_grid	线路信息		网格 ID
new_res_gridname	线路信息		网格名称
obd_device_name	线路信息		OBD 设备名
price_plan	业务信息表 – 开通		价格计划（套餐）
bill_dealline_time	工单表	DateTime	工单截止时间
appl_date	业务信息表 – 开通	DateTime	前台受理时间
book_endtime	业务信息表 – 开通	DateTime	要求回单时间
book_starttime	业务信息表 – 开通	DateTime	预约开始时间
book_endtime	业务信息表 – 开通	DateTime	预约结束时间

续表

字段编码定义	字段来源	字段类型	字段描述
bill_create_time	工单表	DateTime	到单时间
bill_warn_time	工单表	DateTime	工单预警时间
bill_dispatch_time	工单表	DateTime	首次派单时间
bill_reply_time	工单表	DateTime	首次回应时间
bill_revert_time	工单表	DateTime	最后回单时间
bill_source		String	订单来源
optical_cable_length	材料使用表	Float32	皮线光缆长度
net_cable_length	材料使用表	Float32	网线长度
lan_hub_id	业务信息表-开通	String	终端设备号
revert_reason	业务信息表-开通 退单原因翻译	String	退单原因
is_fttr		String	是否FTTR
arch_type	工单表 字典表翻译	String	归档类型

（五）FTTR 数字化流程智能中台功能架构

流程智能中台整体架构分四层，架构如图6-8所示。

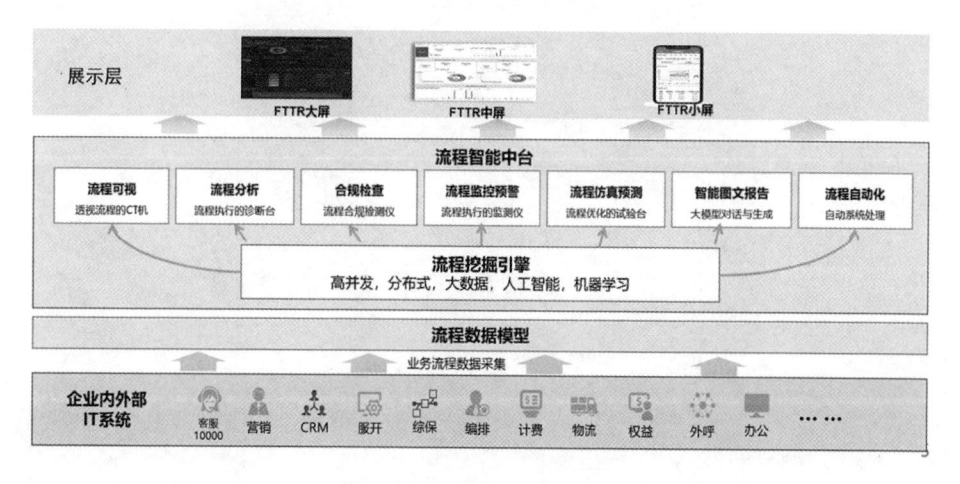

图6-8 流程智能中台架构

最下层为源系统，针对FTTR受理安装业务流程，对应的源系统为CRM、服开、综保，通过数据采集、清洗处理之后形成流程数据模型。

上面一层是流程控掘引擎，也是整个系统核心层，承载着数据的接入，以及封装的流程挖掘引擎算法，基于流程引擎，实现了流程可视、流程分析、合规检查、监控预警、流程自动化等系统应用层功能；

最上层是业务展示层，针对FTTR业务场景，设计多个场景分析面板，如超长工单、履约及时、满意分析、安装质量等，同时，基于平台内部开放的SDK和API，定制化设计开发了面向领导的大屏，面向业务经理的小屏应用。

（六）数据要素展示情况

1. FTTR业务流程实时动态可视

通过FTTR数字化流程管理平台，对已接入的FTTR业务流程日志数据进行还原，展示FTTR真实的业务流程情况，实现业务流程可视化。流程还原情况如图6-9所示。

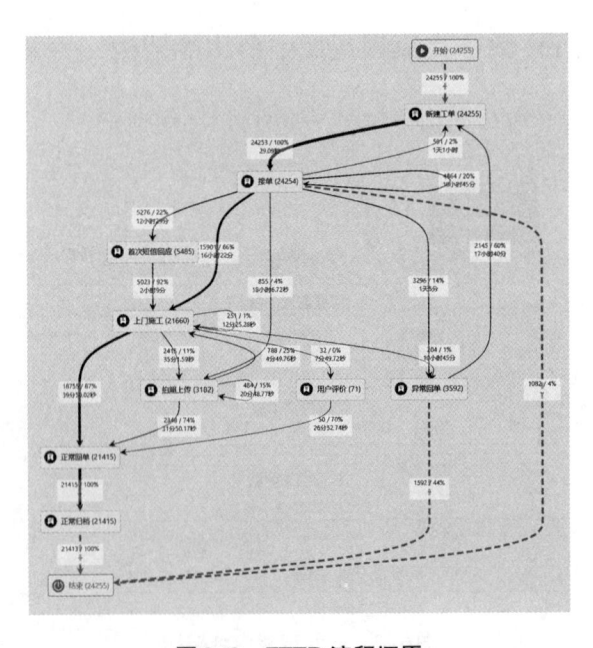

图6-9　FTTR流程还原

2. 建立一整套基于流程的指标体系

FTTR 流程智能平台从整体概况、首响到位、履约回单、交付能力、交付质量、改约跟进、退单跟进 7 个不同维度设计了共 32 种不同的指标，建立了完整的流程指标体系，如表 6-7 所示。

表6-7　FTTR 流程指标体系

流程环节	指标类别	指标明细	指标解释
全流程	整体概况	工单量	全量工单总数量
		已完工工单占比	CRM 系统中状态为"已归档"，综保系统中有"正常归档"的工单占比
		已取消工单占比	CRM 系统中状态为"已归档"，综保系统中无"正常归档"的工单占比
		在途工单占比	CRM 系统中状态为"开通中"的工单占比
		已完工工单平均耗时	所有统计工单耗时的均值（该业务号码在 CRM 系统中状态为"已归档"）
		耗时分布	耗时在48小时以内，48~72小时，72小时以上的工单数量及占比
首响	首响到位	首响占比	首响工单占总工单的比值
		首响30分钟及时率	首响30分钟及时工单量占总工单的比值
上门履约	履约回单	履约及时率	回单时间在要求回单时间之前的工单占比
		首约履约及时率	未改约且回单时间在要求回单时间之前的工单占比
		履约不及时4小时内回单占比	回单时间在要求回单时间之后0~4小时的工单占比
		履约不及时当日回单占比	回单时间在要求回单时间之后且在要求回单时间当天回单的工单
全流程	交付能力	人均 FTTR 工单安装量	FTTR 工单完工量 / 装维人员总人数
		已安装 FTTR 装维人员占比	已安装 FTTR 装维人员人数 / 装维人员总人数
		一次装通率	CRM 系统状态为"已归档"，综保未退单且"正常归档"出现1次的工单占比

续表

流程环节	指标类别	指标明细	指标解释
全流程	交付质量	FTTR 无线测速占比	FTTR 无线测速工单量 / 总工单量
		FTTR 无线测速达标率	FTTR 无线测速达标工单量 / FTTR 无线测速工单量
		FTTR 主从网关连接占比	FTTR 主从网关连接工单量 / 总工单量
		FTTR 主从网关光纤连接率	FTTR 主从网关光纤连接工单量 / FTTR 主从网关连接工单量
		满意度有效测评占比	工单中满意度测评结果为"满意"、"一般"或"不满意"的工单占比
		满意率	FTTR 满意度测评满意工单量 / FTTR 满意度有效测评工单量
改约	改约跟进	改约占比	改约工单量 / 总工单量
		临期2小时改约占比	预约截止时间减改约时间的时间差不大于2小时的工单占比
		改约工单耗时分布	二次预约时间减首次预约时间的时间差的耗时分布
		一次改约占比	仅一次"二次预约回单"动作的工单占比
		二次改约占比	仅有两次"二次预约回单"动作的工单占比
		多次改约占比	有三次及以上"二次预约回单"动作的工单占比
退单	退单跟进	退单占比	退单工单量 / 总工单量
		退 CRM 工单占比	退 CRM 工单量 / 退单工单量
		退待装工单占比	退待装库工单量 / 退单工单量
		内部回填工单占比	内部回退工单量 / 退单工单量
		退待装未处理工单占比	工单中退单原因包含"退待装库",且最后一次建单的退单原因仍为退待装库的工单占比

续表

流程环节	指标类别	指标明细	指标解释
退单	退单跟进	退待装3天以上未处理工单占比	工单中退单原因包含"退待装库",且最后一次建单的退单原因仍为退待装库的工单,且最后一条流程日志距离当前时间在3天以上的工单占比

3. FTTR 大屏应用

大屏主要用于省公司领导层从全局上快速了解全省 FTTR 业务的工单量、首响、履约、改约、退单等6个核心指标的整体情况,同时也能通过流程热力图直观地展示流程的执行效率,最后还支持定制化修改样式,通过 SDK 集成至领导驾驶舱,界面如图6-10所示。

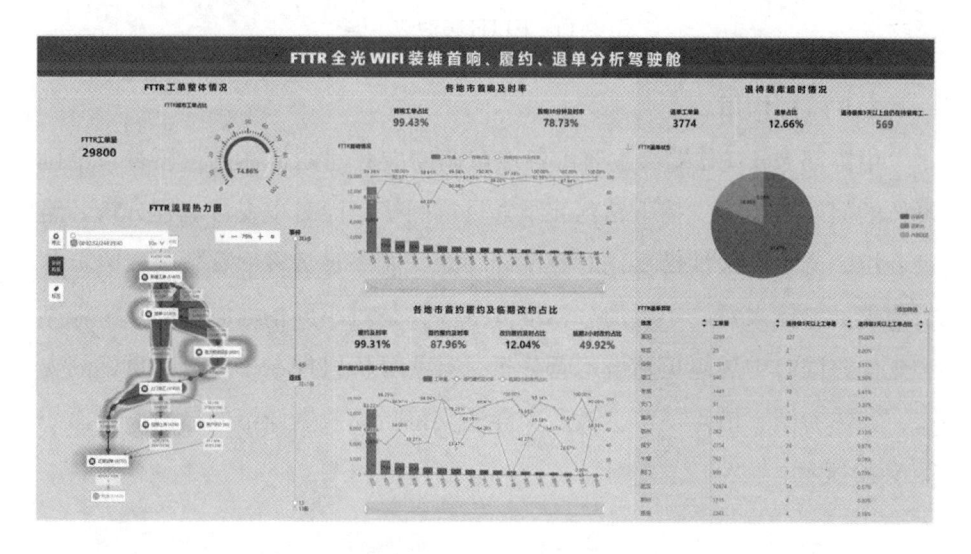

图6-10 FTTR 领导驾驶舱

4. FTTR 小屏

小屏已集成至手机工作助手 App 中,便于各地市领导层从手机端快速掌握本区域内 FTTR 业务的指标情况,主要分为整体概况、首响到位、履约回单、改约跟进、退单跟进、交付质量及交付能力7个维度,建立了32个不同的指标体系,便于快速定位指标较差的地市、区县或班组,界面如图6-11所示。

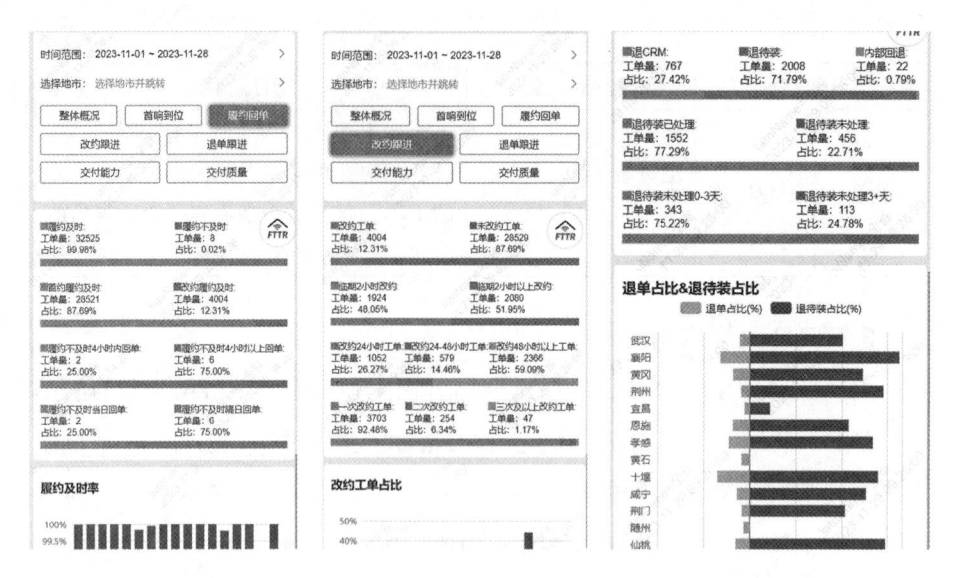

图6-11　FTTR移动端小屏

5. FTTR中屏

中屏部署于PC端，主要由各地市调度岗对问题指标进行核查，定位具体的问题工单，支持下钻到装维人员或网格，同时也支持流程分析、路径分析、流程一致性模型比对等基础功能，能满足日常的看数、取数、分析需求。整体来看，中屏的分析维度更全，是对小屏指标看板的一个补充和延伸，同时中屏也更适合运营分析，有些分析组件在中屏上有更好的支持，如热力图、散点图等，最后中屏还支持指标数据详情的导出，界面如图6-12所示。

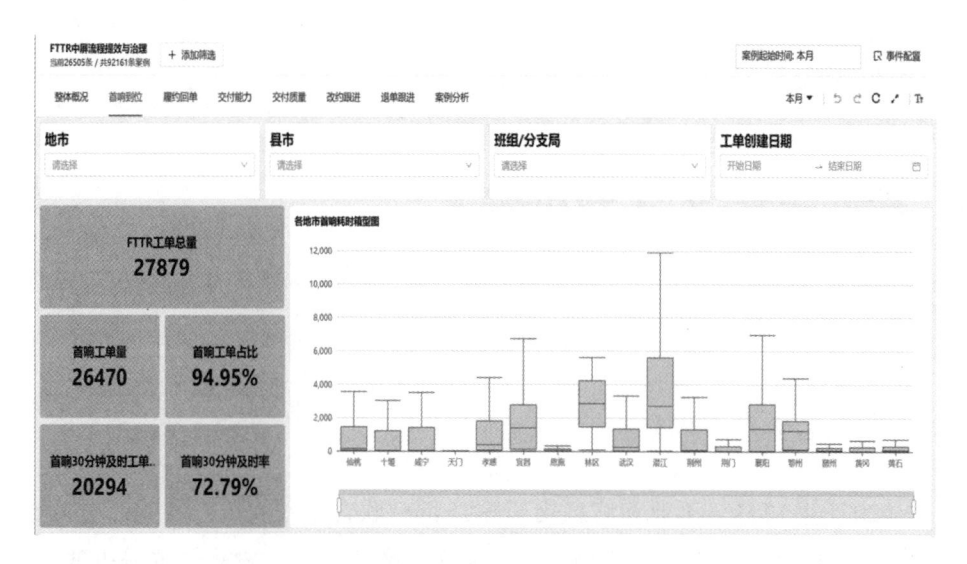

图 6-12　FTTR 中屏 PC 端

（七）成效

FTTR 数字化流程管理从 2023 年 11 月上线至 2024 年 3 月的运营期间，首约履约及时率由 86.97% 提升至 97.24%，临期 2 小时改约占比由 48.90% 降低至 31.06%，一次装通率由 81.09% 提升至 84.51%，测速达标率由 83.21% 提升至 89.40%，主从网关光纤连接率由 62.92% 提升至 96.03%，装机耗时由 34.01 小时降低至 29.66 小时，整体装机效率提升 14.67%。

该项目荣获第二届"鼎新"杯数字化转型应用二等奖。

第七章

数据要素 × 工业机器人

2021年12月，工业和信息化部等15部门联合发布的《"十四五"机器人产业发展规划》进一步明确了机器人产业的重要战略意义。工业机器人在工业生产领域得到了广泛的应用，以工业机器人应用为代表的智能化生产不仅改变了传统的工业制造方式，还掀起了新一轮的工业革命。工业机器人应用既是人工智能与生产过程深度融合的微观转变，也是企业从传统市场体系向智能制造转型的创新标志，其迅猛发展极大地推进了制造业转型升级，对工业制造产生了举足轻重的影响。

而在2024年1月，国家数据局等17部门联合印发的《"数据要素×"三年行动计划（2024—2026年）》中指出，在工业领域中"开发使能技术，推动制造业数据多场景复用，支持制造业企业联合软件企业，基于设计、仿真、实验、生产、运行等数据积极探索多维度的创新应用，开发创成式设计、虚实融合试验、智能无人装备等方面的新型工业软件和装备"。工业机器人作为高端智能制造产业的代表，极大地提升了生产效率，提高了产品质量并成功解放了劳动力资源。在工业机器人场景中发挥数据要素乘数效应，释放数据要素价值，有助于推动"数据要素×"工业领域的强力发展。随着"数据要素×"行动计划的实施，可以预见，未来的工业机器人将更加智能化，它们的应用将更加广泛，对工业生产的影响将更加深远。因此，必须充分认识到数据要素与工业机器人结合的重要性，积极拥抱这一变革，以期在未来的工业竞争中占据有利地位。

一、工业机器人概述

（一）工业机器人定义

工业机器人具有独立的控制系统，可以通过编程实现动作程序的变化使机械手智能完成搬运、抓取及上下取料工作，一般作为自动机或自动生产在线的附属装置。它可以接受人类指挥，也可以按照预先编排的程序进行，现代的工业机器人还可以根据人工智能技术制定的原则纲领行动。美国工业机器人协会定义工业机器人为"是一种用来搬运物料、部件、工具或专门装置的可重复编程的多功能操作器，并可采用改变程序的方法来完成各种不同任务"。日本工业机器人协会则定义工业机器人为"一种装备有记忆装置和末端执行器，并能够完成各种移动来代替人类劳动的通用机器"。而国际标准化组织定义工业机器人为"一种能自动控制、可重复编程，多功能、多自由度的操作机，能搬运材料、工件或操持工具，来完成各种作业"。目前，我国现行的推荐性国家标准《机器人与机器人装备词汇》（GB/T 12643—2013）沿用了国际标准化组织对工业机器人的定义。

工业机器人作为推动工业化发展和数字中国建设的重要工具，既是现代化产业体系的重要组成，也是加速各产业现代化进程的助推器，正日益融入经济社会的方方面面，其发展具有深远的战略意义。相比于传统的工业设备，工业机器人有众多的优势，比如更好的易用性、智能化水平高、生产效率及安全性高、易于管理且经济效益显著等。但同时受结构控制与程序设定的影响，机器人本身不具备创造能力和环境适应能力，需要进一步提高智能化水平来改善工业机器人的实际应用。

（二）工业机器人组成与分类

1. 工业机器人的组成

工业机器人主要由三个基本部分六个子系统组成。其三个基本部分组成分别是主体、驱动系统和控制系统。主体即机座和执行机构，包括臂部、腕部和手部，有的机器人还有行走机构。控制系统用来发出指令和执行指令，相当于人类的大脑；驱动系统通过接收指令来行走和工作，相当于人的手和脚。

六个子系统可分为机械结构系统、驱动系统、感知系统、机器人－环境交互系统、人机交互系统和控制系统。机械结构系统分为串联和并联。串联机器人的特点是一个轴的运动会改变另一个轴的坐标原点，而并联机器人一个轴运动则不会改变另一个轴的坐标原点。驱动系统是向机械结构系统提供动力的装置。根据动力源不同，驱动系统的传动方式分为液压式、气压式、电气式和机械式4种。感知系统把机器人各种内部状态信息和环境信息从信号转变为机器人自身或者机器人之间能够理解和应用的数据和信息，除了需要感知与自身工作状态相关的机械量，如位移、速度和力等，视觉感知技术是工业机器人感知的一个重要方面。机器人－环境交互系统是实现机器人与外部环境中的设备相互联系和协调的系统。机器人与外部设备集成为一个功能单元，如加工制造单元、焊接单元、装配单元等。人机交互系统是人与机器人进行联系和参与机器人控制的装置。例如，计算机的标准终端、指令控制台、信息显示板、危险信号报警器等。控制系统的任务是根据机器人的作业指令以及从传感器反馈回来的信号，支配机器人的执行机构去完成规定的运动和功能。

2. 工业机器人的分类

关于工业机器人的分类，国际上没有指定统一的标准，通常可按负载重量、控制方式、功能、机械结构、应用领域等划分。

按机械结构划分，工业机器人可分为关节坐标机器人、DELTA 机器人、直角坐标机器人、SCARA 机器人、极坐标机器人、圆柱坐标机器人。关节型机器人在全球和中国均占60%以上的市场份额，几乎可应用于所有工业领域，以焊接、装配和搬运领域应用最多，其中汽车制造业是多关节工业机器人增长的主要需求驱动力（见图7-1）。

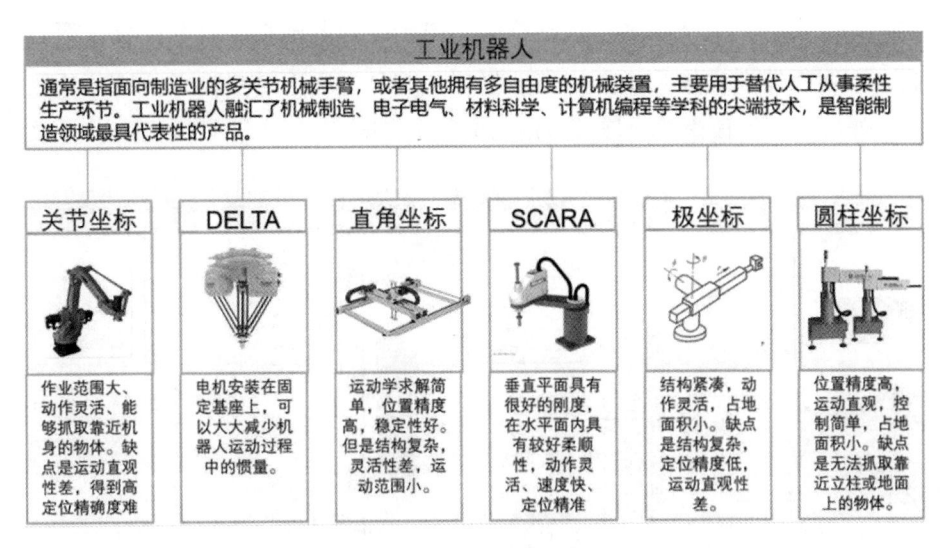

图7-1　工业机器人按机械结构分类

按功能划分，工业机器人可分为搬运机器人、加工机器人、装配机器人、喷涂机器人（见图7-2）。

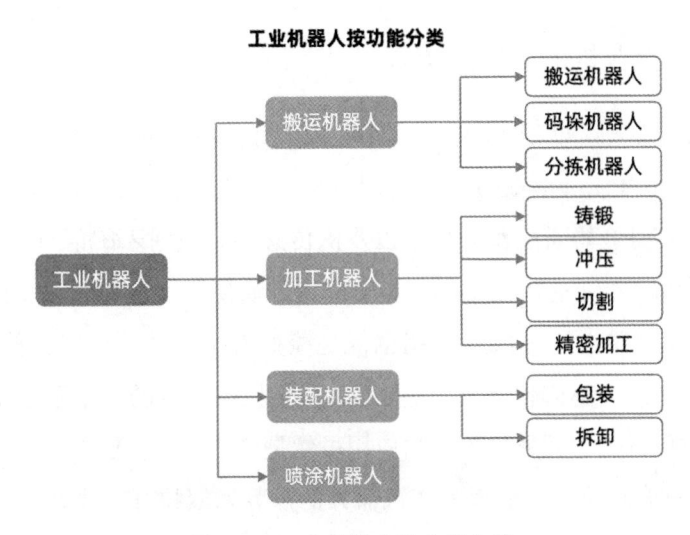

图7-2　工业机器人按功能分类

工业机器人及成套设备组成的产业链的上游包括控制器、伺服系统、减速机等零部件领域；中游为整机制造行业；下游则是系统集成环节，以自动化设备生产商（即系统集成商）为主，涵盖焊接、装配、搬运、检测、喷涂等生产领域；终端客户包括汽车、电子、橡胶塑料、食品、化工等行业。工业机器人本体是机器人产业发展的基础，而下游机器人系统集成则是工业机器人工程化和大规模应用的关键（见图7-3）。

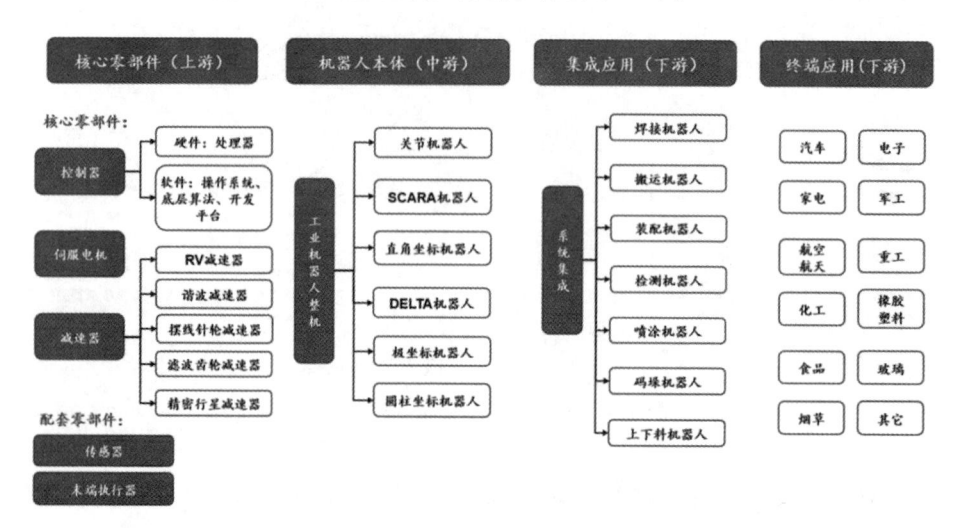

图7-3 工业机器人产业链

（三）工业机器人发展历程

工业机器人最早于20世纪50年代末开始投入使用。约瑟夫·恩格尔贝格（Joseph F.Englberger）利用伺服系统的相关灵感，与乔治·德沃尔（George Devol）共同开发了一台工业机器人——"尤尼梅特"（Unimate），并率先于1961年在通用汽车的生产车间里开始使用。最初的工业机器人构造相对比较简单，所完成的功能也仅是捡拾汽车零件并放置到传送带上，不具备与其他的作业环境交互的能力，只是按照预定的基本程序精确地完成同一重复动作。"尤尼梅特"的应用虽然是简单的重复操作，但展示了工业机械化的美好前景，也为工业机器人的蓬勃发展拉开了序幕。自此，在工业生产领域，很多繁重、重复的流程性作业可以由工业机器人来代替人类完成。

20世纪60年代，工业机器人发展迎来黎明期，机器人的功能得到了进一步的发展。机器人传感器的应用提高了机器人的可操作性，包括恩斯特采用的触觉传感器；托莫维奇和博尼在世界上最早的"灵巧手"上用到了压力传感器；麦卡锡对机器人进行改进，加入视觉传感系统，并帮助麻省理工学院推出了世界上第一个带有视觉传感器并能识别和定位积木的机器人系统。此外，利用声呐系统、光电管等技术，工业机器人可以通过环境识别来校正自己的准确位置。工业机器人得以有望在更复杂的作业环境与作业任务中被应用。

20世纪70年代，随着计算机和人工智能技术的发展，机器人进入了实用化时代。像日立公司推出的具有触觉、压力传感器，7轴交流电动机驱动的机器人；美国米拉克龙公司推出的由电液伺服驱动，可跟踪移动物体，用于装配和多功能作业的世界上第一台小型计算机控制的机器人；日本山梨大学发明的适用于装配作业的SCARA平面关节型机器人等，均已具备了实际工业生产中执行作业任务的能力。

20世纪80年代，机器人进入了普及期，随着制造业的发展，工业机器人在发达国家工业生产中迅速普及，并向高速、高精度、轻量化、成套系列化和智能化发展，以满足多品种、少批量的实际需要。

20世纪90年代，随着计算机技术、智能技术的进步和发展，第二代具有一定感觉功能的机器人实现实用化并开始推广，具有视觉、触觉、高灵巧手指、能行走的第三代智能机器人也相继出现并开始走向应用。

2020年，中国机器人产业营业收入首次突破1000亿元。"十三五"期间，工业机器人产量从7.2万套增长到21.2万套，年均增长31%。从技术和产品上看，精密减速器、高性能伺服驱动系统、智能控制器、智能一体化关节等关键技术和部件加快突破、创新成果不断涌现，整机性能大幅提升、功能愈加丰富，产品质量日益优化。行业应用也在深入拓展。例如，工业机器人已在汽车、电子、冶金、轻工、石化、医药等52个行业大类、143个行业中类广泛应用。

未来工业机器人将向着人机协作、自主化、智能化、信息化、网络化发展，随着传感与识别系统、人工智能等技术进步，机器人从被单向控制向自己存储、自己应用数据方向发展，逐渐信息化。随着多机器人协同、控制、通信等技术进步，机器人从独立个体向相互联网、协同合作方向发展。

（四）工业机器人应用领域

1. 传统制造业

工业机器人在制造业中可承担多种高质量、高精度和重复性的任务，如零件装配、物料处理和焊接。如富士康科技集团是全球最大的电子制造服务公司之一，引入 Fo×bots 机器人等实现了电子产品的高速精细组装和测试，提高了产品质量和生产效率，有效降低了成本。

2. 汽车制造

工业机器人在汽车制造业可用于涂漆、装配、钣金加工和焊接等过程。如比亚迪将工业机器人用于汽车生产线，包括焊接、装配、涂漆等环节，提高了生产效率、稳定性和安全性，并使生产更加灵活和可持续。

3. 医药医疗

工业机器人在医药制造行业中的应用越来越多。它们可以被用于制造药品、设备、超纯水系统乃至医疗手术等，从而提高安全性和生产效率。如术锐机器人作为国内首款也是目前唯一一款能够同时覆盖泌尿外科和妇科腹腔镜良恶性疾病手术操作的多科室单孔腔镜手术机器人，在临床手术中表现出色。

4. 食品和饮料

工业机器人在食品和饮料行业中致力于杀菌、灌装、封口、分拣和包装等方面。如伊利集团利用系统模型开展模拟仿真与实践应用，通过智能机器人、机械手实现了全过程中央自动化控制，以此主导生产全程以及关键环节。

5. 电子和半导体制造

工业机器人在电子和半导体制造行业中可用于各种加工和组装过程。

这带来了更高的生产能力和精度，同时提高了质量和可靠性。台湾积体电路制造股份有限公司使用移动复合机器人 AMR，利用多款高精度、超低功耗芯片，通过多传感融合技术和算法，为企业提供工业物流解决方案，实现车间无人化生产。

6. 物流和仓储

工业机器人在物流和仓储行业中可以执行多种任务，如搬运、拣选、包装和存储，从而提高速度、效率和准确性。如京东物流自主研发的搬运型 AGV 机器人"地狼"，成功解决仓储人员作业时间长、奔袭路径长等问题，大大提高生产效率、节省人力成本。

7. 包装领域

工业机器人在包装行业中可以用于制袋、填充、封口、标记和纸箱折叠等工作。通过使用工业机器人进行包装，企业可以大大降低人力成本，提高包装效率。如亚马逊采用打包机器人实现流水线式的快速货物包装，具备远超人工的工作效率。

8. 环保和废弃物处理

工业机器人在环保和废弃物处理领域可以用于危险物品的处理、清洁工作和回收。使用工业机器人实现自动化，不仅可以提高效率，还可以减少风险和损失。如美国 AMP 公司已在美国部署了数百台垃圾分类处理机器人，每年处理大量的垃圾分拣、归类工作。

9. 建筑领域

工业机器人在建筑领域中可以被用于施工、测绘和协作，以提高工作效率并减少人工操作带来的错误。例如北京大兴机场修建过程中，由北京石油化工学院自主研发的焊接机器人承担了重要的焊接工作，解决了人工难以实现特种环境作业、人工作业误差等问题。

10. 农业领域

工业机器人在农业领域可以用于植物种植、收获、智能灌溉等工作，从而提高作物品质和产量。如湖南望城无人农场作为全国首个全程无人操作的机械化双季稻无人农场项目，引入有序水稻抛秧机等智能工业机器人设备，辅以物联网、大数据、人工智能、5G等先进信息技术，实现农场所有的田间管理无人化。

随着智能设备的发展，工业机器人的应用涉及各个行业和领域，这些应用不仅提高了生产效率、质量和精度，而且机器人在工业制造中的优势越来越明显，采用工业机器人，不仅可提高产品的质量和生产效率，而且对改善劳动环境、减轻劳动强度、提高生产效率及降低生产成本有着重要意义。

二、"数据要素×"与工业机器人

（一）数据要素在工业机器人领域的作用与意义

数据在工业机器人领域中一直扮演着至关重要的角色。随着科技的飞速发展，数据在工业机器人智能化中的作用也是越发重要，数据驱动逐渐成为工业机器人智能化的核心。工业机器人可以收集大量的生产与运行数据，通过人工智能技术、大数据分析技术等技术手段予以分析处理，帮助了解生产过程的变化和趋势，进而实现对机器人及生产线的改进与优化，赋予机器人更高的智能化、自动化程度。数据在工业机器人领域中的重要性可从以下方面得以体现：

1. 数据采集与处理

工业机器人需要通过各种传感器、控制器等设备进行数据采集，以实现对生产过程的实时监控和控制。通过对采集到的数据进行处理和分析，可以有效提高机器人的精度和稳定性，从而提高生产效率。

2. 故障诊断与预测维护

工业机器人长时间运行在恶劣环境下，容易出现故障。通过收集机器人运行过程中的各类数据，可以对机器人的健康状况进行实时监测，提前发现潜在故障，从而实现预测性维护。这不仅可以减少故障率，还可以降低维护成本。

3. 人工智能与机器学习

数据是人工智能和机器学习的基础。通过对大量历史数据的分析和训练，可以使机器人具备更强大的学习能力和适应性，实现更加智能化的操作。此外，借助于深度学习等技术，工业机器人可以实现对复杂任务的自主学习和优化，提高生产效率。

4. 生产线优化与调度

通过对生产线上的各项数据进行实时监控和分析，可以发现生产过程中的瓶颈和问题，从而有针对性地进行优化和调整。此外，结合机器学习等技术，可以实现对生产线的智能调度，合理分配资源和任务，提高整体生产效率。

5. 定制化生产与智能制造

随着消费者对产品个性化的需求日益增长，工业机器人需要具备更强的数据处理能力，以实现定制化生产。通过收集用户需求和生产数据，机器人可以实现对产品的个性化设计和生产，满足市场需求。

6. 安全保障

数据在工业机器人领域中的应用可以有效提高生产过程的安全性。通过对机器人运行数据的实时监控，可以及时发现异常情况，采取措施避免事故发生。此外，通过数据分析，可以对生产环境进行优化，降低安全风险。

7. 机器人与劳动力的协作

数据驱动的工业机器人可以实现与劳动力的有效协作，承担一些重复性、危险性较高的工作，而人则可以专注于更有创造性和战略性的任务。这种人机协作模式可以提高生产效率，减轻员工的劳动强度。

数据是新一轮科技革命和产业变革最活跃的生产要素，工业机器人产业发展要结合新型工业化特征，把握新型工业化的生产要素。大量颠覆性的数字技术不断涌现，为工业机器人带来增长潜力。数据要素成为工业企业数智化转型、决定工业企业竞争力的关键因素，数据进入工业机器人等生产函数后，不但会改变生产要素的投入结构，而且能够显著提高其他生产要素的使用效率，成为价值的重要来源、产业竞争力的关键。以ChatGPT为代表的生成式人工智能技术的突破，代表人工智能已经可以根据需求创造内容（数据），未来的工业机器人如何融入数据的应用，开拓数据价值，企业对于数据的生产、开发、利用水平会成为新型工业化下评价工业机器人水平和产业国际竞争力高低的重要因素。新型工业化和数据要素化推动下，工业机器人等新一代平台如何搭建，如何实现共赢，还需要更多的探索。

（二）工业机器人领域数据要素化面临的问题

工业机器人领域数据要素化是指利用5G、大数据、云计算、人工智能等技术，对工业机器人的设计、制造、运行、维护等全过程进行数据采集、处理和分析，以提高机器人的性能、可靠性和智能化水平。在宏观和微观角度，数据要素化面临以下问题：

从宏观角度来看，有如下问题：

一是产业协同不足。我国工业机器人产业链条较长，涉及多个领域，如制造业、信息技术、科学研究等。数据要素化过程中，各环节之间的协同不足，导致数据流通不畅，难以实现产业链高效运转。

二是数据标准不统一。不同企业、不同型号的工业机器人，其数据采集、传输、存储格式存在差异，导致数据难以互通。缺乏统一的数据标准，制约了数据要素化的进程。

三是数据利用不充分。目前企业中数据孤岛现象普遍，数据散落在企业各角落，缺乏共享使用。工业数据的及时性、完整性及开发利用水平，决定着生产制造资源的配置效率，大量工业制造企业尚未充分实现数据自采集、存储、高质量使用，与企业组织、业务、技术融合度不深，没有形成"数据—信息—知识—决策"闭环。

四是数据安全与隐私保护。工业机器人数据涉及企业核心生产数据，数据要素化过程中，如何确保数据安全、防止泄露企业机密，是一个亟待解决的问题。

从微观角度来看，有如下问题：

一是数据采集难度大。工业机器人运行环境复杂，涉及大量非结构化数据，如声音、图像等，同时工厂生产的数据往往分散在不同的系统中，这些数据采集难度大，且易受干扰，影响数据质量。

二是数据的准确性不高。工业机器人依赖各种传感器来收集数据，如温度、压力、速度等，传感器的质量、校准状态和环境适应性都会影响数据的准确性。在工业环境中，电磁干扰、振动等因素可能影响数据传输的稳定性，导致数据准确性下降。

三是数据处理与分析能力不足。工业机器人领域对数据处理与分析的需求越来越高，但目前我国在算法研究、计算能力等方面仍有不足，制约了数据要素化的效果。

四是技术与实际应用脱节。虽然大数据、人工智能等技术在工业机器人领域取得一定成果，但实际应用中，技术与实际需求存在脱节，导致数据要素化效果不理想。

五是人才短缺。工业机器人数据要素化涉及多个领域，如信息技术、机械制造等，对跨学科人才的需求较大。目前我国尚缺乏此类人才，影响数据要素化在工业机器人领域的推进。

为解决上述问题，我国应加强政策支持，推动产业协同发展，建立统一的数据标准，加强数据安全与隐私保护。同时，提高数据采集、处理与分析能力，培养跨学科人才，以推动工业机器人领域数据要素化的深入发展。

（三）工业机器人领域数据要素化的主要任务

工业机器人是实现工业领域智能化的重要载体，工业机器人领域数据要素化的主要任务是将机器人的设计、制造、运行、维护等过程中的各种数据进行采集和处理，使其成为有价值的信息和知识。具体来说，主要包括以下几个方面：

1. 工业机器人数据的采集

工业机器人是工业生产智能化的重要手段，其数据采集的来源主要有两个：一是对工厂内外环境的感知；二是对自身动作执行的监控和纠错。对于前者，通常采用传感器等设备来对生产过程进行监测和控制，而对于后者，则需要在机器人自身安装传感器并将各传感器采集得到的数据进行处理和分析，以实现自身状态分析和纠错等功能。

在工业机器人的数据采集中，还需要考虑到数据的实时性和准确性。为了提高工业机器人的操作效率和准确性，需要对其进行实时的数据采集和分析，以实现对机器人运行状态的即时监测和纠错。

2. 工业机器人数据的处理

在工业机器人数据采集的基础上，数据处理是实现智能制造的重要环节。对于工业机器人而言，数据处理主要包括数据清洗、数据融合和数据建模三个方面。

一是数据清洗。数据清洗是指在数据采集过程中清除错误或不需要的数据，以保证数据的准确性和可靠性。通过数据清洗，可以有效地减少数据处理和分析的难度和复杂度，对于后续的数据应用和决策分析也提供了可靠的数据基础。

二是数据融合。数据融合是指将来自不同数据源的数据进行整合，提取其中的有效信息，以实现多源数据的协同分析和有效利用。在工业机器人数据处理中，数据融合能够有效地提高智能机器人的工作效率和准确性，同时还能够实现更加细粒度的数据分析和异常检测。

三是数据建模。数据建模是指通过对数据进行统计分析和模型构建等方法，来预测和分析未来的数据趋势和变化规律。在工业机器人数据处理中，可以通过数据建模来推断机器人的工作状态和运行趋势，从而实现对机器人的全面监测和纠错。

通过对工业机器人数据的采集、处理和应用，可以实现对机器人的智能化管理和控制，通过数据要素化，可以实现工业机器人的智能化、网络化和协同化，提高生产效率和产品质量，降低生产成本，为我国制造业的转型升级提供有力支持。

（四）工业机器人领域数据要素化的价值与效应

1. 数据要素经历三次价值释放

数据的第一次价值释放主要用于实现业务初步的标准化、自动化管理和运营，仅用于支持政府、企业内部的业务系统运转，数据并未得到深度整合和分析。

数据的第二次价值释放更加强调数据的挖掘与分析，通过对数据的加工、分析、建模，帮助政府、企业进行智能化决策，目前我国正处于数据第二次价值释放的阶段。

数据的第三次价值释放更加聚焦数据的市场流通，政府或企业将自身收集的数据流通到有需要的业务场景中，一方面能够赋能数据需求方的经营生产；另一方面也能够实现数据的价值变现，最终达到双赢的局面。

2. 工业机器人领域数据要素化的价值

数据要素作为我国的基础战略性资源已得到广泛共识，特别是在工业生产领域，随着工业机器人制造规模迅速扩大，越来越依赖数据作决策支撑，通过数据要素化让数据"动起来，用起来"，驱动先进工业的状况感知、实时剖析、自主决议计划、精准履行和学习进步智能体系运作，真正充分挖掘和释放蕴藏在数据要素中的价值。

"数据要素 ×"融入工业机器人技术能够让机器和设备与大数据管理相互融合，构建出全新的智能化生产过程。通过工业大数据技术的支持，企业可以对生产过程进行全面自主的控制和管理，能够及时获取各类工业数据信息，从而能够制订精准的生产计划和管理方案，实现更加精细化的生产过程。

"数据要素 ×"的应用能促进工业智能化发展，智能化的工业生态将使企业摆脱传统生产模式的束缚，创造出更加自主的生产模式和更加高效率的生产过程，从而实现企业的快速发展和产业升级，给企业带来更加精细、智能化的生产环境，可以更快速、更精确地处理企业数据，并使生产过程自动化和高效化，同时也减少了企业的生产成本及人力成本，极大地促进了企业的发展进程。

3. 工业机器人领域数据要素化的乘数效应

数据要素和工业机器人两个领域都能独立产生重要影响，但是两者在配合使用下，产生的是更快速、便利、可靠的生产效果。这样的合作模式通常是由一个拥有机器人控制系统的平台和一套数据处理平台组成。数据处理系统能够收集、存储和管理全球各地的数据，并将其纳入企业需求的分析中，以形成更加智能化的生产模式。而机器人平台则能更好地发挥自身的执行力，为智能化的生产过程提供灵活的技术支持。工业机器人领域数据要素化的乘数效应在以下方面体现：

一是激发工业数据潜在价值，融合开发利用产业数据，通过工业机器人不同应用场景来实现。数据要素对内赋能应用，可为数据持有企业生产经营创造工业产值、经营利润等；数据要素对外流通共享，数据持有者可以通过数据交易或授权使用获取直接资产收益，实现外部经济循环。

二是完善工业机器人生产体系，构建以数据驱动为核心、应用场景为牵引、产业协同为特点的新型工业制造体系，提高工业数据资源价值复用水平，推动工业制造知识创新、传播和应用，培育新的经济增长点。

三是充分发挥数据要素对传统生产要素的叠加、放大、倍增效应，通过数据要素分别赋能工业机器人在使用过程中资本、技术和劳动力三种传统要素，综合提高传统要素使用效率，优化整体要素资源配置效率，带动数字化转型，助力企业降本增效和新价值创造。

三、工业机器人领域数据要素化的未来发展

数字经济蓬勃发展，5G、大数据、人工智能、工业互联网等新一代信息技术在工业制造领域加速应用，工业领域数字化转型迈入深水区，数据正在成为关键生产要素。《行动计划》中提出创新培育数据驱动型产品研发

新模式，打通供应链上下游设计、计划、质量、物流等数据实现敏捷柔性协同制造，整合支持设计、生产、运行、采购、库存、物流等各环节数据延伸价值链，推动制造业数据多场景复用，创新开发新型工业软件和装备。其中"数据要素×"与工业机器人结合的应用非常广泛，主要包括以下几个方面：

一是智能制造。数据要素化将推动工业机器人与智能制造技术的融合，可以使工业机器人实时收集生产数据，并通过智能算法对这些数据进行分析，实现自适应控制生产过程的智能化管理和优化，从而提高生产效率和产品质量。应用领域包括智能工厂、数字化车间等。

二是预测性维护与故障预警。数据要素化帮助工业机器人实现预测性维护和故障预警。通过收集和分析设备的运行数据，利用数据分析和机器学习算法，可以提前发现设备的故障迹象，并采取相应的维修措施，避免设备停机造成的损失。应用领域如自动化装配线、仓库管理等。

三是生产过程优化与智能调度。数据要素化可以帮助工业机器人实现生产过程的优化与智能调度。通过收集和分析生产过程中的数据，可以发现生产过程中的瓶颈和问题，并提出相应的改进方案。同时可以帮助企业实现智能调度，即根据订单和设备状态等信息，实时调整生产计划，提高生产效率和资源利用率。应用领域如电子组装、无人机配送等。

四是人机协作。数据要素化有助于提高工业机器人和人类工作人员之间的协作效率，通过分析工人和机器人的操作数据，优化人机分工，提高生产效率，降低劳动强度，实现更加灵活和高效的人机协作环境。应用领域包括医疗、教育、零售等。

五是跨行业集成。工业机器人的数据要素化将促进不同行业之间的数据集成和知识共享，推动跨行业创新。当不同行业的数据被集成和共享时，新的商业模式和解决方案就可能被孕育出来。应用领域如物流、农业、服务业等。

六是多传感与仿真技术。工业机器人要能够感知环境、适应环境、准确自如地进行作业，需要高性能传感器以及各种传感器之间的协调工作，多传感器融合技术已成为智能机器人研究领域的关键技术之一。同时工业机器人通过系统仿真，可以预先模拟演示出实施指令要求的具体动作，并据此得出动作结果，在仿真修正处理后，校正缺陷再进行实际操作。通过仿真，既可以缩短生产工期，又可以避免不必要的返工，从而降低生产成本和提高生产效率。应用领域如生产流水线、决策系统等。

七是工业机器人与大数据及云计算技术的融合。在工业机器人实际应用中，融入大数据和云计算技术，能够对生产制造全过程进行实时监控，以便提前发现问题、规避风险；也可以增强企业对客户反馈信息的处理进而优化产品与服务，为传统制造业向智能制造和云制造的信息化转型提供强有力的支撑。应用领域如远程医疗、服务业等。

工业机器人的未来发展趋势将是数字化、智能化、多元化、绿色化、人机协作化，将为企业带来：

更高级的数据处理能力。工业机器人将具备更高级的数据处理能力，能够实时收集和分析大量数据，实现生产过程的实时监控和优化。

更高的智能化水平。随着人工智能、机器学习等技术的发展，未来的工业机器人将拥有更高级的认知能力，能够更好地理解环境、适应任务变化和解决复杂问题。

更强的自主性。未来的工业机器人将具备更强的自主决策能力，能够在没有人类干预的情况下完成复杂的任务，实现真正的"无人化"生产。

更广泛的应用领域。随着数字化和智能化技术的推进，工业机器人将不仅仅局限于传统的制造业领域，还将拓展到服务业、医疗、农业等多个领域。

更紧密的人机协作。未来的工业机器人将与人类工作人员更加紧密地协作，实现人机共融，提高生产效率和安全性。

随着技术的不断进步和应用场景的不断拓展，工业机器人领域数据要素化的未来发展将更加多元化和深入，为各行各业带来更高效、更智能的解决方案。

> 案例

基于传感器数据监测的工业机器人智能服务

在当今制造业的转型浪潮中，数据驱动的智能化成为核心动力。随着"中国制造2025"和"工业4.0"等全球性战略的深入实施，工业机器人的应用已成为推动产业升级和效率革新的关键因素。工业机器人集成了机械工程、电子技术、传感系统、图像处理等尖端技术，并在多样化的生产环境中大放异彩，它们能够承担高风险、高重复性和高精度的任务，从而显著提升作业效率和安全水平。中国近年来经历了工业机器人产业的高速增长，成为全球最大的工业机器人市场，这不仅仅是因为劳动力成本上升，更是由于制造业对质量和效率要求的不断提升。在这样的背景下，工业机器人不再是简单的自动化工具，而是智能生产系统的重要组成部分。

在工业机器人的应用过程中，数据监控和管理显得尤为重要。管理人员必须实时掌握工业机器人的运行状况，进行全面的监控，以便及时发现并处理异常情况。这不仅涉及工业机器人的物理操作，还包括对其生成的数据进行收集、存储和分析。企业通过监控系统积累大量工业数据，运用大数据分析技术进行深度挖掘，优化生产流程，实现智能决策，从而进一步提升工业机器人的应用价值和生产效率。因此数据不仅是工业机器人应用的基础，更是推动制造业向智能化、数字化发展的核心竞争力，数据要素化在工业机器人实际管理与应用中具有不可忽视的作用。

（一）案例概述

在高端装备制造领域，国内某机器人公司（以下简称H公司）向用户企业部署了多台独立的工业机器人，每个工业机器人作为单独的自动化单元运行。这些工业机器人主要采用单点数据采集模式，存在信息孤岛现象，限制了数据潜在价值的挖掘；同时，随着工业机器人的数量及其运行时间持续增长，其故障率随之上升，这不仅影响产品的质量，还可能引发生产线的停机。迫切需要实施高效的预测性维护措施，并采取基于实时状态监测的维护策略，以有效减少停机时间并确保产品质量的稳定，降低维护成本。

  为解决这些问题，H公司采用基于航天云网INDICS平台的智能服务系统解决方案。该方案通过加装传感器至工业机器人关键部件，实现了对关节轴末端坐标、电流等重要参数的实时监测。利用先进的物联网（IoT）网关技术，所采集的数据进行预处理并被传输，之后上传至云端的INDICS平台。该平台为H公司工业机器人及工业机器人使用商提供了全面的设备管理功能，包括台账管理、工况监测、异常报警以及维护服务。此外，通过整合历史数据和同类工业机器人产品数据，构建了一个分析模型以优化整体生产流程。借助该解决方案，H公司成功实现了对工业机器人运行数据的要素化，将运行监测数据（包含工业机器人的运行状态、转角、轴电流、故障信号、振动、噪声等）转化为可供分析应用的高价值数据要素，充分发挥数据价值，提高工业机器人生产效率与服务质量，降低工业机器人运行维护成本，与工业机器人用户企业实现共赢。

  在此案例中，涉及的数据主要为传感器回传的参数监测数据，在以下三个方面以不同形式发挥了重要作用。

1. 运行监控与维护预警

  （1）运行状态监控。通过在工业机器人的关键部位部署传感器，如关节轴末端的位置传感器、电流传感器等，结合INDICS平台，实现实时监控工业机器人的运动参数和工作状态，对传感器回传的关节轴末端坐标、电流等重要参数进行分析，从而监测工业机器人的运行状态，检测任何偏离正常运行模式的行为，识别潜在的问题并予以提前修正，防患于未然。

  （2）预测性维护分析。充分发挥大数据和人工智能的优势，使用机器学习和统计模型对收集到的传感器数据进行分析，多维度对比设备健康状态，以预测工业机器人未来的维护需求和潜在故障。这允许H公司执行基于条件的维护，而不是传统的周期性维护，能有效减少设备维护时间，提高维护效率，降低用户的维护成本。

（3）历史趋势分析。结合历史数据和来自类似型号产品的数据，构建综合分析模型，分析工业机器人的长期性能趋势和故障模式，从而帮助用户判断工业机器人使用寿命和性能退化趋势，同时也允许 H 公司整体把握不同型号工业机器人特征，为后续产品升级优化提供数据参考。

2. 应用服务与反馈

（1）设备台账管理。记录用户使用设备的完整履历信息，包括但不限于设备的型号、序列号、安装日期、维护记录、故障历史等，便于精确追踪和管理每台工业机器人的历史和状态。此外，设备台账管理还可以帮助用户进行资产评估，优化设备配置。

（2）故障报警与诊断。当系统检测到异常行为时，会触发相应报警提示并通知技术维护人员。同时，平台提供的诊断工具可以帮助技术维护人员快速定位问题原因，为用户提供有效的解决方案。不仅提高了设备的可靠性和安全性，还降低了维护成本和停机时间。

（3）健康评估报告。分析监测数据，定期生成工业机器人的健康评估报告，向用户提供维护建议，并通过直观的仪表盘和图形化界面向用户展示工业机器人关键性能指标和健康状态。通过对比不同时间段的健康评估报告，用户可以及时发现设备性能的变化趋势，从而采取相应的措施，做出更加明智的运维决策，确保生产过程的稳定和高效。

3. 决策支持与优化

（1）生产效率优化。通过对生产流程中的工业机器人进行实时监控和历史数据分析，可以挖掘提升生产效率的潜在途径。例如，通过分析工业机器人的运动轨迹等参数，可以帮助优化轨迹规划，提高生产效率。此外，数据还可以帮助用户企业决策层了解生产线的瓶颈环节，从而进行针对性的流程改进，提高整体生产效率。

（2）成本控制分析。通过对工业机器人的维护成本、能耗、生产停机时间等数据进行深入挖掘，用户企业可以更好地理解这些成本的真实影响。例如，通过对比分析不同设备的维护成本和停机时间，用户企业可以优化设备配置，降低维护成本；通过对能耗数据的分析，用户企业可以制定节能措施，降低生产成本。此外，数据还可以帮助用户企业预测潜在的故障风险，提前采取措施，避免因设备故障导致的生产成本损失。

（3）质量相关分析。通过关联产品质量数据和工业机器人运行数据，用户企业可以发现生产过程中可能产生质量问题的环节。例如，通过分析工业机器人的运行参数与产品质量之间的关系，可以找出影响产品质量的关键因素，并采取预防措施。此外，数据还可以帮助用户企业建立质量预测模型，实时监控生产过程中的质量风险，从而提高产品质量。

（二）传感器监测带来的实质性价值

利用传感器实时监测采集的数据，经整理、分析后，能在多个方面、不同维度上发挥重要的作用，还可以为工业机器人制造商、工业机器人用户企业和集成服务商带来实质性的价值。

1. 工业机器人制造商H公司方面

（1）促进创新升级。随着大量数据的积累，H公司能够更好地理解客户需求，推动工业机器人产品和服务的创新升级。数据分析揭示的新需求和使用模式可以引导公司研发新功能或改进现有工业机器人产品。此外，通过对客户使用场景的深入了解，H公司可以针对性地开发定制化解决方案，满足客户的特定需求。

（2）扩大市场竞争力。数据驱动的服务提升了公司的市场竞争力。通过提供高效的工业机器人管理和优质的客户体验，公司能够在竞争激烈的市场中脱颖而出。此外，来自工业机器人实际运行统计数据的分析还可以帮助H公司在产品设计及生产上对设备常见故障及问题进行技术优化，从而在市场上获得更高的成本优势。

2. 工业机器人用户企业方面

（1）提升生产效率。通过实时监控工业机器人的运行状态，如转角和轴电流等，可以对生产流程进行优化，确保工业机器人以最高效率运行。这样不仅提高了单个工业机器人的生产效率，而且当扩展到更多应用工业机器人的场合时，整体的生产效益显著增加，实现乘数效应。数据的收集和分析使得生产过程更加智能化，通过对工业机器人的运行数据进行实时监测和分析，可以发现潜在的瓶颈和改进点，从而优化生产流程，提高生产效率。

（2）降低运维成本。故障信号、振动和噪声等数据的收集与分析，使得预测性维护成为可能。通过对这些数据的分析，可以预测工业机器人潜在的故障点，提前进行维护，从而避免了突发故障导致的生产中断和维修成本。通过预测性维护，可以减少工业机器人的停机时间，提高设备的可用性，降低维修成本，并延长设备的使用寿命。

（3）保障产品质量。实时监控和预测性维护确保了工业机器人在最佳状态下运行，以有效减少生产过程中的误差和缺陷，从而提高产品质量。通过对工业机器人的运行数据与生产产品的质量数据进行实时监测和分析，可以及时发现和纠正生产过程中的问题，保证产品的一致性和质量稳定性。

（4）增强决策支持。数据分析为企业管理提供了有力的决策支持。通过分析复数台工业机器人的数据，实时掌握设备开机率、运行率、利用率、故障率以及设备综合效率的统计信息，企业能更加合理地对工业机器人设备进行生产配置，提高其利用率，从而提高产能和资产回报率，并据此制订更为精准的市场策略和维护计划。

3. 集成服务商方面

（1）推动服务升级。集成服务商利用大数据技术，能够对收集到的工业机器人运行数据进行深入分析，从而推动应用层面的创新。大数据分析工具使得服务商能够处理海量的数据集，识别出工业机器人使用中的关键趋势和模式。数据挖掘技术揭示了潜在的问题和机会，为改进现有服务提供了依据。同时，通过数据可视化，服务商能够将复杂的信息以图形化的方式展现给客户，帮助客户更好地理解工业机器人的性能和效率，从而提高服务的透明度和客户的参与度。

（2）明确应用需求。集成服务商通过分析客户需求和采集数据情况，能够准确定位工业机器人的应用需求。这些需求驱动服务商构建新的应用场景，不仅满足当前市场的需要，还能预见未来的发展。通过对工业机器人数据的实时监控和分析，服务商可以及时发现新的应用机会，为客户提供更加多样化和定制化的服务解决方案。

（3）推进业务创新。集成服务商与H公司通过联合构建专业的数据处理模型，能够有效管理和分析工业机器人运行监控数据。这些模型不仅提高了数据处理的效率，还提升了数据分析的准确性。基于这些模型，服务商能够提出针对特定行业的大数据解决方案，帮助客户解决实际问题。此外，服务商还通过工程实施来验证这些解决方案的可行性和效果，确保所提供的服务能够真正满足客户的实际需求，并在实际运营中发挥积极作用。

可以看到数据的重要性不仅局限于单一领域，而是贯穿了整个工业机器人产业的各个环节。数据的积累与分析为各方带来了显著的益处，从促进创新升级、扩大市场竞争力，到提升生产效率、降低运维成本、保障产品质量以及增强决策支持，这些效果无不凸显了数据作为一种资产的价值。集成服务商作为发掘工业机器人数据要素的重要角色之一，同样不可或缺。服务商通过对大数据的深度挖掘和应用，不仅推动了服务升级，明确了应用需求，还推进了业务创新。他们的工作确保了数据能够在更广阔的层面被有效利用，从而为整个产业的进步贡献力量。

接下来，将继续探讨数据的乘数效应。这种效应不仅限于提高工业机器人制造商和用户的内部运营效率，它的影响波及了整个企业的资源分配、设备使用率、产品一致性和质量等关键领域。通过对数据的精细管理和智能分析，企业能够实现资源的最优化配置，设备的高效运行，以及产品质量的持续提升。在本案例中，数据的乘数效应表现在以下几个方面。

一是优化资源分配。对工业机器人运行监控数据的分析能帮助工业机器人用户企业更有效地分配维护资源。通过预测性维护减少不必要的维修工作，让技术人员能够专注于确实需要关注的问题，提高了整体的工作效率和成本效益。

二是提高设备使用率。实时监控和预测性维护策略降低了工业机器人故障率和非计划性停机时间，从而提升了设备的可用性和生产时间，使得设备资产的投资回报最大化。

三是增强产品一致性和质量。数据驱动的过程控制可以确保制造过程中的每个环节都达到最高的精确度，减少缺陷和变异，从而提高了产品的质量和一致性。

四是推动服务创新。积累的数据帮助公司开发新的服务和业务模式，如基于性能的定价模式或作为服务的工业机器人解决方案，为公司带来新的收入来源。

五是扩大市场竞争力。数据驱动的优化和服务提升增强了企业的品牌价值和客户满意度，这有助于吸引新客户和维护现有客户关系，提高市场份额。

六是降低运营风险。通过对数据的持续分析，企业能够及时发现和缓解潜在风险，例如生产过程中的瓶颈或潜在的设备故障，从而减少了运营风险。

七是增强研发能力。数据不仅可以帮助改善现有产品，还能提供宝贵的洞察，指导未来的研发方向，创造先进的新产品和技术。

H公司借助于该解决方案实现了工业机器人运行数据的要素化，将运行监测数据转化为高价值的分析应用数据，充分发挥了数据的价值，提高了工业机器人的生产效率与服务质量，降低了运行维护成本。数据的乘数效应进一步体现在资源分配的优化、设备使用率的提升、产品一致性和质量的增强、服务创新的推动、经验共享的促进、决策过程的加速、市场竞争力的扩大、运营风险的降低、可持续发展的支持以及研发能力的增强。

《行动计划》中提出"充分发挥数据要素的放大、叠加、倍增作用，构建以数据为关键要素的数字经济，是推动高质量发展的必然要求"。总而言之，在制造业的智能化浪潮中，数据已成为一种核心资产和竞争力，其在工业机器人管理和实际应用中的作用不可忽视。通过对数据的精细管理和智能分析，实现数据要素化与工业机器人的结合，不仅促进了工业机器人制造商和用户企业的创新升级、降低了运维成本、保障了产品质量、增强了决策支持，还推动了服务升级和业务创新，为整个产业的进步贡献力量。

第八章

数据要素 × 国有企业核心竞争力

国有企业的数字化转型的过程，是一个不断优化核心功能，提升核心竞争力的过程。在数字强国战略下，国有企业的发展不仅要合理利用现有资源，进行优化升级，还需要借助数据要素的乘数效应，建设强化企业新型主体能力，对标世界一流高质量发展。数据要素的乘数效应的进一步增强，正在推动国有企业建构新的核心功能和核心竞争力，主要表现在三个转变。

第一，从资本竞争到数据竞争的转变。资本曾是企业竞争的主要武器，但在数字经济时代，数据成为新的关键资源。国有企业在数字经济时代从资本竞争转向数据竞争不仅是一种趋势，更是为了适应全球经济发展和科技进步的必然选择。通过有效的利用和管理数据，国有企业可以不断提升自己的竞争力和影响力。

第二，从机械竞争到智慧竞争的转变。智慧竞争意味着利用人工智能、物联网、云计算等技术来提高生产力和创新能力。国有企业作为国家意志的体现，有责任和义务践行国家战略，通过智慧竞争，加快转型升级，促进经济高质量发展。

第三，从常速变革到加速变革的转变。国有企业在数字经济时代面对的新赛道要求它们进行深刻的创新变革，以适应快速变化的市场环境和技术进步。由于数据要素的参与，现代技术创新往往是突变的、加速的。这就要求国有企业不能拘泥于工业时代的线性思维，迎接数字经济时代的非线性和快速迭代。

在当前背景下，国有企业转型迈向创新驱动需要重视数据、智慧竞争力建设，要处理好"做大"与"做强"的辩证关系。与此同时，在快速变化的市场环境中，需求和竞争状况可能会迅速变化，技术的快速进步意味着企业必须持续更新其产品和服务，以保持技术领先优势，企业需要提升变革竞争力，敏捷性建设以更快速地对行业趋势来作出反应。综上所述，企业敏捷性的建设对于在不断变化的商业环境中保持竞争力和可持续发展至关重要。通过提高敏捷性，企业可以确保它们灵活地适应变化，从而在激烈的市场竞争中立于不败之地。

一、数据要素赋能国有企业的数据竞争力建设

过去，数据的作用在于帮助人们记录事实、保存历史和完成计算。如今，数据成为影响决策、驱动自动化和增强智能的关键因素。在这一演变过程中，数据获得了主体性，意味着它不仅仅是被动接受查询和分析的对象，也能够主动提供洞见、预测未来并对外部事件作出响应。数据的这种主体性表现在它能够通过复杂的算法和机器学习模型，自我优化、自动调整并在特定环境中独立作用。

这种新兴的主体空间是由数据主体所定义的一个新领域，不同于传统的物理空间，它是一个由数据流、信息交换和价值互动构成的虚拟领域。在这个空间里，数据主体不仅存储和传输信息，它们还能够通过智能算法进行决策支持、情境分析和预测建模。数据主体间的相互连接和互动，为企业提供了前所未有的机会，使得个性化服务、实时优化和智能决策成为可能。

随着数据主体在数字化世界中的不断扩张和深化，企业和组织需要重新思考数据管理和运用的方式。他们需要构建强大的数据处理能力、灵活的数据架构和高效的数据治理机制，以确保数据能够在智能原生系统中充

分发挥其价值。此外，这也意味着在数据保护和隐私方面需要新的法规和标准，以确保数据的安全使用和公平交易。

总之，数据正在迅速成为智能经济时代的核心资产和主要阵地。它的主体性让数据成为企业战略规划、创新发展和竞争优势中不可或缺的一部分。在这个基于数据和智能驱动的新世界中，掌握和应用数据的能力将决定着企业和个人的未来。

（一）协同治理推动数据要素资产化

数据要素资产化是指认识到数据本身具有潜在价值，并将其作为一种资产进行管理、维护和增值。资产化的数据为企业的决策提供支持，改善运营效率，优化资源配置，为企业创造经济效益。同时，数据资产也可以在市场上进行交易，成为企业获得收益的来源。数据要素资产化的演进，是提高企业数据竞争力的主要途径。

数据资产化为数据主体化奠定了基础，只有当数据被有效地管理和维护，其价值被充分认识并得以利用时，才能进一步探索数据的主体性应用；数据资产化强调数据的价值认识和初步应用，而主体化则是数据价值实现的深化，通过更加智能化的方式，让数据在企业价值链中扮演更加核心的角色，与此同时，数据要素资产化能为企业提供技术与管理的双重推动，实现数据要素主体化，需要国有企业在数据资产化的基础上进行技术升级和管理创新，比如引入人工智能、大数据分析等先进技术，并建立相应的数据管理和运用机制。

国有企业的数据要素资产化是数据主体化的起点和基础，两者之间通过技术创新、管理升级和价值实现相连，共同推动企业向数字化、智能化转型，提升国有企业的竞争力和效率。

对于协同治理，在概念的使用层面，除了"协同治理"，国内学者常使用"合作治理"或"协作治理"来指代政府与其他组织跨部门的合作、共治；而相关文献中与"协同治理"对应的英文翻译却为 Cooperative Governance 或 Synergy Governance 或 Synergetic Governance。

数据要素资产化涉及众多利益相关方，协同治理能够帮助协调这些方的利益，确保资产化过程中各方的需求得到平衡和满足。数据资产化需要一个开放和透明的环境，以建立公众信任并促进数据的交易与使用，协同治理通过多方共同参与，能够提高政策和操作的透明度。协同治理鼓励跨领域合作，促进数据要素的创新利用。这种跨界合作有助于开发新的数据应用、服务或商业模式，增加数据资产的附加值。在协同治理框架下，数据的共享和流通可以得到促进，从而更高效地利用数据资源，避免资源的浪费。面对快速变化的数据环境和技术进步，协同治理的多方参与能够提供更多视角，帮助政策和战略及时适应新变化，提高整个系统的灵活性和响应速度。

协同治理对于推动数据要素资产化的过程是至关重要的，它不仅有助于解决复杂问题，而且也有助于保障多方的共赢和可持续发展。通过多方协作，可以构建一个更加健康、高效的数据要素资产化生态系统。

1. 国有企业数据要素资产化涉及因素

数据采集和获取能力：包括传感器、监测设备等数据采集设备的能力，以及对工程建设过程中的各类数据进行收集和整合的能力。

数据质量和可信度：确保采集到的数据准确、完整、可靠，包括数据的来源、采集方式、数据处理和存储过程等方面的质量控制。

数据处理和分析能力：对采集到的数据进行清洗、整理、分析和挖掘，提取有价值的信息和规律，并进行数据模型构建和预测分析。

数据安全和隐私保护：确保数据的安全性和隐私性，包括数据的存储、传输、访问权限控制，以及合规性和法律法规的要求。

数据应用和产品开发能力：将数据转化为有商业价值的产品和服务，满足企业需求。

数据共享和合作机制：建立数据共享平台和合作机制，促进不同企业、不同领域之间的数据共享和合作，实现数据要素的跨界融合和创新应用。

数据人才培养和团队建设：培养具备数据分析和应用能力的专业人才，建立数据团队和跨部门的协作机制，推动数据要素资产化的实施和管理。

为实现数据要素的资产化，国有企业需要综合考虑以上因素，推动国有企业数据竞争力建设。

2.国有企业数据要素资产化战略路径

在数智创新驱动产业链数字化转型升级导向下，当前发展迫切需要构建体系化发展数据要素资产化的战略路径框架，为企业带来更高效的资源配置能力和运营能力，提高企业的灵活性和创新能力，使其能够在不断变化的环境中可持续发展。国有企业数据要素资产化战略路径模型可以从协同治理的角度出发。不同学者使用不同理论对协同治理进行研究，这本身已经说明不同的理论只是适合用来分析和说明协同治理当中的一个或多个问题，而使用任何一种理论都无法对协同治理进行比较全面的研究，鉴于此，协同治理的理论研究框架应具有两个特征：第一，协同治理的理论研究框架应具有开放性，即协同治理需要多个，而不是一个理论进行解释，而且每个理论解释的侧重点并不相同。第二，协同治理理论研究框架中需要围绕协同治理中的重要问题有针对性地选择不同的理论进行解释。从协同治理的角度制定国有企业数据要素资产化战略，就是要求在国有企业的数据资产化过程中，采用多个理论视角和方法，共同解决战略实施中遇到的问题，并确保过程中各方的利益和目标能够得到有效平衡和实现。

国有企业应当明确数据资产化的目标，这些目标既要符合企业的经营发展目标，也要与国家的宏观政策和社会责任相协调。同时，多理论整合分析数据资产化过程中可能涉及的问题，如数据所有权、价值评估、风险控制等；使用不同理论对应的方法，分析利益冲突解决机制，采用产权理论优化数据产权安排。根据协同治理中的重要问题，选择合适的理论框架制定相应政策，制定政策时考虑各利益，协调不同理论之间的矛盾和冲突，制定出既切实可行又能得到广泛认可的政策。从协同治理的角度为国有企业数据要素资产化提供一个多维度、多理论和多利益相关方参与的战略框架，从而促进国有企业数据资产的有效管理和价值最大化。

建立健全的数据治理体系，包括数据管理的组织架构、政策规范、流程和技术平台，确保数据的安全、质量和合规性；制定统一的数据标准和规范，实现数据的互操作性和共享，为数据资产化提供基础；引入数据价值评估模型和方法，对数据资产进行量化评估，明确数据的价值和潜在的商业用途；将数据整合、分析后形成数据产品或服务，以满足市场和内部业务需求；探索数据交易机制，包括数据授权使用、数据交换和数据产品销售等，实现数据资产的流通和变现；运用大数据分析、人工智能、区块链等新技术，提升数据资产的价值创造能力和竞争优势；形成数据驱动的决策机制；根据企业战略，确定数据资产化的重点领域和方向，积极与外部机构合作，扩大数据资产的影响力和应用领域。

（二）促进数据要素与业务融合

随着企业数字化的转型和发展，可以预见一个新型的数字化操作系统将应运而生，其目的是连接和管理这些新兴的数据主体。这个操作系统将负责协调数据之间的关系，确保信息的流转和交换，促进数据主体之间的协作，以及实现数据的最优化利用。例如，一个智能化的工厂系统，可以聚合来自各个传感器和机器的数据，通过实时分析加以决策支持，从而优化生产流程、提高资源效率，并降低成本。在这样的环境中，每一条数据都不再是孤立的点，而是成为一个能够互动和自我优化的主体，推动整个工厂向更加智能和自动化的方向发展。

这一转变也意味着，企业需要重新思考和设计其数据架构，确保数据能够在不同系统和平台之间无缝衔接，以支持更加复杂和先进的分析和应用。同时，对数据治理和安全性的要求也将更加严格，因为数据的价值和影响力在不断提升。数据要素的演化和与智能技术的融合，不仅重塑了数据的角色，也为我们构建和运营智能原生世界的数字基础设施提供了全新的视角和方法。

近年来，从 Alpha Go 为代表的算法智能发展到以 Chat GPT 为代表的生成语言智能，人工智能（AI）已经成为撬动数字经济快速发展的新支点。在数字化的背景下，要素市场的可流动性大大提高，企业的竞争优势来源可以从数字化技术和人力资本两个方面解释。加快推动人工智能技术，与数据要素相结合，获取有价值而不可被模仿、替代的生产要素是企业不断获取竞争力的重要部分。数据是人工智能的燃料，人工智能和机器学习模型的训练需要大量的数据来识别模式、学习规则和进行预测；没有充足的数据，人工智能无法有效学习和提高准确性；通过数据与人工智能的结合，可以对复杂的数据集进行分析，从而为决策者提供更加深入的洞察，支持更加科学和精准的决策；人工智能可以用于自动化企业和组织的各种流程，提高效率和减少人为错误。

数据要素与人工智能的结合体现在各方面，例如国有企业在制造行业通过引入人工智能和大数据技术，可以实现生产流程的智能化和自动化，中国航天和军工企业使用人工智能算法优化零件的设计，通过机器学习预测设备故障，提高生产效率和产品质量；通过分析大量的供应链数据，利用人工智能进行库存优化和需求预测，有效降低成本并提升供应链的灵活性；国有银行和保险公司采用人工智能技术如自然语言处理和机器学习，用以改善客户服务体验，通过聊天机器人提供7×24小时的客户咨询服务，以及通过数据分析提供个性化的金融产品推荐。

Berente 和 Gu 等人指出，组织利用 AI 的最大挑战是由该技术所独有的自主性、自学习以及不可理解三个特性决定的，人工智能在企业新主体能力建设中，可以帮助企业优化组织结构，通过智能化的工作流程和通信系统，提升组织的敏捷性和协作效率。加快推动人工智能与数据要素的结合，是培育新质生产力、提高数据竞争力、促进高质量发展的必然要求。

（三）创建企业数据原生新战略

在电商、社交等场景下，更高频的数据交互驱动了业务逐渐向数字化转移，价值创造的过程发生了根本性的变化。构建企业新主体能力，需要创建企业智能原生系统，构建一个从根本上以智能技术为核心、集成人工智能能力的企业系统。构建企业智能原生系统，需要确定企业在智能化转型中的长远目标与战略，明确智能原生系统在企业整体战略中的地位，以及如何支持企业的核心业务；设计灵活、可扩展的技术架构，确保系统能够整合最新的人工智能技术，并能随着技术的发展进行升级；将人工智能技术与企业的核心数据主体相结合，实现业务流程的自动化和智能化。

企业逐步构建起一个以数据和人工智能为核心的智能原生系统，从而提高运营效率，增强客户体验，创造新的商业价值，并在竞争中获得优势。这一转型过程需要全方位的规划和执行，以及持续的技术创新和组织变革。需要企业持续学习和创新，通过对市场趋势的跟踪和对新技术的探索，不断提升企业智能原生系统的能力。

促进数据要素向数据主体进行演化，需要坚持数据价值化导向，构建以数据为关键要素的数字经济，释放数据价值的关键动力。数据的价值不再仅仅体现在其原始形态，而是它能够转化成的知识和洞见。而数据主体不仅仅是数据的收集者和处理者，更是数据的应用者和价值创造者。在这一过程中，数据要素市场化与新技术共同构成核心支柱，共同推动新质生产力的形成，企业和组织因此能够不断提高生产效率、优化产品和服务、创造新的商业价值，从而在数字经济时代拥有竞争优势。

在当今快速演变的商业环境中，企业的数据竞争力成为一种无形的资产，它的重要性不容忽视。数字化转型不只是技术问题，是"数字技术＋管理变革与业务创新"双轮驱动，应坚持价值导向。不少企业认为，数字化转型只要投入数字技术就能实现，而且技术越高大上，转型就越快越成功。但事实上，超出企业业务实际需要的单纯数字技术导入，无法确保数字化转型成功，反而造成了大量资源的闲置浪费。数字技术只是赋能工具，对技术的投资，要以能否解决业务转型中的切实痛点为根本出发点。要做有价值的转型，要从存量优化价值和增量创新价值两方面来推进卓越运营和模式创新，同时要平衡卓越运营和创新发展之间的关系。数据竞争力直接关系到企业是否能够在激烈的市场竞争中抓住先机、有效应对挑战，并实现可持续发展。值得注意的是，数据竞争力的提升不仅仅是技术层面的挑战，更是一个战略和文化的转变。提高企业的数据竞争力是一个持续的过程，它要求企业在技术、战略和组织文化等方面作出综合考量和投入。随着数据的价值日益被企业所认识和利用，那些能够有效管理和利用数据的企业，将更有可能实现长期的成功和持续的增长。

二、数据要素赋能国有企业的智慧竞争力建设

（一）群智系统发展现状

群智系统，也称为群体智慧系统或集体智能系统，是指在群体中通过合作和竞争机制实现智力工作的系统。在新的消费场景下，消费不再是货币关系，而是情感交流，有温度的体验，价值观趋同感。价格敏感被体验代替，价值会从基本的物理层面溢出，带来商业空间的扩展。数字经济创造了新物种，新商业模式和新消费习惯，创新模式也走向了服务整合、用户体验提升、创新生态系统构筑、社会和产业价值共创等创新形式，群智创新范式应运而生。

群体智能系统是一种集合众人智慧进行价值创造的系统，其提供了一种通过聚集群体智慧解决问题的新模式，被认为是新一代人工智能的重点发展方向之一。从工学应用角度看，群体智能与互联网的结合，形成了人们熟知的"众包"模式，即通过互联网公开招募的方式，将传统由特定智能体（通常是专业人士或机构）完成的工作分配给大量的非特定普通人群来完成，被广泛应用于知识问答、图像标注、数据清理、软件开发等任务。除此之外，人类群体智能与移动感知技术相结合形成了一种新型物联网感知模式，即"移动群智感知"，其本质是汇聚大规模普通移动个体的智能感知能力，对开放、动态、复杂物理环境进行感知，通过对所收集到的感知大数据的智能分析，对感知群体引导和反馈，使其持续涌现群体智能并辅助综合决策。近十年来，随着智能手机、车载感知设备、可穿戴设备等智能终端的普及，群智感知模式迅速发展，已广泛应用于环境监测、智慧交通、城市管理、公共安全等诸多领域。

值得一提的是，目前群智系统主要发展面向群体智能感知，在海量数据时代为数据收集整合提供了较为高效的方法，但其仍存在个体感知欠智

能、群体目标少引导、群智过程弱调控等缺陷。个体感知欠智能主要体现在个体收集数据时具有的不确定性所导致的数据整体的质量不确定性；群体目标少引导具体表现为由于个体感知利益最大化与群体利益最大化目标不一致所导致的数据感知覆盖不平衡不充分等问题；群智过程弱调控则表明，目前方法大多仅关注自底向上的感知数据收集过程，或者基于已有感知数据实施一次性的优化，缺少自顶向下对参与群体的长期持续引导、对物理环境的持续闭环反馈控制，即缺少群智过程长期演化，难以实现持续调控。

随着物联网、大数据、人工智能技术的快速发展融合，群智感知系统正向着人机物融合云边端协同、感算控闭环的方向发展。所谓人机物融合，即数据收集主体（人）与信息空间中的海量数据和计算资源（机）、物理空间中的物联网终端和无人网络系统（物）的融合；云边端协同则指向群体感知系统的延展性，随着人工智能技术与云端数据处理技术的融合发展，实现群智系统的延展性、高效率以及高安全性；感算控指感知、算力、调控的三方融合，从而实现群智系统发展的可持续性与长期闭环调控。

（二）数据要素群智创新

1. 群智系统基本特征

群智系统的特点可以从涌现性、协同性、共享性以及技术性四个方面来总结。从涌现性角度，群智创新涌现性表现为自我学习和自我调整的能力，可以促成成员间的顿悟，形成突破性的新想法。群智系统中，每个个体都具有多样性、独立性，并通过等量沟通，贡献其独特才能来使整个组织受益，这一过程是去中心化和非权威性的，全球化和网络化的，且在多学科、多角色的社会参与下，动态地、实时地进行。

从协同性角度，群智创新采取全民协同的模式，涵盖组织、学科、资源、机制和技术协同。旨在构建创新系统和工具，协同不同组织（政府、产业、科研院校等）开发创新软件、工具和平台，打造群智网络生态。群智创新通过多角色、多学科、多组织、多通道、多媒介的协同，打破时空和技术壁垒，促进产业链的延长和产业的协同升级。

从共享性角度，群智创新网络空间允许数据流和想法流被共享，包括可视化、存储、传递、修改、迭代和优化。创新资源的共享性基于使用、信任、合作和参与，利用区块链技术实现数据的去中心化管理。通过共享机制，创新知识产权得到更高效的确权和保护，促进新 IP 的建立和链条经济的构建。

从技术性角度，群智创新高度依赖互联网、大数据、云计算、区块链和人工智能等新技术。创新的发生和发展需要技术的架构支撑，包括物联网、多媒体技术、位置服务技术、自然语言理解技术等。创新环境的建设依赖于可视交互技术和人机混合增强智能技术，而创新知识推理则需要机器综合推理技术等。

群智系统以涌现性、协同性、共享性和技术性为其核心特点，这些特点共同促进创新活动的发生和发展，有助于提升组织的创新能力和响应市场变化的敏捷性。

2. 群智创新成为竞争力新方向

近年来，随着科技的不断发展，满足于时代的需求，群智感知逐渐成为科研领域研究的热点课题，在公共安全，环境监测，医疗护理和社会生活等诸多领域有广泛的应用前景。利用互联网的协作，在感知平台上完成感知任务分配以及感知数据整合从而完成各项感知任务。人们既是感知数据的提供者亦是数据分析结果的使用者。随着移动设备的普及，参与者通过智能移动设备有意识或无意识上传感知数据，实现感知数据的收集，是一种弱协作的实现方式。而数据收集的效率与质量直接影响数据分析的最终结果。在有限条件下使用最大效能的收集方法将大大减小成本，达到事半功倍的效果。移动群智感知与传统群智感知相比，极大减少了实际部署方面的困难，参与者通过智能手机，平板电脑，可穿戴设备等智能设备，将数据上传到云端，形成感知网络，给专业人士与第三方机构提供了大量真实的数据以及有效分析数据的平台。在感知数据的收集中，普通用户作为数据收集的主要参与者，具有自私性，个体理性，不诚实性，不确定性等诸多用户特征，从而导致用户参与人数严重不足，以及参与者上传云端的数据质量无法得到保障。激励机制可以通过激励持有感知设备的用户主动接受并参与平台发布的感知任务，使得平台获得高质量的感知数据。群智感知利用公众自有智能手机随时随地感知信息，极大地扩展了信息感知的时间和空间覆盖范围。通过群智感知可以形成新技术条件下的大规模群体协同机制，国有企业可以通过建设复杂系统群智调控框架，采用人工智能技术，实现高效的信息融合和个性化信息反馈，以此提高数据利用效率。

需要注意的是，建造复杂系统群智调控框架主要存在以下难点：在数据空间形成由关键参数、成本函数与约束条件组成的虚拟孪生体统一模型，并封装形成具备自演进功能数字孪生平台；在特征空间分析孪生系统下的灵活资源聚合体调度可行域，提出考虑物理、社会、环境因素的系统运行轨迹推演技术，实现网架级的风险评估和新能源消纳水平评估及其关键因子溯源；在决策空间提出多层级协同、底层自组织的跨时空大电网调控架构，提出调控知识引导的人机混合调度策略增强方法，提出基于数字孪生系统与真实电网环境的调控策略双重校核技术。

（三）群智系统在国有企业中的应用

在国有企业中，群智系统的引入与应用不仅能够帮助企业提高工作效率、优化资源配置，还可以加强内部沟通，促进知识共享，提升企业的市场竞争力，具有多方面多层次的实践意义。

将数据要素与群智系统相结合是一个将个体智慧汇集以解决复杂问题的过程。在量化投资领域，这通常意味着整合来自多个来源的数据，利用众多投资者或算法的集体智慧来做出更好的投资决策。当前国有企业组织架构管理中主要存在人力资源规划欠缺、人力资源管理理念落后、人力资源配置不科学、人力资源培训滞后等问题，人力资源规划欠缺主要体现在规划缺乏一致性、规划专业能力也比较差、规划经验不足、人力资源工作内容设置不合理、企业的人力资源开发、利用不具有针对性等方面；管理理念落后主要表现为绩效考核机制形同虚设、考核机制执行不严格、考核机制设置不合理等；资源配置不科学体现在人员管理水平和素质较低、相差较大，很多岗位人员的工作没有明确的标准和限制，员工认识度不高，人员利用率较低，不能充分利用各项资源等方面；培训滞后主要体现在人员精神层面培训与技术层面培训不均衡、新员工培训过程表面化、培训手段单一等方面。总而言之，目前国有企业组织模式存在模式固化、效率较低、创新能力不足等显著问题。

群智系统利用大数据和人工智能技术，能够快速收集、整理和分析海量数据，为国有企业提供全面、准确的信息支持。通过群智系统，国有企业可以实时掌握市场动态、行业趋势和用户需求等信息，从而迅速作出科学决策，提高决策效率。

在国有企业中，从协同作业的角度来说，可以运用群智系统收集和分析员工、管理层和外部利益相关者的意见和建议，以支持更加广泛的参与和更加深思熟虑的决策过程，或是建立一个内部或跨部门的在线协作平台，鼓励员工分享创意、提出改进建议和参与解决企业面临的挑战；从数据处理的角度来说，通过群智系统聚集和分析来自不同部门专家的见解，以识别潜在的风险点，结合多元视角进行风险评估，以实现更有效的风险控制，或是整合供应商和合作伙伴的数据和洞见，优化供应链决策和流程。

为了群智系统的有效建设和实施，国有企业需要选择合适的软件和工具来支持群智系统的实施，确保透明度和开放性，保证所有参与者的意见都得到考虑，还能鼓励跨部门合作，打破信息孤岛，促进不同部门之间的沟通和协作。

群智系统与国有企业的结合具有重要的实践意义。通过提升决策效率、加强内部沟通、优化资源配置、促进知识共享、增强创新能力、提升客户满意度和增强市场竞争力等方面的应用，群智系统能够帮助国有企业实现转型升级和可持续发展。未来，随着技术的不断进步和应用领域的拓展，群智系统将在国有企业中发挥更加重要的作用。

（四）企业智慧竞争力建设实例分析

随着科技的发展，企业越来越认识到数据和智慧决策在竞争中的关键作用。尤其是那些依靠海量用户数据进行运营的企业,对于如何有效地分析和利用这些数据变得更加重视。群智系统作为一种新型的计算模式,为企业提供了一个全新的视角来提升其智慧竞争力。

群智系统在企业智慧竞争力建设中起着至关重要的作用,因为它能够汇集和利用组织内外的知识、技能和创意来增强创新能力、优化决策过程、提高效率和响应市场变化的速度。

乐高通过其"LEGO Ideas"平台,鼓励乐高爱好者提交自己的作品以及新套装的设计。其他用户可以投票支持他们喜欢的设计,一旦一个设计得到足够的支持,乐高公司就会考虑将其生产为一个新的商业套装。这不仅加强了品牌与消费者之间的关系,而且还能确保新产品的设计能够吸引目标市场。星巴克通过"My Starbucks Idea"平台,鼓励顾客提出新点子和建议,例如新食品、饮料创意、改善顾客体验的建议等。这些建议由星巴克的员工和其他顾客讨论并投票。最受欢迎的点子会被公司实施。这个过程不仅促进了顾客参与,还有助于星巴克捕捉市场趋势和顾客需求。宝洁公司的"Connect + Develop"平台是另一个群智系统的例子,它邀请世界各地的个人和公司分享他们的创新,与宝洁合作开发新产品。通过这种方式,宝洁可以突破内部研发的限制,快速获取外部的新技术和市场机会,从而提高其产品的竞争力。

群智系统能够有效地聚合外部和内部的想法与专业知识,加速创新过程,提高产品和服务的竞争力,同时增强客户参与和忠诚度。企业通过采纳群智系统,不仅能够发掘和利用更广泛的资源,而且能够更好地适应快速变化的市场环境,从而建立起更强的智慧竞争力。

以某电商企业为例,该企业面临的一大挑战是如何有效地分析用户的购物行为和喜好。传统的数据分析方法往往基于大量的历史数据,但随着用户行为的快速变化,这种方法很难及时捕捉到用户的真实需求。为此,该企业可以引入群智系统。群智系统的核心在于将用户的实时行为数据作为主要输入,通过人机协作的方式快速地分析这些数据。在上述电商的场景中,群智系统首先将用户的浏览、搜索、点击、购买等行为实时收集并汇总。这些数据不仅包括用户的个人喜好，还包括市场的整体趋势。与传统计算模式不同，群智系统并不依赖于中心化的服务器或大型的数据中心。相反，它利用分布式的计算资源，将大量的任务分解并分配给不同的用户或设备。在这个过程中，每个用户都成为一个小的计算节点，他们通过完成任务不仅为系统提供了数据，还间接地为系统的计算作出了贡献。

对于电商企业而言，通过群智系统可以快速地了解到哪些商品更受欢迎，哪些营销策略更有效，甚至可以预测未来的市场趋势。这些信息不仅可以帮助企业作出更明智的决策，还可以用于优化产品和服务，进一步提升用户体验。同时，群智系统还有助于提升企业的开放性和协作性。例如，通过众包的方式邀请用户参与某些特定任务，可以获取更为准确和深入的数据洞察。这种方式不仅提高了数据的多样性，还加强了与用户的互动和连接。然而，群智系统也面临着一些挑战。例如，如何确保数据的隐私和安全、如何处理大量的实时数据、如何提高系统的鲁棒性等。但随着技术的不断进步和研究的深入，相信这些问题也将得到有效的解决。

综上所述，群智系统为企业提供了一个全新的视角来提升其智慧竞争力。通过利用这种新型的计算模式，企业不仅可以更好地理解用户和市场，还可以作出更为明智和及时的决策。在未来，随着更多的企业开始采用群智系统，这种计算模式有望成为智慧竞争力建设的新常态。

三、数据要素赋能国有企业的变革竞争力建设

与传统经济相比，数字经济打破了物理因素对经济发展的限制，从根本上改变了商业社会的组织运作逻辑和价值创造方式。本节主要讲述企业向敏态变革时代，适应数字化、网络化、智能化的发展需求，不断发挥数据要素的智能洞察作用，在发展中能够基于数据要素发展智能感知、智能识别、智能决策、智能重构、智能运营的新型智能敏态演化能力。促进企业能够基于大模型识别发展中的主要矛盾，充分释放数据要素作用力形成

敏捷型、智慧化的变革创新能力。

（一）国有企业向敏捷型与智慧变革型转型的挑战分析

随着市场竞争的加剧和技术的快速发展，国有企业正面临着向敏捷型与智慧变革型转型的压力与挑战。这种转型不仅要求企业在组织结构、运营模式和管理体系上进行深度的调整，更需要在企业文化、人才队伍和创新能力等方面进行全面的提升。

敏捷型转型的挑战包含多个方面：决策机制不够灵活，国有企业的决策机制往往较为复杂，多层级的审批和烦琐的流程可能导致无法快速响应市场变化；组织结构僵化，国有企业内部组织结构相对固化，部门间的沟通与协作可能存在障碍，影响敏捷反应的速度；创新文化不足，传统国有企业的文化可能更注重稳定而非创新，这在一定程度上限制了企业的敏捷转型。

智慧变革型转型的挑战主要分为：技术应用滞后，国有企业在新技术的应用上可能存在滞后现象，难以跟上智慧化变革的步伐；数据安全与隐私保护，随着智能化程度的提高，数据安全和隐私保护成为重要问题，国有企业需加强相关措施；人才队伍缺乏，智慧变革型转型需要大量具备新技术和创新思维的复合型人才，而国有企业在这方面的人才储备可能不足。

综上所述，国有企业向敏捷型与智慧变革型转型是一项复杂而艰巨的任务，需要企业从多个方面进行深入的改革和创新。只有克服这些挑战，才能真正实现企业的转型升级，提升市场竞争力，实现可持续发展。

（二）国有企业向敏捷型与智慧变革型企业的转型建议

企业在推进数字化管理过程中的资本产出弹性远高于劳动产出弹性，并且资本和劳动的投入对数字化效益产出的影响会随着时间发生改变，因此，企业在推行数字化管理过程中，应当合理分配资本和劳动的投入比例，提高资本占比，进而更好地发挥出数字化改革的优势。

行业类型、企业规模和所有制结构对企业推行数字化管理和投入产出效率具有明显的异质性影响，企业应依托如下具体的异质性分析结论，改进数字化转型项目的投资方向和投入比例，完善企业生产结构、数字化转型投资结构和管理模式，从而提升推行数字化管理的投入产出效率。企业应该考虑行业特性、企业规模和所有制结构的异质性影响，对数字化转型进行个性化定制，根据自身规模合理规划数字化转型投资项目的投资额度。

企业数字化投入和效率之间存在非线性关系：当投资达到第一个门槛值前缓慢下降，之后加速下降直至第二个门槛值即投资临界点（企业正在经历数字化转型投入的"阵痛期"）后，出现上升趋势，并在投资临界点后呈现倒"U"形关系。即数字化转型项目投资临界点在100万元至200万元之间（如ERP项目为180万元，而MES/DCS项目为170万元），走过推行数字化管理动态波动的"阵痛期"，企业数字化管理的先发优势得到显著提升。国有企业需要识别并达到投资的临界点，避免过度投资造成的资源浪费。在投资临界点之前，应谨慎投资，防止过早地遇到效率下降的问题；在临界点之后，应寻找最佳投资水平，以实现数字化管理的最大化效益。同时需要避免"阵痛期"带来的风险，国有企业在数字化转型过程中遇到效率下降的"阵痛期"时，企业应有预见性地制定相应的风险管理措施，如阶段性评估、投资优化等，以确保在"阵痛期"能够稳步前行，最终实现数字化转型的成功。

随着人工智能算法和计算能力的不断提升，在大量结构化和非结构化数据的支持下，人工智能产业将能够解决更复杂的实际问题，从而带动新质生产力增长。大数据应用将进一步助推智能医疗、智慧城市等新兴行业的发展，通过对大数据进行深度分析，它将推动这些行业在预测疾病风险、优化资源配置等方面取得新的进展。同时，数字经济模式如共享经济将基于数据深度连接各个领域的供求关系，重塑社会更高效的运行模式，并将催生大量新的数字业态和商业模式。

基于数据市场化所带来的新机遇，国有企业将拥有较低的试错成本以及较广阔的发展前景。在内外经济双循环背景下，企业应充分利用数据市场化趋势，实现由传统企业向敏捷型与智慧变革型企业转型，具体可从以下几个方面实现：第一，基于国内经济大循环模式稳态发展，即以内循环为主、外循环为枝，实现全方位发展；第二，提升企业数据组织管理水平，建立数据应用团队，制定数据战略规划，重点部门和领军企业可以学习国际先进经验，构建数据驱动的决策与管理模式。同时促进与高校合作，吸纳数据科学人才，提升内部数据分析和挖掘能力；第三，充分利用数据共享平台，实现不同企业间的数据交流与数据交易，形成具有较强稳定性的企业群体；第四，领军企业可考虑建设大规模数据中心和云计算平台，提供低廉的 IT 基础设施服务，并将自有数据和服务迁移到数据中心和云平台，通过规模效应显著降低企业数据存储、处理成本。同时也可以开放部分计算和存储资源供小微企业使用，降低其数字化成本。

简言之，国有企业向敏捷型与智慧变革型转型，需要以强劲的数据分析处理能力、数据创新能力为前提，同时抓住数据市场化的浪潮，才能更从容地面临多变复杂的经济大环境，不断提升企业的随机应变能力。

（三）国有企业变革竞争力建设实例总结

随着全球化和信息技术的快速发展，企业面临着日益复杂多变的市场环境。为了适应这种环境，许多企业开始寻求转型，以提高自身的竞争力。敏捷型和智慧型企业转型成为近年来备受关注的方向。敏捷型企业强调快速响应市场变化，而智慧型企业则注重利用先进技术提高运营效率。这两种转型模式的驱动力主要包括以下几个方面：技术进步：云计算、大数据、人工智能等技术的发展为企业转型提供了技术支持；市场竞争：面对激烈的市场竞争，企业需要不断调整战略和业务模式以适应市场需求；客户需求变化：随着消费者需求的多样化，企业需要更加灵活地满足客户需求，提高客户满意度。

1. 敏捷型企业转型实践

敏捷型企业转型的核心在于提高企业的快速响应能力。敏捷型企业转型是指企业采取一系列措施，从传统的运营模式转变为更加灵活、快速响应市场和客户需求的新型运营模式。这种转型通常涉及企业文化、组织结构、流程、技术和人才管理等多个方面的变革。高层领导需要明确提出敏捷转型的愿景，确保全员明白转型目标和方向，制定与敏捷愿景相一致的战略，并将其细化为可执行的战术和行动计划。同时可以引入敏捷工作方法，用敏捷方法来管理项目，提高项目管理的灵活性和透明度，实施短周期迭代的工作方式，快速交付价值，并根据反馈进行持续改进。

以下是企业在实践中的一些关键措施：组织结构调整，扁平化、模块化的组织结构有助于提高决策效率和应对市场变化的速度；项目管理优化，采用敏捷开发方法、持续集成/持续部署（CI/CD）等手段，快速迭代和优化产品；灵活资源配置，动态调整人力资源和资源分配，以满足项目需求和市场变化；强化内部沟通，建立有效的沟通机制，促进信息共享和团队协作，提高工作效率。

敏捷型企业转型实践需要长期的投入和不断的努力，它不仅仅是一系列方法和工具的应用，更是企业文化和思维方式的根本变革。通过实施上述步骤，企业可以有效地提高其适应市场变化的能力，快速响应客户需求，从而在激烈的市场竞争中获得优势。

2. 智慧型企业转型实践

智慧型企业转型强调利用先进技术提高运营效率。以下是企业在实践中的一些关键措施：数据驱动决策：通过数据分析，为企业决策提供数据支持，提高决策的科学性和准确性；智能化运营：运用物联网、人工智能等技术，实现生产过程的自动化和智能化，提高生产效率；数字营销：利用大数据和人工智能技术，精准定位目标客户，实现个性化营销和精细化运营；信息化管理：建立完善的信息化管理系统，提高管理效率，降低运营成本。

综上所述，向敏捷型和智慧型企业转型已成为相关企业适应市场变化和提高竞争力的必然选择。在转型过程中，企业需要充分考虑自身实际情况，制定科学合理的转型策略，并不断优化和完善转型措施。同时，企业应关注市场变化和技术发展趋势，持续创新和升级转型模式，以保持竞争优势并实现可持续发展。

四、架构引领国有企业顶层设计新篇章

在智能原生时代,企业的发展不再仅仅依赖于传统的经营模式和资源投入,而是更加重视顶层设计的作用。国有企业作为我国国民经济的支柱,更应该积极探索创新发展的路径,以实现建设世界一流企业的宏伟目标。随着信息技术的飞速发展和全球经济一体化的不断深入,国有企业正面临着前所未有的挑战和机遇。为了在激烈的市场竞争中立于不败之地,国有企业必须加快转型升级,提高自身的核心竞争力。而数据要素正逐渐成为国有企业实现这一目标的关键支撑。

在国有企业中,架构创新是实现可持续发展的核心。架构设计是指在企业发展过程中,通过科学的规划和设计,建立起一套完整、有序的组织结构和业务模式。例如,基于 ArchiMate 的企业架构设计根据公司和项目的需要进行了规范定制。架构治理则是指对架构进行有效的管理和控制,确保架构的有效运行和持续改进。例如,IT 治理架构定义了企业引导和控制信息化过程中各种协作关系、资源使用、工作流程的结构,是与企业架构相匹配,确保实现信息化战略目标的管理支撑架构。通过架构设计与架构治理两个体系的引导与控制,国有企业可以形成架构创新能力,从而推动企业的可持续发展。

(一)架构引导与控制未来发展路径

国有企业作为国民经济的重要支柱,在国民经济的关键领域和重要部门中处于支配地位,为确保国民经济持续、快速、健康发展,发挥着重大作用。架构设计不仅仅是对企业内部各个部门和业务的组织和协调,更是对企业整体发展的战略思考和规划。通过合理的架构设计,企业可以优化资源配置,提升治理效率,减少成本,加强市场竞争力。

在智能原生时代,企业需要更加重视顶层设计的作用,以引导和控制

未来的发展路径。企业架构是企业的核心竞争力，它可以帮助企业明确战略目标，优化资源配置，提高工作效率，降低运营风险，从而实现可持续发展。

1. 制定明确的战略目标

企业架构是企业的战略，是新服务的引入、实施，运营和治理流程的核心。企业架构应围绕企业的战略目标进行设计，以确保各个部门和业务之间的协同性和一致性。

以 IT 行业为例，典型的企业制定 IT 战略的流程大致分为七步，即确定公司发展方向和休闲业务、制定商业主题和业务能力目标、识别环境的变化和挑战、识别技术的发展趋势和所带来的机会、制定业务主题和业务能力目标、制定技术主题和技术能力目标、制定 IT 战略和路径图等，做到充分利用参考模型制定与执行战略目标。

为了实现战略目标，企业需要在内部建立一个有效的沟通机制，确保所有员工都理解并支持企业的目标。此外，企业还需要建立一套完善的绩效考核体系，以激励员工而努力工作。

制定明确的战略目标并围绕这些目标构建企业架构，能够帮助企业在激烈的市场竞争中脱颖而出。这不仅有助于提高企业的竞争力，还能够为企业带来可持续的发展。因此，每一个有远见的企业都应该重视战略目标的制定和实施。

2. 优化资源配置，提高工作效率

优化资源配置是企业运营中至关重要的一环，而企业架构在这方面发挥着关键作用。通过合理的企业架构，企业能够更好地管理和利用其内外部资源，从而提高资源利用效率和工作效率，实现更高效的运营。

企业架构可以帮助企业整合内部资源。在企业发展过程中，往往存在着各个部门、团队之间资源分散、重复使用的问题。从数据中挖掘出有效信息作用于其他要素，改造提升传统要素投入产出效率，以数据流引领物资流、人才流、

技术流、资金流，找到企业、行业、产业在要素资源约束下的"最优

解"，提高全要素生产率。通过资源的整合，企业可以避免资源的浪费和重复投入，提高资源的整体利用效率。

企业架构还可以为企业的创新发展提供投资决策依据。在竞争激烈的市场环境下，企业需要不断创新和改进，以保持竞争优势。而创新往往需要大量的资金投入。通过优化资源配置，企业可以将节省下来的资金用于研发和创新，为企业的创新发展提供有力的资金支持。企业架构可以帮助企业优化工作流程。通过构建高效的组织结构和业务流程，企业可以缩短决策周期，加快市场响应速度，提高企业的竞争力。

3. 降低运营风险

企业架构是一种系统性综合性的管理工具，它可以帮助企业在复杂的商业环境中识别和管理潜在的风险。企业架构的核心理念是通过对企业内部和外部风险的全面识别、深入评估和有效控制，使企业在面临各种不确定性因素时能够保持稳定的发展。通过对企业架构的运用，企业可以降低运营风险，实现可持续发展，有利于从总体上加大对公共数据授权运营的制度和标准规范建设力度。

企业架构有助于企业内部风险的识别。通过对企业的业务流程、组织结构、信息系统等方面进行全面分析，企业可以发现潜在的内部风险点，如管理不善、人力资源不足、技术陈旧等。这些风险点可能对企业的运营产生严重影响，甚至可能导致企业破产。通过企业架构，企业可以更好地了解自身的优势和劣势，从而制定出针对性的风险防范措施。例如P公司全流程风控体系在技术风控方面，通过硬件/网络架构设计、软件架构设计、数据库架构设计和性能架构设计，从多角度全方面地阐述了实时风控的实时性和可伸缩性是如何保障的。

企业架构有助于外部风险的识别。在全球化的商业环境中，企业不仅要面对来自国内市场的竞争压力，还要应对国际市场的不确定性。企业架构可以帮助企业识别外部环境中的潜在风险，如政策变动、市场竞争、供应链中断等。通过对外部风险的识别，企业可以提前做好准备，降低风险对企业的影响。

企业架构还有助于对潜在风险进行评估。通过对企业内部和外部风险的综合分析，企业可以对这些风险进行量化评估，从而确定其对企业运营的潜在影响程度。这有助于企业在有限的资源下，优先关注那些对企业稳定发展具有重大影响的风险，便于企业及时调整当前状态，快速适应环境发展变化。

企业架构还可以帮助企业制定有效的风险控制策略。在识别和评估潜在风险的基础上，企业可以根据自身的实际情况，制定出相应的风险防范和应对措施。这些措施可能包括优化业务流程、调整组织结构、加强信息安全管理等。通过这些措施的实施，企业可以降低运营风险，有利于企业的稳定发展。

（二）构建架构创新驱动的可持续发展模式

为了实现企业的可持续发展，企业需要构建架构创新驱动的发展模式。这包括架构设计与架构治理两个体系。

1. 架构设计

架构设计是企业数字化转型建设的基石，它涉及企业的业务流程、组织结构、技术选型等多个方面。通过合理的架构设计，企业可以实现业务的高效运转，降低运营成本，提高市场竞争力。因此，国有企业应当将架构设计作为战略发展的重要组成部分，加强顶层设计，确保架构设计的科学性、前瞻性和实用性。

为了落实业务架构、数据架构和应用架构的蓝图，为了保障企业的业务连续性不受干扰，必须从多个方面进行考虑以保证基础架构的高质量。基础架构设计作为企业架构设计的一个阶段，有着确定的入口条件和出口条件。进入基础架构设计阶段后，需要按照9个步骤进行基础架构设计，这9个步骤分别是：选择参考架构，开发基准基础架构描述（当前架构），开发目标基础架构描述（最终架构），进行差距分析，定义路线图，解决架构变更带来的影响，进行利益相关者的正式审查，确定最终基础架构，建立架构定义文档。这9个步骤是完成基础架构的主要活动，需要注意的是，在实践过程中可以根据企业的实际情况进行一定程度的调整。

企业架构设计是实现架构创新的基础。企业应根据自身的发展战略，结合市场需求和技术发展趋势，设计出具有竞争力的企业架构。架构设计应注重以下几个方面：企业架构应具有一定的灵活性，以便企业能够快速适应市场变化和技术发展；企业架构应具有良好的可扩展性，以便企业能够随着业务的发展和规模的扩大进行调整；企业架构应具有较强的集成性，以便企业能够实现各个部门和业务之间的协同和一致性。

2. 架构治理

架构治理不仅仅是对企业内部架构进行有效管理和控制的过程，更是一个涉及企业战略、组织、流程、技术和人力资源等多个方面的综合性工作。通过对架构的治理，企业可以更好地适应市场变化，提高竞争力，实现可持续发展，及时进行架构评估、架构调整和改进。

企业架构治理是实现架构创新的关键。企业应建立健全的架构治理体系，以确保企业架构的有效实施和持续改进。架构治理应关注以下几个方面：组织与人员，企业应设立专门负责架构管理的组织结构和人员，确保架构管理工作的顺利开展，在企业数字化转型的过程中产生大量的衍生管理成本，会严重削弱其对企业绩效驱动的效果；流程与规范，企业应建立完善的架构管理流程和规范，以保证企业架构的设计、实施和维护工作的有序进行；监控与改进，企业应建立有效的架构监控机制，定期对企业架构进行评估和改进，确保企业架构与企业发展战略的一致性。

3. 创新理念融合国有企业架构设计

企业必须坚持创新驱动发展战略，通过不断适应变化和预测未来趋势来保持竞争优势。在构建这样的发展模式时，以下几个方面至关重要。

组织文化与创新理念的融合：企业应培养一种鼓励创新的组织文化，让员工不拘泥于传统思维模式，敢于质疑现状并积极寻求改进方案。这可以通过建立内部激励机制、提供时间和资源支持创意孵化以及奖励那些能够带来变革性创新的人才来实现。

技术驱动的创新：随着数字经济的快速发展，企业应主动拥抱数字化转型，利用大数据、人工智能、物联网等现代技术手段优化产品或服务，提高效率，降低成本，并创造新的商业模式。

持续的研发投入：为了保持在技术创新的前沿，企业需投入相应的研发资源。这包括资金投入、人才引进、研究合作以及实验设施的建设，确保企业能够持续推出符合市场需求和科技发展趋势的新产品和技术。

开放式创新与合作：企业不应局限于内部资源的创新，而应寻求与外部资源如高等教育机构、研究院所、行业伙伴乃至竞争对手合作，形成创新生态系统。通过共享知识、技术和市场信息，可以获得更多的创新灵感和解决方案。

灵活的业务模式：在瞬息万变的市场环境中，企业需要拥有灵活调整业务模式的能力。这要求企业在设计产品和服务时考虑到可扩展性和可变性，以便迅速适应市场变化和消费者需求的演进。

可持续经营战略：企业的发展不仅要追求短期的利润最大化，还要考虑长期的环境和社会责任。实施可持续发展战略，关注环境保护、社会公益及企业治理，有助于提升企业形象，赢得消费者和社会的信任与支持。

总之，构建一个以创新为驱动力的企业架构，是企业实现长期可持续发展的关键。通过不断创新，企业可以有效应对外部环境的变化，抓住新机遇，同时为企业未来的繁荣稳定打下坚实的基础。

（三）推进数据要素市场化，助力国有企业数字化转型

1. 制定科学可行的架构方案

数据要素市场体系的顶层设计是加快推进数字要素市场化配置、推动我国数字经济高质量发展的前提基础与关键部署。国有企业应该加强架构设计的研究和应用，制定科学、可行的架构设计方案，为企业的创新发展提供有力的支持。这不仅有助于提高国有企业的整体竞争力，也有利于推动国家经济的持续、稳定发展。国有企业应该认识到，架构设计不仅仅是技术层面的问题，更是涉及企业战略、管理、文化等多个方面的综合考虑。因此，制定科学、可行的架构设计方案，需要企业高层领导的重视和支持，

需要全体员工的参与和配合。

2. 科学预测并借鉴经验优化设计

国有企业在制定架构设计方案时,应该充分考虑到企业的实际情况,结合企业需求,以及市场环境的变化,进行科学的分析和预测。同时,还应该借鉴国内外先进的经验和做法,不断优化和完善架构设计方案。此外,国有企业应该注重方案的灵活性和适应性,以便随时应对市场环境的变化。

国有企业在方案制定过程中,可以借鉴其他行业的成功架构设计案例。例如基于大数据的军事人力资源管理服务架构设计,充分利用大数据系统化精准化便捷化的优点,大幅度提升了人力资源数据处理效率和能力。国有企业通过加强架构设计的研究和应用,不仅可以提高企业的整体竞争力,也有利于推动国家经济的持续、稳定发展。因此,国有企业必须不断提升自身的竞争力,以更好地服务于国家的经济发展大局。

3. 注重人才培养和团队建设

架构创新能力的培养需要一支高素质、专业化的人才队伍。国有企业应该加强对人才的培养和引进,提高员工的专业素质和创新能力。同时,要加强团队建设,搭建良好的沟通和协作平台,鼓励员工之间的交流和合作,激发员工的创造力和团队合作精神。

国有企业还应该积极引入外部资源和合作伙伴。在智能原生时代,企业的发展已经不再是孤立的个体行为,而是需要与外部环境进行有效的互动和合作。国有企业可以通过与高校、科研机构、行业协会等建立合作关系,共享资源和技术,推动架构创新能力的提升。同时,还可以通过与国内外优秀企业的合作,借鉴其成功的经验和做法,推动企业的创新发展。

(四)架构创新助力国有企业动态能力

国有企业核心竞争力的提升是一个循序渐进的过程,从数据竞争力到智慧竞争力,最后到变革竞争力,构建架构有助于国有企业实现到数据竞争以及智慧竞争的迈进,并拥有敏捷应对的能力,实现可持续的发展。助力企业核心竞争力提升,构建完整架构设计,可以从8个方面体现。

1. 组织架构

确定企业战略规划，为企业提供转型升级的蓝图，提供必要的资源和政策支持可以成立跨部门的数字化转型委员会，负责规划、执行和监督数字化转型项目。

2. 数据架构

建立完善的数据管理架构，需要从数据治理、数据平台、数据共享三个方面完善。建立健全的数据治理机制；构建集中的数据存储平台，实现数据的整合、存储和管理；建立企业内部的数据共享机制，打破数据孤岛，促进数据流通和利用。与此同时，还需要利用人工智能等技术，提升数据处理效率和利用率，实现数据的乘数效应。

3. 智慧架构

建设复杂群智系统以提供智能决策，提高决策的速度和质量。结合企业情况，建立利用先进的数据分析技术和机器学习算法来提取见解、支持决策并优化业务流程的一整套系统。对于国有企业来说，构建一个有效的智慧分析架构可以帮助它们在数据驱动的竞争环境中保持领先地位。

4. 管理架构

需要企业以一种有序和有效的方式管理从当前状态向期望状态的过渡，为快速响应市场变化和业务需求，可以创建详细的实施计划，建立支持团队，定期检查企业转型进展和绩效，快速识别和解决企业发展过程中的问题，并根据反馈和结果调整变革策略和计划。

5. 技术架构

建设技术架构是支持企业长久发展的地基，它需要企业不断学习采用新型技术，需要注意的是系统间的交互方式以及未来的可扩展性和维护性。

6. 应用架构

部署先进的客户关系管理系统，提升客户服务质量和客户满意度。更新或优化企业资源规划系统，支持高效的资源规划和运营管理。实施机器人流程自动化（RPA）和其他智能自动化工具，提升工作效率和减少人为错误。

7. 安全架构

建立强大的网络安全防护体系，保护企业免受网络攻击和数据泄露。制订详细的灾难恢复计划和备份策略，确保业务连续性。

8. 绩效管理

定义关键绩效指标，使用仪表板实时监控企业运营性能。持续收集内外部的反馈信息，用于改进和调整战略。

通过这样一个全面的顶层架构方案，国有企业可以实现数据驱动的决策，提升智慧竞争力，并具备快速适应市场和技术变革的能力。同时，架构方案也需与企业的具体情况相适应，并随着技术进步和市场变化不断调整和优化。

案例一

航天宏图环境火情大数据监测服务平台

（一）案例概述

火灾是人类社会发展历程中遭遇最多的灾难之一，火灾发生的次数以及造成的财产损失和人员伤亡数目呈上升的趋势。如何提升环境火情监测水平，将火灾带来的损失降低到最小是目前亟须解决的问题。

基于目前环境火情监测现状以及环境行业数字化转型的需求加剧，航天宏图以"加快能源产业数字化智能化升级"为目标，通过云计算、物联网、大数据分析建模等前沿技术搭建一体化的环境火情大数据监测服务平台，对森林、输电线路、变电站等环境设施实现大范围、全天候的监控，及时发现火情并预警，提高环境火情预警的时效性，为相关单位提供日常监测和应急响应决策支撑，实现从传统环境火情监测平台向智能环境火情监测平台的跨越，全方位赋能数字化转型和发展。

（二）航天宏图环境火情大数据监测服务平台简介

航天宏图为环境企业定制环境火情监测服务平台，综合国内外的多源卫星资源，包括女娲星座、高分三号、风云四号、葵花8号、NPP等卫星。通过自主研发的天权大模型等高精度算法，建立全覆盖的卫星遥感监测体系，实现大范围、全天候的覆盖，提高监测频次，降低由于卫星本身误差和地区差异而造成卫星未能监测到火情的风险性。同时，结合气象观测和预报资料、行政区划资料和土地利用资料，通过云数管对数据进行管理，对环境火情监测数据进行统一管理、发布。利用云计算进行黑体温度、像元亮温增量等信息，以云制图的方式制作环境火情相关产品，面向用户第一时间通过云共享以短信、邮件、移动端等多种形式提供火灾发生的时间、位置、危害程度及相关杆塔号、线路距离、植被情况等信息，提供火点监测、火灾蔓延分析、灾后评估、智慧分析与决策等服务。同时，面向用户实时推送监测预警信息，为环境企业日常监测和应急响应提供决策支撑。

该平台的技术目标以空间数据为基础，进行空间大数据的采集、存储、管理、分析，提供空间态的地理信息及监测预警信息，为辅助决策提供数据及技术支撑。

（三）航天宏图环境火情大数据监测服务平台与传统环境火情监测服务对此

1.传统环境火情监测服务存在的问题

传统环境火情监测方式存在部分问题，这些问题限制了监测效率和火情防控效果，具体包括但不限于以下几点：

（1）应急响应滞后。传统监测方式主要依靠人工巡查、地面站点等方式进行监测预警，这些方式的信息获取和传递速度相对较慢。从火情发生到人工发现、上报、再到响应，整个过程耗时较长，导致火势已经扩大，可能错失最佳控制时机。

（2）技术设施落后。传统监测手段如使用望远镜、瞭望塔等，技术含量相对较低，准确度较低。缺乏高科技手段支撑环境火情监测，如卫星遥感、无人机、地面监测设备等，不利于精确监控和火情早期识别）。

（3）系统功能单一。各个传统监控子系统功能相对单一，集成度低，导致使用和维护复杂。比如，变电站监控需要同时具备遥视、安全监控、环境监测和报警等多种功能，但传统系统具备的功能较为单一且各自独立，难以协同工作。

（4）线路铺设烦琐。依赖大量视频线、控制线和电源线的铺设，施工复杂，成本高，限制监控范围，仅适用于小区域内的监控。

（5）抗干扰性能弱。在特殊环境下（如变电站），电磁场干扰可能影响监控系统的稳定性，如视频信号的传输会受到干扰，降低监控质量。

（6）远程监控效能低。传统系统往往缺乏有效的远程办公支持，人工监测、地面站点和固定瞭望点只能覆盖有限区域，导致无法实时了解环境设备运行状态和机房环境，故障排除不够及时，增加了火灾风险。

针对上述问题，航天宏图构建环境火情监测服务平台服务于相关环境企业，助力环境火情大数据监测能力逐步向智能化、网络化、集成化方向发展，提升监测效率和准确性。

2. 传统环境火情监测管理方式的痛点

（1）传统的管理方式高度依赖人工，存在主观判断失误、巡检不到位、记录不真实等人为过失，增加了消防安全隐患。

（2）环境火情的监测标准不一，数据难以统一管理和比较，影响全局风险评估。

（3）资源分配不合理，监控设备在偏远区域投放不足，专业人员集中在少数重点区域，导致部分地区安全监控薄弱，应对火情能力受限。

3. 航天宏图环境火情大数据监测服务平台特点

（1）集成化业务管理。平台采用"一张图"管理模式，将环境设施分布、火险因子、监测设备、灭火设施等信息集成在一张数字地图上，便于管理者全面掌握情况，进行综合管理和决策。

（2）实时化监测预警。平台在环境火情高发区域和易发区域布设无人机监测设备和地面监控设备，进行24小时不间断监测，有效集成已有视频资源及新建视频资源，实现同步管理，提供基于深度学习的火情监测服务；对于着火区利用无人机进行巡航监控，快速定位火情发生位置，对火情态势进行实时跟踪，提供扑火救火辅助决策；基于航天宏图自研的天权大模型改进火点判识算法、优化火点判识模型，实现火点自动预警，提升服务时效性。

（3）智能化风险评估。基于航天宏图自主研发的高精度算法，对收集到的环境数据、历史火灾数据进行分析，平台能够识别高风险区域和火情发生规律，评估火灾风险等级，为预防和资源调配提供科学依据，支持环境企业及相关部门制定预防措施以及长期环境火险管理规划，从根本上降低环境火灾发生概率。

（4）精准化调度指挥。基于环境火情严重程度和地理位置，平台实时显示火场动态、消防力量分布及物资储备情况。通过环境火情监测服务平台的数据分析功能，能够实现智能化数字化调配消防资源，包括人力、物资、专业设备等，确保灭火行动的针对性和有效性，实现最高效的应急响应，避免资源浪费，提升救灾效率。

（5）立体化协同响应。平台构建信息共享机制，支持跨层级、跨区域的协同响应机制，促进环境、气象、应急管理等部门之间信息的快速交流与协作，确保信息快速上传下达，各级管理部门能够迅速联动，形成高效的应急指挥体系，提升综合防控能力。

（6）移动化实施作业。平台通过北斗导航系统实时定位巡检人员位置，并同步更新巡检结果，实现前端巡检人员与后端指挥人员的互联互通，动态支持前端人员之间、前端与后端之间精确指挥、快速反应，实现信息高效上传下达，满足防火应急调度指挥需求。

（7）精细化灾后评估。火情过后，平台利用高分辨率卫星图像和无人机航拍数据，对受灾区域进行快速评估，包括烧毁面积、森林蓄积量、植被破坏程度等，为后续的精细化灾后重建和生态恢复工作提供科学依据，加速生态系统功能恢复。

（8）持续化迭代改进。基于航天宏图环境火情大数据监测服务平台的实际运行反馈和新技术发展，平台不断进行功能升级和优化，确保监测和管理方式与时俱进，更加高效智能。

（四）航天宏图环境火情大数据监测服务平台价值

航天宏图环境火情大数据监测服务平台通过集成卫星遥感技术、物联网技术、大数据分析以及人工智能算法，为相关环境单位的防火管理提供能力和价值，具体体现在以下几方面：

1. 安全防线加固

大数据监测服务平台通过先进的传感技术和智能算法实时监控环境设施，能够及早发现并预警潜在的火灾风险，有效防止重大火灾事故的发生，保障环境设施的安全稳定运行，保护人员生命安全和国家重要资产。

2. 应急效能提升

大数据监测服务平台一旦监测到异常，能够立即触发警报机制，第一时间以邮件、短信、App通知等形式通知相关人员并启动应急响应计划，辅助救援。缩短从发现险情到采取行动的时间，最大限度减少灾害影响。

3. 运维管理优化

大数据监测服务平台集成的监测与分析功能，能够帮助环境公司实现对设备状态的远程监控和智能诊断，减少现场检查频次，降低运营成本，同时提高维护效率和精确度。

4. 辅助决策制定

通过大数据监测服务平台采集的海量监测数据为环境系统的性能评估、故障预测和资源规划提供数据支撑，助力管理者基于实证做出更加科学合理的决策，优化资源配置，提升系统整体效能。

5. 助力企业转型

大数据监测服务平台作为智慧防火监测的关键组成部分，推动信息技术与环境行业的深度融合，加速环境系统的数字化、网络化和智能化进程，为实现高效、绿色、可持续的环境供应打下坚实基础。

6. 经济效益提升

大数据监测服务平台能够早期识别电气过热、短路等火灾隐患，及时发出预警，有效降低因环境故障引发火灾的风险，从而大幅度减少火灾导致的直接财产损失以及停电所带来的间接经济损失。此外，该平台提升应急响应速度和故障处理效率，减少维修成本和保险索赔频率，保障环境供应的安全稳定，增强用户满意度和信任度。对于环境企业而言，这不仅意味着运营成本的有效控制，也是企业社会责任的积极践行，长远来看，有助于提升企业品牌形象和市场竞争力，创造更加显著的经济效益和社会价值。

7. 绿色环保助力

基于大数据监测服务平台预防火灾，减少环境污染和生态破坏，保障环境供应稳定，支持经济社会平稳运行，体现了企业对环境保护和社会责任的担当。

综上所述，航天宏图构建的环境火情监测服务平台不仅是确保环境系统安全的重要防线，也是推动环境行业技术革新、提升运维效率、促进可持续发展的关键力量。

（五）航天宏图环境火情大数据监测服务平台使用情况

基于航天宏图环境火情大数据监测服务平台，对遥感数据进行深度加工处理，将原始的影像数据转化成可供监测的数据。基于处理后的规则化遥感数据，通过火点识别，像元亮度提取等关键技术，结合工作需求，按照时段频率等生成火点分布图、火势蔓延趋势预测图、过火面积统计图、异常排放热源监测图、火点监测报告等各类监测产品成果。

目前，航天宏图环境火情大数据监测服务平台已在全国范围内投入业务运行，是多个省份开展火情监测业务的首选平台，并对各地多次火情进行应急响应支持。

如2020年3月17日11点30分山西榆社发生重特大森林火灾，平台基于NPP卫星数据在12点44分监测到。对该场火灾持续监测高达8天，直至

3月24日7时，榆社森林火灾全部扑灭。在持续监测期间，平台利用静止卫星最高监测30个像元，极轨卫星最高监测到34个像元，协助地面应急人员进行火灾救援的调度指挥，以最快的速度扑灭火情，减少火灾造成的损失。

航天宏图构建的环境火情监测服务平台可以有效支撑我国环境监测防火事业的发展，及时有效地监测预警火情环境情况，有效避免发现不及时而导致的损失，扩展遥感应用领域的深入应用。

（六）航天宏图环境火情大数据监测服务平台发展计划

近年来，随着社会经济对稳定环境供应依赖性的增强，森林防火、电力设施变电站等防火安全问题愈发凸显，采用先进科技手段强化环境火情监测与预警能力成为环境行业安全管理的迫切需求。因此，第一，航天宏图未来将通过持续的技术创新与升级，更深入地融合人工智能、机器学习算法，以增强环境火情识别的准确性和实时性，确保能够迅速捕捉并分析潜在的环境火灾隐患。第二，为了扩大监测范围并提高效率，平台计划部署更多高精度传感器与远程监控设备，结合无人机和卫星遥感技术，实现对偏远或难以到达区域的全面覆盖。第三，加强大数据分析建模能力，更精准预测环境火情发展趋势，为预防措施提供科学依据。第四，优化用户界面与交互设计，确保信息传递快速直观，方便环境企业和应急管理部门做出快速响应。第五，注重信息安全与数据保护，采用先进的加密技术保障平台数据的安全性，防止信息泄露。航天宏图旨在构建一个更加智能、高效、安全的全方位的环境火情监测防控体系，为保护环境系统稳定运行提供坚实保障。

案例二

国药国际大健康大集平台

（一）案例概述

国药国际是国药集团在国际贸易中的桥梁，承担"走出去""引进来"，构建国内国外双循环发展的使命，主营业务为进出口医药商业贸易，涵盖药品（原料药、中间体和成品药）、医疗器械、大健康产品、免税品、药械供应链服务等多元化服务形态，核心业务环节包括采购、物流、分销、运营、售后，涉及的供应商渠道分散、销售渠道散、物流链条长、跨组织运营环节多，整个链条数据散落在各个组织内部，形成了"信息孤岛"，当前供应链中不同职能与组织间的协作缺乏自动化协同和弹性化运作，国药国际四大业态存在供应链过程协同向系统化、自动化、智能化迈进的共性需求，通过全链业务重构、流程端到端覆盖与实时决策数据支持，实现产业端运营提效与成本优化、快速调整品类与渠道策略、以客户为中心改进产品与服务、全程风险追踪与预警，带动整体产业侧的经营效益提升，未来以平台能力整合国药国际的全球优质资源和服务，构建和完善生态服务，对外赋能上下游产业主体，共享资源、信息与服务，带动整体产业高效发展，牵引产业数智化实现。

第一阶段：

实现供应链综合平台的全链业务协同的控制作用，该平台定位为国际化业务供应链运营的指挥型系统，与上游形成在线连接协作，推进供应协同化、仓配智能化、渠道协同化。

建设核心思路是围绕整体供应链端到端协同能力构建与升级的数智化诉求点进行系统性规划建设，使内外部供应链协作具备端到端的透明度、快速的响应能力以及跨职能跨组织合作能力。

面向业务运营全链进行流程优化和流程，流程串联采、存、流、销各内外部主体高效运转，围绕流程中的关键用户赋能，依据计划、运营执行、分析、纠偏的业务闭环体系构建应用与服务供应链条中的关键上游供应商、物流商、渠道商等合作伙伴在计划、物流、销售、售后管理等关键领域实现信息共享与业务协同，从订单的获取、运输通知和确认、在线跟踪、货物接收、回单的在线提取、售后反馈等所有信息均在供应链协同平台上对全部用户实现信息共享、高效协同、智慧响应，实现各环节物流、信息流、资金流的实时反馈，赋能国药国际产业精益化运营和全链风险控制。

①供应协同化：实时获取货运状态及信息，加强与供应商的连接和反馈，对于供应商的交付状态、履约质量、考核管理实现线上化。

②仓配智能化：优化物流体系，建设智能仓库，实现与前后端订单的快速协同，从货物清关到运输、存储、调拨实现在线化协作，商品效期的自动化管理、智能预警，有效降低库存，提升人效，缩短物流交付周期。

③渠道可视化：将原先分散的销售渠道和数据聚合拉通，与前端渠道方的互动由线下转到线上，包括订发货、营销政策、渠道管理、指标监控、事务性协同等；实时洞察市场动态，掌握销售数据，精益匹配动销策略，及时响应下游需求变化，缩短供销链，并通过数智化工具向下游进行销售赋能。

统架构上与业务执行类的主要系统（WMS、ERP）实现横向协作，与其他职能管理部门如财务系统、合同管理系统、质量管理系统等实现纵向贯通；与外部相关方实现业务交互，提升国际业务综合服务的能力。通过标准服务接口实现与外部单位互通，保证业务链完整流畅和数据同步，提升业务效率，服务敏捷化；与银行实现互联互通，加快资金周转速度，提升资金利用率；与信用保险单位互联互通，减少保险处理环节时长，实现国际化业务应保尽保，最大限度规避风险；与仓储物流单位建立互联互通，建立渠道丰富、成本可控、稳定便捷的供应链。

与政府单位实现互联互通，及时获取政策信息、实时同步国家技术标准，满足合规要求，提升运行效率。丰富和完善供应链、政策、物流和金融服务体系，重点打造智能化天竺保税仓库、筛选仓储物流合作单位构建稳定供应链。

第二阶段：

围绕产业B端用户需求打造综合性解决方案生态服务平台，推进能力共享，业务模式向平台经济迈进。

面向行业上下游用户搭建综合性的国际化医药健康产品与服务展示和贸易平台，发挥国际化经营在资源、服务、网络方面的优势，通过内外部引流和用户运营提升平台活跃度，根据不同B端用户需求可以拉通行业产业资源与专业化团队，用数智化工具实现定制化解决方案，并依托后端供应链综合平台快速交付，同时，此阶段平台对外可通过组件化或邀请合作伙伴入驻方式向行业用户、合作伙伴实现能力与资源共享，成为优质的"产品＋服务＋技术"的综合性解决方案生态平台，夯实国际化医药医疗综合解决方案能力，赋能国际传统业务向平台化模式迈进。

（二）大健康2C服务平台

构筑大健康消费聚合服务窗口，吹响"国药大集"的号角，开始数智化建设的突破之战，以国药大集平台为抓手，以客户为中心推动数字经济下新兴业务突破，逐渐形成国药集团大健康线上统一商城平台，以国药集团大健康品牌建设为导向，牵引集团内各产业协同聚合式发展。

整体将国药大集打造成为集团大健康产业流量入口中心、品牌传播中心、协同服务中心、数据赋能中心和服务聚合中心，实现国药集团大健康品牌聚合、业务流量聚合、在线服务聚合和更好产业协同与数据共享。

1. 以数智化为手段，解决国药国际2-C业务痛点

当前大健康线上业务呈现入口散、服务散、品牌散，流量散的态势。不利用产业内运营的集约化建设和产业效率的提升，C端业务未形成合力，运营体系弱，不利于为客户打造统一的服务体验。建成统一的客户平台和运营体系有利于国药统一品牌建设和线上业务走集约化发展，推动形成国药集团明晰的品牌架构体系，推动优势资源整合，带动流量规模和品牌传播，实现品牌价值提升，健全品牌建设长效机制，使国药集团成为更有影响力、更具竞争力的国家级、世界级医药大健康品牌。

当前与消费者属于弱连接状态，无法有效洞悉新零售市场下丰富多变的客户需求，国药大集可以线上更好地连接客户，提升客户体验，通过私域与公域流量的融合联动，丰富大健康产业前端的客户服务与营销场景，促进用户精细化运营体系形成。未来国药大集可作为产业内各主体的数据赋能中心，为内部提供数据服务，带动整体数据运营提升，推动整体产品研发与服务体系创新。

2. 作为数字产业化的代表，国药大集建成后，将成为国药国际新的增长引擎

国药大集未来可带动产业集团内的资源和运营协同，形成协同服务枢纽，带动整体产业健康、柔性发展。推动各产业板块在客户、产品、服务、渠道、供应链等维度的业务互补和拉通，有利于产业效益提升和高质量发展。

发展平台经济、生态经济，国药大集的建设有利于培育数字经济时代下国药集团的新经济增长点，与产业外部共建生态圈，带动医药健康产业的数字化、智能化升级。

3. 国药大集1.0与2.0建设阶段

培育阶段：国药大集1.0——企业内购平台

2022年10月前完成线上国药数据中台建设，12月底前推出线上国药App，同期上线国药内购平台。2023年，建立和其他央企、特定团体的合作关系，将各央企和特定团体的内购平台发展为销售前端，进一步扩大国药线上商城的私域流量。

市场化阶段：国药大集2.0——开放商城平台

2024年，在国药商城流量具备一定规模的基础上，推出国药大集2.0版本，重点打造商城平台运营能力，满足联营、自营等多种方式的商业需要，形成市场化的公共流量平台。

（三）医养康养服务与运营数字化平台

1. 总体目标

建设医养康养聚合服务平台，提升客户"一站式"的服务体验，高效管理机构运营，实现全方位系统化、生态化连接。

2. 建设规划

打造三大能力——综合养老服务能力、智能化支撑能力和智慧运营管理能力，相互联通，并于外部医院、集团内其他企业、保险机构等进行协同，共同支撑养老服务、机构运营、智慧医养、健康管理等服务。前端通过App、小程序、智能硬件设备等服务末端用户和相关企业、单位。

未来将以会员健康档案为核心，以医养结合健康管理为主线，以移动互联网云计算为创新点。全面支持健康管理行业供应商、生产商、销售商、服务商、健康机构、投资商、政府、消费者等以生产商品和提供服务为中心组成的全渠道健康管理生态系统。打破了传统的行业界线，使不同行业的企业走到了一起，从而增加各自的市场机会，充分调动企业间资源的相互协调和聚集。

智能化、生态化、综合型医养康养数字平台的建设能够帮助公司获客，增加客户黏性，同时也能提升知名度和影响力，在服务客户健康管理的同时销售企业健康产品，开辟多样化的收益通道；从用户角度，能够有效提升用户体验，根据健康监测的数据，运用智能化干预随访为客户提供健康咨询、随访服务以及后期干预等服务；并让用户可以随时随地获取健康咨询服务，让健康管理更有成效。

附录一

国务院国资委关于国有企业数字化转型的政策

2020年9月,国务院国有资产监督管理委员会(国务院国资委)正式发布了《关于加快推进国有企业数字化转型工作的通知》(以下简称《通知》),该通知系统地概述了国有企业数字化转型的基础、方向、重点和具体举措,为国有企业的数字化转型开启了崭新的篇章。该举措旨在积极引导国有企业在数字经济时代准确洞察变革、科学应对挑战、主动追求创新,以加速改造提升传统动能,培育发展新的经济增长动能。

根据《通知》,国有企业要充分利用5G、云计算、区块链、人工智能、数字孪生、北斗通信等新一代信息技术,探索并建立符合企业业务特点和发展需求的"数据中台""业务中台"等创新型IT架构模式。同时,建设灵活高效可重复利用的新一代数字技术基础设施,加速打造集团级数字技术赋能平台,提升核心架构的自主研发水平,以支持业务数字化创新提供高效数据和一体化服务支持。另外,还要加快国有企业内部网络建设,谨慎推动内网与互联网的互联互通,优化数据中心布局,提升服务能力,以加速企业向云端转型。

国务院国资委的数字化转型政策为国有企业在数字经济时代的转型和创新提供了战略性指导。通过明确的目标、清晰的原则、重点领域和系统的实施路径,该政策全面覆盖了企业从业务创新到管理模式的转变需求。国务院国资委关于国有企业数字化转型政策的解读涵盖政策的核心目标、基本原则、重点方向、实施路径以及五大重点任务。

（一）数字化转型政策的核心目标

国务院国资委将数字化转型定位为推动国有企业实现高质量发展的核心战略。面对全球经济和技术的快速变革，国有企业需要应对传统业务模式的局限性和日益激烈的国际竞争。新一代信息技术的发展为国企提供了转型升级的机遇。国务院国资委的政策旨在提升国企对新技术和新模式的应用，增强其在国内外市场的竞争力，强化其韧性、灵活性和创新能力。数字化构成了企业高质量发展的基础，而技术变革则是国企转型的战略驱动力。政策的核心目标是促进国有企业通过数字化技术重塑业务模式、运营管理和创新机制，从而在质量、效率和创新力等方面实现显著提升，推动"创新驱动，数据赋能"的发展模式。政策目标主要包含以下三个方面：

一是实现高质量发展。国务院国资委提出，国有企业需通过数字化实现管理体系、业务流程、服务模式的全面优化，从而提升资源利用效率和管理水平。政策目标在于帮助企业打造"精益化、智能化、数字化"的经营模式，使之具备更强的市场适应力和创新能力。

二是提升全球竞争力。数字化转型政策要求国企通过信息技术和管理创新提升企业在全球市场的竞争优势，确保企业在全球产业链和供应链中具有核心地位。国务院国资委特别强调，通过技术创新和业务转型，国企应从传统的低端加工向高端制造、智能制造迈进，实现从"制造大国"到"制造强国"的转变。

三是推动创新驱动发展。本政策鼓励国有企业建立基于数字化的创新生态体系，通过大数据、人工智能等新兴技术构建创新能力，将数字化与创新驱动深度融合。企业需依托数字技术，以创新为动力源，加快产品和服务的更新换代，并提升决策的智能化水平。

（二）数字化转型政策的基本原则

国务院国资委的政策通过"统筹推进、数据驱动、集成创新、开放合作"四大原则，为国企的数字化转型设定了实施基础和核心指导方针。通过这些原则，国企能够避免单一化、片段化的转型，确保各个环节和资源的有机整合。国务院国资委要求企业从顶层设计入手，以系统化的方法推进转型，形成"全局视野＋数据支持＋创新导向＋合作生态"的转型方式。其中，统筹推进指数字化转型要在整体战略框架内进行，有效分配资源，避免部门孤立。数据驱动意在强调数据是企业的核心资产，通过数据治理提高企业运营的智能化和精准化水平。集成创新指技术创新与业务创新要同步进行，以实现全链条的技术应用。开放合作意在数字化转型不是封闭的工程，需通过内外部资源合作构建企业的开放式生态系统。具体解读如下：

一是统筹推进。政策要求数字化转型要在企业战略框架内有序推进，企业需制定清晰的顶层设计和整体路线图。国务院国资委特别指出，数字化转型不能片面依赖单一部门或职能，需在组织层面协调推动，实现资源合理配置。例如，为避免资源分散和内部管理的重复建设，企业需成立数字化领导小组，由高层负责全局战略的规划与执行，以此来推动各部门协同发展，确保数字化在各业务板块的高效实施。例如，华电集团成立了数字化领导小组，作为重要的能源企业，华电集团业务涵盖发电、煤炭、运输等领域，各业务部门的数字化需求和优先级不同，传统的分散管理方式很难实现数据的统一和资源的高效配置。为确保数字化转型的系统推进，华电集团成立了数字化领导小组，主要负责转型的顶层设计、统筹协调各个业务部门的转型任务和资源配置，并为每个阶段设定详细的目标和实施路径。领导小组推动了数字化规划在整个集团的执行，各部门能够根据整体规划逐步调整转型方案，避免资源浪费和重复建设问题。同时，数字化小组定期协调和检查转型效果，为后续改进提供了依据。

二是数据驱动。数据是数字化转型的核心资产，国务院国资委强调国企必须建立科学的数据管理体系，强化数据的收集、共享与治理能力，将数据视作企业的战略性资源。通过构建"数据中台"，企业可以高效实现数据在不同业务环节的调用和分析，推动各环节的数据驱动决策。数据驱动的核心是建立完善的管理体系，通过数据分析为业务创新提供方向，优化生产和管理流程。例如，国家电网建设了省级数据中心。在国家电网的服务范围内，不同地区的用电需求、设备运行情况存在很大差异，传统管理方式无法快速响应各地的变化。国家电网的省级数据中台采集各地的电力需求、设备负荷、线路运行等数据，并进行汇总分析，为本地和总部的决策提供数据支持。通过数据中台的统一管理和实时监控，各省公司能够根据本地的电力需求和线路负荷灵活调度资源，实现供电的智能调配，减少资源浪费。整个系统的反应时间和调度效率也得到显著提升，为各地电力管理提供了数据支持。

三是集成创新。政策指出，企业需以创新为核心，通过大数据、物联网、人工智能等技术构建跨部门、跨职能的协同管理平台，推动技术与业务深度融合。国务院国资委强调创新不应局限于技术本身，还应包含业务模式、管理机制等方面的突破。集成创新体现在研发、生产、营销等多个环节的技术应用和流程优化。例如，中国石油化工集团公司（中国石化）在数字化转型过程中发现，传统的炼化生产监控系统依赖人工巡检和实时监控，耗时且容易出错，效率较低。通过部署智能监控系统，中国石化实现了炼化过程的实时数据采集和分析，将生产数据通过物联网技术上传至中央管理系统，同时对重点区域和设备进行24小时智能监控。智能监控系统的部署，不仅减少了人工巡检成本，还通过数据分析识别设备故障的趋势，提前进行预防性维护，降低设备故障率。此外，系统的实时反馈提升了炼化生产的精确度，减少了生产过程中的能源浪费。

四是开放合作。政策鼓励国企在数字化转型中加大开放力度，与外部合作伙伴共同构建产业生态。国务院国资委提倡国企借助外部的先进技术和管理经验，加速企业自身的数字化进程。企业不仅需加强内部系统的互联互通，还需通过合作扩展"生态圈"，实现产业链上下游的协同。以中国电子商务联盟的跨境电商平台为例。随着"一带一路"倡议的推进，国内企业纷纷走出国门，但传统跨境电商面临渠道单一、市场难进入等问题。中国电子商务联盟通过数字化平台整合资源，协助国有企业开拓海外市场。联盟搭建了跨境电商平台，帮助国有企业与海外供应链、物流商、支付平台等合作伙伴连接，并支持多种语言和支付系统，实现了线上对接和线下合作的全链条整合。这一平台帮助国有企业迅速进入国外市场，降低了出口成本，简化了流程，提高了资源利用率。又如，部分国企通过该平台将产品销往东南亚、中东等地，并通过数据分析调整产品策略，实现了与海外市场需求的无缝对接。

（三）数字化转型政策的核心方向

国务院国资委的政策明确了四个核心方向——产品创新数字、生产运营智能化、用户服务敏捷化和产业生态化，为国企在不同层面推进数字化提供了具体路径和清晰的实施框架。其中，产品创新数字化政策强调通过数字技术推进产品的全生命周期管理，提升产品从设计到市场反馈的效率和精准度，以便企业更快适应市场的需求变化。生产运营智能化指通过人工智能、物联网等技术手段，政策鼓励国企构建智能化的生产模式，实现自动化、精益化的生产方式。生产运营的智能化将显著降低企业的资源消耗、提升效率，是企业高效转型的关键。用户服务敏捷化指数字化平台支持企业与客户的实时互动，能够快速响应用户需求变化，提供个性化的产品和服务，提升客户满意度。产业生态化政策鼓励企业建立开放的产业平台，整合上下游供应链资源，形成高度协作的产业生态系统，助力产业链的协同创新和高效运作。四大核心方向覆盖了企业的产品、运营、服务和生态等各环节。数字技术的应用从生产链条延伸至市场与客户，是实现端到端数字化转型的关键。产业生态化通过数字平台联结产业链上下游，提升资源整合和市场适应能力。具体解读如下：

一是产品创新数字化。国务院国资委鼓励国企通过数字化手段优化产品的设计、制造和市场反馈，实现产品全生命周期的数字化管理。利用数字孪生、用户反馈数据等手段，企业可以更快地响应市场需求、缩短产品开发周期。例如，中国石油天然气集团有限公司（中国石油）通过引入数字孪生技术，在油气田的设备管理上，传统的定期维护模式效率低，且难以预测设备故障。中国石油通过引入数字孪生技术，利用数据模拟油气田设备的运行情况。通过采集设备运行的实时数据，构建虚拟的"数字孪生"油气田设备模型，实时监测设备状态，提前发现潜在故障。这一技术减少了现场维护频率和不必要的停机时间，确保了油气田供应系统的稳定性。此外，数字孪生技术使中国石油能够在设备设计阶段优化产品性能，降低设备生命周期成本。

二是生产运营智能化。国务院国资委政策强调生产环节的智能化提升，提出国企需借助工业物联网和人工智能技术，推动生产流程自动化。通过智能工厂建设和全流程数字管理，企业可以实现高效生产、资源节约和成本优化。例如，中国宝武钢铁集团有限公司（中国宝武）在传统钢铁生产中投入了大量人力和物力，但生产效率和资源利用率有待提升。为此，中国宝武推动"智能工厂"建设，以实现生产过程的智能化。通过部署传感器、物联网等技术手段，中国宝武实现了设备的全流程监控，自动检测设备负荷、能耗情况，及时调整生产参数。同时，智能工厂引入人工智能算法，自动调整设备的运行状态。这一智能化转型大幅提升了工厂的生产效率，降低了能源消耗。工厂的自动化水平提高，生产流程从人工管理转变为数据驱动管理，减少了人工成本，提高了资源利用率，实现了低碳环保生产。

三是用户服务敏捷化。国务院国资委指出，企业需借助敏捷的数字平台快速响应客户需求，实现个性化和精准化的服务。通过线上线下渠道的数据整合，企业能够实时了解客户偏好，推出更加定制化的产品和服务。例如，中国电子商务联盟的用户数据分析系统：面对竞争激烈的电商市场，传统模式下的用户服务反馈缓慢，无法及时调整策略。中国电子商务联盟利用大数据技术为客户提供敏捷化服务。联盟搭建了用户数据分析系统，整合用户行为数据、销售数据和反馈数据，分析用户偏好和市场趋势，支持实时决策。该系统可以在用户需求变化时及时推荐个性化服务和产品方案。通过数据分析，联盟帮助国有企业快速优化产品和服务，满足用户的个性化需求。实时的用户反馈提升了品牌忠诚度，增加了用户黏性，有助于企业在激烈的市场竞争中立于不败之地。

四是产业生态化。国务院国资委政策要求企业通过建设开放的产业平台整合上下游资源，构建协同发展的产业生态体系。国企应加强在供应链和产业链中的协作，通过数据平台打破信息壁垒，提升资源利用率。例如，中国中车集团有限公司（中国中车）通过构建产业数据共享平台，整合上下游资源。在该平台上，中国中车将生产数据、调度数据与供应商和客户共享，实现供应链透明化，确保各环节无缝衔接。通过平台的数据共享和整合，供应链成员可以实时查看订单状态和生产需求。这一平台极大地提高了供应链效率，实现了数据共享和资源优化，供应商可以根据实时数据调整供应进度，减少库存积压。同时，用户也能通过平台及时获取电力供应情况，确保了供需关系的平衡。

（四）数字化转型政策的实施路径

国务院国资委的政策通过分阶段实施路径，为国有企业提供了具体的转型步骤，可操作的转型指南，并确保了转型的系统性和可操作性。政策建议国企制定清晰的顶层设计，以确保转型目标与企业整体战略一致。同时，国务院国资委提出从初始级到生态级五个阶段的推进步骤，每个阶段的任务明确，使企业能够有序、分步地开展数字化工作。其中顶层设计建议各企业从顶层开始制定转型路线，将数字化目标融入企业长远发展战略之中，确保数字化与企业发展战略匹配。分阶段实施指通过初始级、单元级、流程级、网络级、生态级五个阶段的实施步骤，帮助企业逐步实现从局部优化到全局互联的全面数字化，分阶段实施提供了稳步推进的路径，避免一次性投入风险。资源保障指数字化转型需要足够的资源支持，国务院国资委鼓励企业在资金、人力和技术上加大投入，确保转型过程的顺利进行。数据治理和网络安全是数字化的基石，政策指出，企业需建立完善的数据管理和安全保护机制，保障数字化进程的可持续性和安全性。数据治理和网络安全为转型提供了数据基础和保障机制。

一是顶层设计。政策强调，企业需将数字化转型作为整体战略的一部分，从高层管理开始构建统一的顶层设计。企业应明确数字化转型的目标和优先级，将数字化纳入长期发展目标，确保全员参与和执行。从中国航天科技集团有限公司（中国航天科技）的数字化顶层设计方案为例。中国航天科技的业务涵盖航天器研制、发射、运营等多个领域，各业务部门的数字化需求和优先级不同，传统的分散管理方式很难实现数据的统一和资源的高效配置。为确保数字化转型的系统推进，中国航天科技成立了数字化领导小组，主要负责转型的顶层设计、统筹协调各个业务部门的转型任务和资源配置，并为每个阶段设定详细的目标和实施路径。领导小组推动了数字化规划在整个集团的执行，各部门能够根据整体规划逐步调整转型方案，避免资源浪费和重复建设问题。同时，数字化小组定期协调和检查转型效果，为后续改进提供了依据。

二是分阶段实施。国务院国资委将数字化转型划分为五个阶段，从初始级的基本技术应用到生态级的全面产业链合作。初始阶段是指通过信息技术的初步应用支持基本业务，单元级阶段是指在企业内特定职能范围实施数字化，提升业务效率，流程级阶段是指实现业务流程的数字化管理与优化，推动跨部门协同，网络级阶段是指建立互联互通的系统，形成组织级的数据共享和智能化，生态级阶段是指在整个产业链层面形成共享资源和数据的数字生态系统企业可以根据自身发展阶段，逐步推进业务的数字化。分阶段实施有助于企业稳步推进转型，避免冒进，确保各环节数据和系统的互联互通。以国家电网的分阶段数字化为例。国家电网从初始的数据收集到建立数据中台，最终实现了全国范围的数据互联互通。分阶段推进从初级的数据采集到中级的区域数据中台，最终实现了全国电力数据的互联互通，使供电的管理和调配能力进一步提升。分阶段实施确保了资源的有效利用和风险的控制，最终使得电网公司能通过数据高效调度资源，提高供电效率。

三是资源保障。为确保转型顺利进行，政策强调企业需加大资源投入，包括资金、人才和技术。国务院国资委建议国企建立专门的数字化转型基金，用于技术更新和系统升级，同时加大数字化专业人才的引进和培养力度。比如，电子商务联盟设立专项基金支持平台建设，并与高校和科研机构合作，为数字化转型提供持续的技术支持和人才储备。

四是数据治理和网络安全。数据治理和安全是数字化转型的基石，政策要求企业通过标准化数据管理和网络安全防护措施，确保数据资源的高效利用和信息安全。例如，中国电子信息产业集团有限公司（中国电子）将网络安全提升到战略高度。中国电子采用分级保护、全方位监测、双重加密等措施构建了多层次的网络安全体系，保障系统和数据的安全。安全体系的建立让数据安全和信息安全更有保障，确保数字化转型不因安全漏洞而受阻，保障了国计民生的安全性。

（五）数字化转型政策的五大重点任务

国务院国资委政策定义了国有企业数字化转型中的五大重点任务：发展战略（价值主张）、业务创新转型（价值获取）、新型能力（价值创造和传递）、系统性解决方案（价值支持）、治理体系（价值保障）。五大重点任务为国有企业提供了一个全面的框架，以确保数字化转型的成功实施，从而在竞争激烈的全球市场中保持领先地位。五大重点任务共同构成了国有企业数字化转型的框架，它们相互关联、相互支持，共同推动企业在数字化时代实现高质量发展。通过实施这些任务，国有企业不仅能够提升自身的竞争力，还能够更好地适应和引领市场变化，实现可持续的价值增长。

一是发展战略（价值主张）。这一任务要求企业将数字化转型融入整体发展战略中，确保数据驱动的理念贯穿于企业的各个层面。通过明确竞争合作优势、业务场景和价值模式，企业能够构建起适应数字化时代的全新商业模式，从而在市场中获得竞争优势，并实现持续的价值创造。数字化转型战略是企业整体发展战略的关键组成部分，它要求企业将数据驱动的理念融入到战略规划中。发展战略包含以下三点。

竞争合作优势：构建多重竞合关系，提升技术应用、模式创新和数据驱动的能力。

业务场景：建立支持灵活战略的敏捷业务，满足用户不断变化的需求。

价值模式：适应信息技术变革趋势，构建开放价值生态，实现业务快速迭代和协同发展。

二是业务创新转型（价值获取）。业务创新转型任务强调通过数字化手段加速业务模式的创新和转型，以实现价值的最大化。这涉及业务数字化、集成融合、模式创新和数字业务培育等多个方面，目的是通过技术和业务的深度融合，推动企业向数字化、智能化方向发展，进而获取新的增长点和竞争优势。业务创新转型有以下4个方面。

业务数字化：实现单个部门或环节的业务数字化、网络化和智能化。

业务集成融合：跨部门、业务环节和层级的业务集成运作和协同优化。

业务模式创新：推动关键业务模式的创新变革，构建新的价值网络。

数字业务培育：通过创新的业务模式和技术手段，培育新的数字化业务。

三是新型能力（价值创造和传递）。新型能力建设是企业数字化转型的核心，它要求企业识别和构建与数字化转型相匹配的新能力。这些能力包括但不限于数据驱动决策、客户体验优化、产品和服务创新等，它们是企业在数字化时代创造价值和传递价值的关键。新型能力的关键点如下。

能力识别与规划：根据发展战略，全面考虑内外部因素，明确与战略相匹配的可持续竞争合作优势需求。

能力分解与组合：分析并确定价值体系优化、创新和重构的总体需求，并识别新型能力建设的总体需求。

能力单元建设：针对承载不能或不必再分解的新型能力，进行系统策划和构建。

四是系统性解决方案（价值支持）。系统性解决方案任务要求企业设计和实施覆盖数据、技术、流程和组织的全面解决方案，以支持新型能力的打造和业务创新转型。这些解决方案能够确保企业在数字化转型过程中的各个环节都能够高效协同，从而为企业的持续发展提供坚实的支持。系统性解决方案的关键环节有如下4点。

数据：数据采集、集成与共享，以及数据应用等方面，发挥数据的价值和创新潜能。

技术：整合、融合和创新各项技术要素，支持数字化转型。

流程：核心业务流程的优化设计和数字化管控，实现流程的高效运作和持续优化。

组织：职能职责调整、人员优化配置，构建适应新型能力打造和业务创新转型的组织架构。

五是治理体系（价值保障）。治理体系任务强调建立与数字化转型相匹配的治理结构，包括数字化治理、组织机制、管理方式和组织文化等方面。这些治理机制能够确保企业在数字化转型过程中的管理是有序的、高效的，并且能够适应快速变化的市场环境，为企业的长期发展提供保障。治理体系包括以下4个方面。

数字化治理：建立数字化治理机制、数字化领导力、数字化人才、数字化资金和安全可控等方面。

组织机制：建立适配新型能力的组织结构和职责分工，提升对动态需求的响应速度和服务能力。

管理方式：管理模式创新和员工工作模式变革，推动管理方式向流程驱动、数据驱动和智能驱动的转变。

组织文化：建立与建设、运行和优化相匹配的组织文化，促进员工主动创新的自觉行为。

总体来说，国务院国资委的数字化转型政策为国有企业提供了从战略规划、具体原则到实施路径的全面指导框架，涵盖了企业在数字化过程中可能遇到的挑战和需求。政策的核心在于通过数字化重塑企业的业务模式、提升资源利用效率和增强创新能力，从而确保国有企业在全球数字经济时代中的领先地位。其中，数字化转型是国企创新发展的核心驱动力。数据驱动、智能化和生态化的数字化模式将使企业实现全方位的提升。通过逐步推进和资源保障，确保转型的系统性和可操作性。实际案例为政策的应用提供了实践指导，使政策更具操作性和参考性。通过国务院国资委的政策指导，国有企业在数字化转型的道路上将获得系统化的支持，助力企业在技术驱动的全球市场中获取新的发展优势。五大重点任务共同构成了国有企业数字化转型的框架,它们相互关联、相互支持,共同推动企业在数字化时代实现高质量发展。

附录二

国家数据局关于"数据要素×"相关政策

国家数据局的成立标志着数据基础制度建设的进一步落实,作为以数据要素为核心的关键机构,数据局在宏观层面统筹推进数字中国、数字经济和数字社会的多位一体规划与建设,致力于推动数据基础设施的构建以及数据资源的整合、共享和开发利用。

一、国家数据局关于数据要素相关政策

国家数据局成立后,发布了一系列有关数据要素的政策,如表1所示。

表1 国家数据局相关政策

时间	政策名称
2023年12月31日	《"数据要素×"三年行动计划(2024—2026年)》
2024年4月24日	《数字社会2024年工作要点》
2024年5月21日	《数字中国建设2024年工作要点清单》
2024年5月24日	《数字中国发展报告(2023年)》
2024年9月27日	《关于促进数据产业高质量发展的指导意见(征求意见稿)》
2024年9月27日	《关于促进企业数据资源开发利用的意见(征求意见稿)》
2024年10月12日	《公共数据资源授权运营实施规范(试行)(公开征求意见稿)》

（一）《"数据要素 ×"三年行动计划（2024—2026年）》

到2026年底，数据要素应用广度和深度大幅拓展，在经济发展领域数据要素乘数效应得到显现，打造300个以上示范性强、显示度高、带动性广的典型应用场景，涌现出一批成效明显的数据要素应用示范地区，培育一批创新能力强、成长性好的数据商和第三方专业服务机构，形成相对完善的数据产业生态，数据产品和服务质量效益明显提升，数据产业年均增速超过20%，场内交易与场外交易协调发展，数据交易规倍增，推动数据要素价值创造的新业态成为经济增长新动力，数据赋能经济提质增效作用更加凸显，成为高质量发展的重要驱动力量。

（二）《数字社会2024年工作要点》

按照《数字中国建设整体布局规划》和"十四五"规划关于推进数字社会建设的重点任务安排，工作要点围绕促进数字公共服务普惠化、推进数字社会治理精准化、深化智慧城市建设、推动数字城乡融合发展、着力构筑美好数字生活等5个方面部署重点任务。

国家数据局表示，下一步，将会同有关单位抓好各项任务落实，为广大人民群众构建智能便捷友好的数字社会空间、提供丰富优质普惠的数字公共服务，不断增强人民群众的获得感、幸福感、安全感。

（三）《数字中国建设2024年工作要点清单》

围绕高质量构建数字化发展基础、数字赋能引领经济社会高质量发展、强化数字中国关键能力支撑作用、营造数字化发展良好氛围环境等四个方面部署重点任务。主要包括加快推动数字基础设施建设扩容提速，着力打通数据资源大循环堵点，深入推进数字经济创新发展，健全完善数字政府服务体系，促进数字文化丰富多元发展，构建普惠便捷的数字社会加快推进数字生态文明建设，加强数字技术协同创新运用，稳步增强数字安全保障能力，不断完善数字领域治理生态，持续拓展数字领域国际合作交流空间。下一步，国家数据局将会同有关部门抓好各项任务落实，深化数据要素市场化配置改革，充分发挥数据要素潜力，全面提升数字中国建设的整体性、系统性、协同性，促进数字经济和实体经济深度融合，进一步赋能经济发展、丰富人民生活、提升社会治理现代化水平。

（四）《数字中国发展报告（2023年）》

为贯彻落实党中央、国务院关于建设数字中国的重要部署，国家数据局会同有关单位系统总结2023年数字中国建设重要进展和工作成效，编写完成《数字中国发展报告（2023年）》（以下简称《报告》）。《报告》提出，2023年数字中国建设总体呈现发展基础更加夯实、赋能效应更加凸显、数字安全和治理体系更加完善、数字领域国际合作更加深入等四方面特点。

《报告》指出，在各地区各部门共同努力下，2023年数字中国建设取得积极进展。数据基础制度建设步伐加快，上下联动、横向协同的全国数据工作体系初步形成。数字基础设施不断扩容提速，算力总规模达到230EFLOPS，居全球第二位；先进技术、人工智能、5G/6G等关键核心技术不断取得突破，高性能计算持续处于全球第一梯队。数据要素市场日趋活跃数据生产总量达32.85ZB，同比增长22.44%。

《报告》显示，数字经济保持稳健增长，数字经济核心产业增加值占GDP比重达到10%左右；累计建成62家"灯塔工厂"，占全球总数的40%；连续11年成为全球第一大网络零售市场。数字政府在线服务指数继续保持全球领先，积极推进"高效办成一件事"，92.5%的省级行政许可事项实现网上受理和"最多跑一次"。数字文化建设全面推进，数字阅读用户达到5.7亿。数字社会更加普惠可及，网民规模达到10.92亿；数字教育和数字医疗健康服务资源加速扩容下沉。数字生态文明成色更足，全国累计建成196家绿色数据中心，平均电能利用效率（PUE）为1.27。

《报告》指出，数据安全制度体系基本形成，出台全球首部专门规范生成式人工智能服务的规章——《生成式人工智能服务管理暂行办法》。积极拓展数字领域国际合作，成功举办第三届"一带一路"国际合作高峰论坛数字经济高级别论坛等，我国"丝路电商"伙伴国增加到 30 个，跨境电商进出口额达 2.38 万亿元。

展望2024年，数字中国建设将与我国加快发展新质生产力同频共振、协同发力，成为推动质量变革、效率变革、动力变革的重要引擎。下一步，国家数据局将会同各地区各有关部门认真贯彻《数字中国建设整体布局规划》，着力夯实数字底座，全面赋能转型发展，持续提升关键能力，不断优化发展环境，深度挖掘数据要素潜在价值，积极培育新质生产力助力数字中国建设迈出新步伐。

（五）《关于促进数据产业高质量发展的指导意见（征求意见稿）》

为贯彻落实党的二十届三中全会决策部署，培育全国一体化数据市场，促进数据产业高质量发展，国家数据局会同有关部门研究起草了《关于促进数据产业高质量发展的指导意见》，现向社会公开征求意见。

（六）《关于促进企业数据资源开发利用的意见（征求意见稿）》

为贯彻落实党的二十届三中全会决策部署，培育全国一体化数据市场，促进企业数据资源合规高效开发利用，国家数据局会同有关部门研究起草了《关于促进企业数据资源开发利用的意见》，现向社会公开征求意见。

（七）《公共数据资源授权运营实施规范（试行）（公开征求意见稿）》

为认真贯彻落实《中共中央办公厅 国务院办公厅关于加快公共数据资源开发利用的意见》等文件要求，规范公共数据资源授权运营，国家数据局会同有关部门研究起草并发布了《公共数据资源授权运营实施规范（试行）》，现向社会公开征求意见。

二、国家数据局关于"数据要素×"的政策综述

自2023年国家数据局正式成立以来，国家数据局围绕建立健全数据基础制度，出台公共数据开发利用、数字经济高质量发展、城市全域数字化转型等重要政策文件，并发布了《"数据要素×"三年行动计划（2024—2026年）》，调动数据要素乘数效应，赋能经济社会发展。

《"数据要素×"三年行动计划（2024—2026年）》，是未来三年在各行业推动数字经济高质量发展的总纲，其主要内容简述如下：

（一）行动计划的指导思想和基本原则

当前激活数据要素面临的一些关键问题包括：（1）数据供给质量不高。数据的准确性、完整性、时效性和可用性是数据要素流通的基础。如果数据质量不高，将影响数据的分析和决策价值，限制数据要素的潜能释放。（2）流通机制不畅。数据要素的有效流通需要一个健全的市场机制，包括数据的采集、存储、处理、传输和交易等环节。如果这些机制不畅通，将阻碍数据要素的流动和利用。（3）应用潜力释放不够。数据要素的价值在于其应用，如果应用场景有限或者应用深度不足，将导致数据要素的应用潜力未能充分释放。（4）行业应用场景示范不强。缺乏强有力的行业应用场景示范，将影响数据要素在各行各业的推广和应用，限制其对产业升级和经济增长的推动作用。

为解决数据要素流通的问题，《"数据要素×"三年行动计划》以习近平新时代中国特色社会主义思想为指导，以推动数据要素高水平应用为主线，强化场景需求牵引，带动数据要素高质量供给、合规高效流通。行动计划遵循以下基本原则：

（1）需求牵引，注重实效。以市场需求为导向，注重数据要素流通的实际效果，确保数据要素能够真正转化为经济社会发展的动力。

（2）试点先行，重点突破。通过试点示范，探索数据要素流通的有效模式，重点突破关键环节，形成可复制、可推广的经验。

（3）有效市场，政府引导。充分发挥市场在资源配置中的决定性作用，同时政府要加强引导和服务，为数据要素流通创造良好的环境。

（4）开放融合，安全有序。推动数据要素的开放和融合，同时确保数据安全和个人隐私保护，实现数据要素流通的安全有序。

（二）行动计划的总体目标

《"数据要素×"三年行动计划》的总体目标是：（1）数据要素场景扩展。在广度和深度上扩展数据要素的应用场景，实现数据要素的全面渗透和深度融合。（2）数据要素经济效益突出。通过数据要素的流通和应用，显著提升经济效益，推动经济高质量发展。（3）典型应用场景达到300个以上。打造一批示范性强、显示度高、带动性广的典型应用场景，形成数据要素流通的标杆。（4）数据产业年均增速超过20%。推动数据产业的快速发展，实现数据产业年均增速超过20%。（5）数据交易规模倍增。通过数据要素流通，实现数据交易规模的倍增，激活数据要素市场。

（三）行动计划的重点行动

《"数据要素×"三年行动计划》的重点行动涵盖多个领域，包括工业制造、现代农业、商贸流通、交通运输、金融服务、科技创新、文化旅游、医疗健康、应急管理、气象服务、城市治理和绿色低碳等。这些行动旨在通过数据要素的流通和应用，提升各领域的服务能力和创新能力，推动产业升级和经济发展。

1. 数据要素 × 工业制造

在工业制造领域，行动计划旨在通过数据要素的流通和应用，推动协同制造，提升服务能力，实现价值链延伸。具体措施包括：

（1）创新研发模式。利用数据要素推动产品设计、仿真、验证等环节的创新，提升企业创新能力。

（2）推动产能、采购、库存、物流数据流通。加强区域间制造资源协同，提升产业链供应链监测预警能力。

（3）培育数据驱动型产品。整合设计、生产、运行数据，提升预测性维护和增值服务能力。

2. 数据要素 × 现代农业

关于现代农业的重点行动主要集中在以下几个方面：

（1）创新研发模式。推动数据要素在农业研发中的应用，培育数据驱动型产品研发新模式，提升企业创新能力。推进产品主数据标准生态系统建设，实现供应链上下游数据的打通，整合设计、计划、质量、物流等数据。

（2）农业生产数智化水平提升。支持农业生产经营主体利用国深成害、农作物病虫害、动物疫病、市场等数据，加快打造以数据和模型为支撑的农业生产数智化场景。实现精准种植、精准养殖等智慧农业作业方式，提高粮食和重要农产品生产效率。

（3）农产品追溯能力提升。支持第三方主体汇聚利用农产品的产地、生产、加工、质检等数据，支撑农产品溯源管理、精准营销等，增强消费者信任。

（4）产业链融合创新。打通生产、销售、加工等数据，提供一站式采购、供应链金融服务。支持农业与商贸流通数据融合分析应用，鼓励电商平台、农产品批发市场、商超、物流等基于销售数据分析，向农产品生产端、加工端与消费端反馈农产品信息，提升农产品供需匹配能力。

（5）培育以需定产新模式。支持农业与商贸流通数据融合，分析应用，鼓励电商平台、农产品批发市场等基于销售数据分析，向农产品生产端、加工端与消费端反馈农产品信息，提升农产品供需匹配能力。

3. 数据要素 × 商贸流通

在商贸流通领域，行动计划旨在通过数据要素的流通和应用，推动产销对接、精准推送，助力打造特色品牌。具体措施包括：（1）打造集数据收集、分析、决策、精准投送和动态反馈的闭环消费生态。（2）加强数据融合，整合订单需求、物流、产能、供应链等数据，优化配置产业链资源。（3）依托订单数量、订单类型、人口分布等数据，主动对接生产企业、产业集群。

4. 数据要素 × 交通运输

在交通运输领域，行动计划旨在通过数据要素的流通和应用，提升多式联运效能，推进货运寄递数据共享互认，实现托运人一次委托、费用一次结算、货物一次保险、多式联运经营人全程负责

5. 数据要素 × 金融服务

在金融服务领域，行动计划旨在通过数据要素的流通和应用，提升金融服务水平，提高金融抗风险能力，推进数字金融发展。具体措施包括：（1）融合科技、环保、工商、税务、气象、消费、医疗等数据，加强主体识别，依法合规优化信贷业务管理和保险产品设计及承保理赔服务。（2）在依法安全合规前提下，推动金融信用数据和公共信用数据、商业信用数据共享共用和高效流通。

6. 数据要素 × 科技创新

在科技创新领域，行动计划旨在通过数据要素的流通和应用，推动科学数据有序开放共享，以科学数据助力前沿研究，以科学数据支撑产业创新，以科学数据支持大模型开发。

7. 数据要素 × 文化旅游

在文化旅游领域，行动计划旨在通过数据要素的流通和应用，挖掘文化数据价值，促进文物病害数据、保护修复数据、安全监管数据、文物流通数据融合共享，提升文物保护利用水平。

8. 数据要素 × 医疗健康

在医疗健康领域，行动计划旨在通过数据要素的流通和应用，加强中医药预防、治疗、康复等健康服务全流程的多源数据融合，支撑开展中医药疗效、药物相互作用、适应症、安全性等系统分析。

9. 数据要素 × 应急管理

在应急管理领域，行动计划旨在通过数据要素的流通和应用，提升安

全生产监管能力，探索利用电力、通信、遥感、消防等数据实现对高危行业企业私挖盗采、明停暗开行为的精准监管和城市火灾的智能监测。

10. 数据要素 × 气象服务

在气象服务领域，行动计划旨在通过数据要素的流通和应用，降低极端天气气候事件影响，支持经济社会、生态环境、自然资源农业农村等数据与气象数据融合应用。

11. 数据要素 × 城市治理

在城市治理领域，行动计划旨在通过数据要素的流通和应用，深化公共数据的共享应用，推进公共服务普惠化，推动城市人、地、事、物、情、组织等多维度数据融通。

12. 数据要素 × 绿色低碳

在绿色低碳领域，行动计划旨在通过数据要素的流通和应用，提升能源利用效率，支持风能、太阳能企业融合应用气象数据，优化选址布局、设备运维、能源调度等。

《"数据要素 ×"三年行动计划》的实施，将极大地推动数据要素的流通和应用，释放数据的潜能，赋能经济社会发展。通过数据要素与其他要素的协同，将提高全要素生产率，培育新的经济增长点，加快多元数据融合，培育经济发展新动能。这不仅将推动经济高质量发展，也将为社会带来更加智能、便捷、高效的服务。

参考文献

［1］李纪珍，钟宏，等. 数据要素领导干部读本［M］. 北京：国家行政管理出版社，2021.

［2］黄奇帆. 战略与路径［M］. 上海：上海人民出版社，2018.

［3］蔡昉. 读懂中国经济［M］. 北京：中信出版社，2017.

［4］黄奇帆，朱岩，邵平. 数字经济：内涵与路径［M］. 北京：中信出版社，2022.

［5］大数据战略重点实验室. 块数据［M］. 北京：中信出版社，2015.

［6］张维迎. 经济学原理［M］. 西安：西北大学出版社，2015.

［7］让·梯若尔. 创新、竞争与平台经济［M］. 北京：法律出版社，2017.

［8］斯图尔特·罗素. 人工智能现代方法［M］. 北京：人民邮电出版社，2022.

［9］凯德·梅茨. 深度学习革命［M］. 北京：中信出版社，2023.

［10］李彦宏. 智能革命［M］. 北京：中信出版社，2017.

［11］平庆忠. 交易平台经济学［M］. 北京：经济科学出版社，2019.

［12］亨利·列斐伏尔. 空间的生产［M］. 北京：商务印书馆，2022.

［13］邱锡鹏. 神经网络与深度学习［M］. 北京：机械工业出版社，2021.

［14］凯西·哈克尔. 空间计算［M］. 北京：中信出版社，2024.

［15］朱江，王欣．变与不变：数字金融势道术［M］．北京：清华大学出版社，2021．

［16］王玉荣，葛新红．产业互联网［M］．北京：清华大学出版社，2021．

［17］杨百兴．企业智慧采购模式探索［M］．北京：中国财富出版社，2023．

［18］许余洁，徐晋．数字定义未来［M］．北京：中国发展出版社，2024．

［19］汤珂．数据资产化［M］．北京：人民出版社，2023．

［20］肖潇雨，贾雷，等．数据价值与定价［M］．北京：电子工业出版社，2024．

［21］陆志鹏，孟庆国，王钺．数据要素化治理：理论方法与工程实践［M］．北京：清华大学出版社，2024．

［22］中国工业互联网研究院．工业数据要素登记白皮书［R］．2023．

［23］吴今培，李雪岩，赵云．复杂性之美［M］．北京：北京交通大学出版社，2017．

［24］葛新红，王玉容．流程思维［M］．北京：中国纺织出版社，2023．

［25］牟富君．工业机器人技术及其典型应用分析［J］．中国油脂，2017（4）．

［26］杨正泽．中国制造2025高档数控机床和机器人［M］．济南：山东科学技术出版社，2018．

［27］余天荣．工业机器人关键技术综述［J］．科学与信息化，2019（6）．

［28］吉尔里·A.拉姆勒，艾伦·P.布拉奇．流程圣经［M］．3版．北京：东方出版社，2021．

后记

在这个数字化浪潮汹涌的时代，数据已成为经济发展的新要素。我国作为国际上率先将数据定义为生产要素的国家，这一理论创新不仅基于经济学原理，更是企业实践经验的总结。因此，《数据要素×国有企业数字化转型》一书实际上是在中国经济改革研究基金会和中国企业改革与发展研究会搭建的平台上，由高等院校、企业研究院和中央企业共同合作完成的成果。具体参加研究和写作的理论和实践工作者名单如下：

主编：李华（中国企业改革与发展研究会常务副秘书长）、平庆忠（清华大学互联网产业研究院产业学者）

副主编：张启春［国家电力投资集团公司物资装备分公司副总工程师、电能易购（北京）科技有限公司董事长］、肖政（中国融通集团信息技术有限公司总工程师）

全书写作分工如下：

导论（平庆忠　清华大学互联网产业研究院产业学者）

第一章 "数据要素×"基本理论（贺舟　中国科学院大学副教授）

第二章 "数据要素×"的倍增效应与作用机制（贺舟　中国科学院大学教授）

案例：国家能源集团基石系统（张延生　国家能源集团数据中心主任）

第三章　数据要素×国有企业数字化战略（李红五　中国联通研究院院长、毋涛　中国联通研究院智能技术研究部总监、刘颖慧　联通研究院主任研究员）

案例一：北京移动数智化转型（唐显莉　中国移动北京公司信息系统总经理）

案例二：国家能源集团 ERP 一体化集中管控助力集团数智化转型（王梅　国家能源集团数据中心常务副主任）

第四章　数据要素 × 数字供应链 [张启春　国家电力投资集团公司物资装备分公司副总工程师、电能易购（北京）科技有限公司董事长]

案例一：国家电投数字化供应链发展 [张启春　国家电力投资集团公司物资装备分公司副总工程师、电能易购（北京）科技有限公司董事长]

案例二：电能光 e 链平台（邢军帅　中国电能成套设备有限公司）

第五章　数据要素 × 工业互联网（朱江　中电数字场景科技研究院院长、张旭　中国工业互联网研究院网络所副所长）

案例一：工业数据要素资产化方法（朱江　中电数字场景科技研究院院长、易福华　北京菱云科技有限公司总经理、方照　中国工业互联网研究院科研创新部高级工程师）

案例二：航天云网的工业互联网建设（蔡旭东　航天云网总经理、汤滔　航天云网副总经理）

第六章　数据要素 × 数字化流程管理（贾炎　中国电信集团云网运营部副总经理、关咏松　中国电信集团湖北智能云网业务运营中心主任、魏丫丫　中国电信全渠道运营中心总经理助理）

案例：FTTR 数字化业务受理和数字化装机流程管理（贾炎　中国电信集团云网运营部副总经理、关咏松　中国电信集团湖北智能云网业务运营中心主任、魏丫丫　中国电信全渠道运营中心总经理助理）

第七章　数据要素 × 工业机器人（李啸龙　北京航天情报与信息研究所所长、张丽平　北京航天情报与信息研究所数据开发与应用中心主任、研究员）

案例：基于传感器数据监测的工业机器人智能服务（饶松　清华大学互联网产业研究院）

第八章　数据要素 × 国有企业核心竞争力（郭树行　中央财经大学副教授）

案例一：航天宏图环境火情大数据监测服务平台（肖政　中国融通集

团信息技术有限公司总工程师、黄宗虎　航天宏图副总经理）

案例二：国药国际大健康大集平台（郭树行　中央财经大学教授）

附录一：国资委关于国有企业数字化转型的政策（杨赛　鑫方盛数智科技有限公司）

附录二：国家数据局关于"数据要素×"相关政策（张艺伟　清华大学五道口金融学院财富管理研究中心）

在写作《数据要素×国有企业数字化转型》之前，编者们此前大多并不认识。这次合作，我们多次在线上、线下进行了充分沟通，从写作大纲、章节分工到文本修改，大家倾注了极大精力，花费了大量时间，大家成为了可以充分讨论与研究问题的挚友。在大家的共同努力下，最终我们完成了《数据要素×国有企业数字化转型》这一全新课题的研究和写作。再次对大家辛勤努力表示诚挚的感谢。

愿有机会再次合作。

主编：李华　平庆忠